MODE D'EMPLOI

Divisé en six parties, l'ouvrage s'organise par doubles pages. Chaque double page fait le point sur un thème et fonctionne de la façon suivante.

à gauche

Une page de synthèse apporte toutes les informations pour comprendre le sujet de la double page.

à droite

Une page explication développe un point particulier qui illustre et complète la page de gauche.

Le menu aide à repérer les six parties du livre pour entrer

Le titre annonce le thème de la double page.

Le titre de la page de droite met en lumière un point particulier

Quelques lignes d'introduction présentent les principaux éléments du sujet.

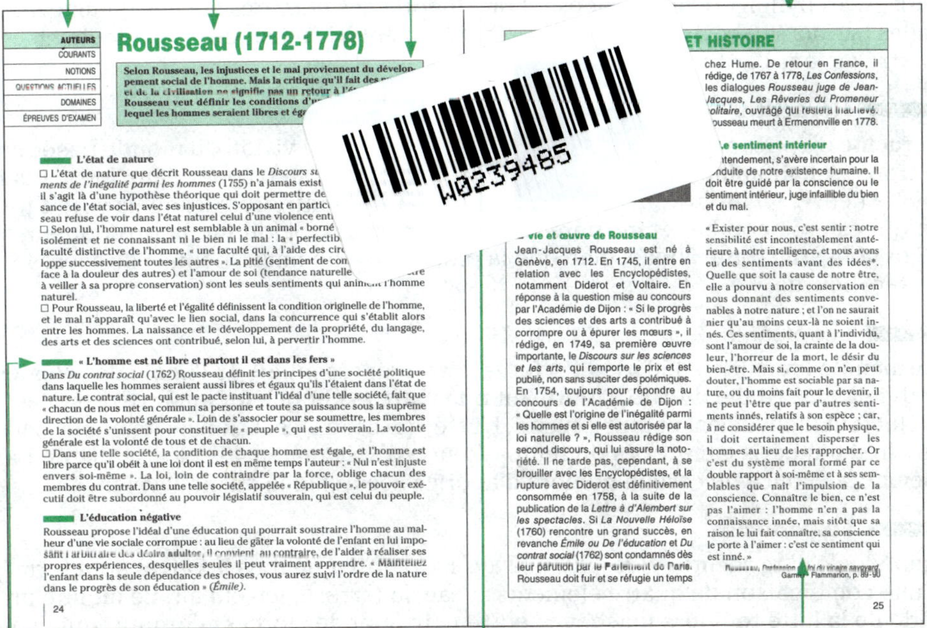

AUTEURS
COURANTS
NOTIONS
QUESTIONS ACTUELLES
DOMAINES
ÉPREUVES D'EXAMEN

Rousseau (1712-1778)

Selon Rousseau, les injustices et le mal proviennent du dévelop-pement social de l'homme. Mais la critique qu'il fait des ... et de la civilisation ne signifie pas un retour à l'é... Rousseau veut définir les conditions d'... lequel les hommes seraient libres et ég...

L'état de nature

☐ L'état de nature que décrit Rousseau dans le *Discours s... ments de l'inégalité parmi les hommes* (1755) n'a jamais exist... il s'agit là d'une hypothèse théorique qui doit permettre de ... sance de l'état social, avec ses injustices. S'opposant en partic... seau refuse de voir dans l'état naturel celui d'une violence ent...
☐ Selon lui, l'homme naturel est semblable à un animal « borné ... isolément et ne connaissant ni le bien ni le mal : la « perfectib... faculté distinctive de l'homme, « une faculté qui, à l'aide des cir... loppe successivement toutes les autres ». La pitié (sentiment de com... face à la douleur des autres) et l'amour de soi (tendance naturelle ... à veiller à sa propre conservation) sont les seuls sentiments qui animent l'homme naturel.
☐ Pour Rousseau, la liberté et l'égalité définissent la condition originelle de l'homme, et le mal n'apparaît qu'avec le lien social, dans la concurrence qui s'établit alors entre les hommes. La naissance et le développement de la propriété, du langage, des arts et des sciences ont contribué, selon lui, à pervertir l'homme.

« L'homme est né libre et partout il est dans les fers »

Dans *Du contrat social* (1762) Rousseau définit les principes d'une société politique dans laquelle les hommes seraient aussi libres et égaux qu'ils l'étaient dans l'état de nature. Le contrat social, qui est le pacte instituant l'idéal d'une telle société, fait que « chacun de nous met en commun sa personne et toute sa puissance sous la suprême direction de la volonté générale ». Loin de s'associer pour se soumettre, les membres de la société s'unissent pour constituer le « peuple », qui est souverain. La volonté générale est la volonté de tous et de chacun.
☐ Dans une telle société, la condition de chaque homme est égale, et l'homme est libre parce qu'il obéit à une loi dont il est en même temps l'auteur : « Nul n'est injuste envers soi-même ». La loi, loin de contraindre par la force, oblige chacun des membres du contrat. Dans une telle société, appelée « République », le pouvoir exécutif doit être subordonné au pouvoir législatif souverain, qui est celui du peuple.

L'éducation négative

Rousseau propose l'idéal d'une éducation qui pourrait soustraire l'homme au malheur d'une vie sociale corrompue : au lieu de gâter la volonté de l'enfant en lui imposant l'arbitraire des désirs adultes, il convient au contraire, de l'aider à réaliser ses propres expériences, desquelles seules il peut vraiment apprendre. « Maintenez l'enfant dans la seule dépendance des choses, vous aurez suivi l'ordre de la nature dans le progrès de son éducation » (*Émile*).

24

...ET HISTOIRE

...vie et œuvre de Rousseau

Jean-Jacques Rousseau est né à Genève, en 1712. En 1745, il entre en relation avec les Encyclopédistes, notamment Diderot et Voltaire. En réponse à la question mise au concours par l'Académie de Dijon : « Si le progrès des sciences et des arts a contribué à corrompre ou à épurer les mœurs », il rédige, en 1749, sa première œuvre importante, le *Discours sur les sciences et les arts*, qui remporte le prix et est publié, non sans susciter des polémiques. En 1754, toujours pour répondre au concours de l'Académie de Dijon : « Quelle est l'origine de l'inégalité parmi les hommes et si elle est autorisée par la loi naturelle ? », Rousseau rédige son second discours, qui lui assure la notoriété. Il ne tarde pas, cependant, à se brouiller avec les Encyclopédistes, et la rupture avec Diderot est définitivement consommée en 1758, à la suite de la publication de la *Lettre à d'Alembert sur les spectacles*. Si *La Nouvelle Héloïse* (1760) rencontre un grand succès, en revanche *Émile ou De l'éducation* et *Du contrat social* (1762) sont condamnés dès leur parution par le Parlement de Paris. Rousseau doit fuir et se réfugie un temps chez Hume. De retour en France, il rédige, de 1767 à 1778, *Les Confessions*, les dialogues *Rousseau juge de Jean-Jacques*, *Les Rêveries du Promeneur solitaire*, ouvrage qui restera inachevé. Rousseau meurt à Ermenonville en 1778.

Le sentiment intérieur

...tendement, s'avère incertain pour la conduite de notre existence humaine. Il doit être guidé par la conscience ou le sentiment intérieur, juge infaillible du bien et du mal.

« Exister pour nous, c'est sentir ; notre sensibilité est incontestablement antérieure à notre intelligence, et nous avons eu des sentiments avant des idées*. Quelle que soit la cause de notre être, elle a pourvu à notre conservation en nous donnant des sentiments convenables à notre nature ; et l'on ne saurait nier qu'au moins ceux-là ne soient innés. Ces sentiments, quant à l'individu, sont l'amour de soi, la crainte de la douleur, l'horreur de la mort, le désir du bien-être. Mais si, comme on n'en peut douter, l'homme est sociable par sa nature, ou du moins fait pour le devenir, il ne peut l'être que par d'autres sentiments innés, relatifs à son espèce ; car, à ne considérer que le besoin physique, il doit certainement disperser les hommes au lieu de les rapprocher. Or c'est du système moral formé par ce double rapport à soi-même et à ses semblables que naît l'impulsion de la conscience. Connaître le bien, ce n'est pas l'aimer : l'homme n'en a pas la connaissance innée, mais sitôt que sa raison le lui fait connaître, sa conscience le porte à l'aimer : c'est ce sentiment qui est inné. »

Rousseau, *Profession de foi du vicaire savoyard*, Garnier-Flammarion, p. 89-90

25

Les sous-titres permettent de saisir l'essentiel en un coup d'œil

L'illustration apporte un complément au texte

L'extrait d'une œuvre accompagne la découverte d'un auteur

Les présocratiques

Des présocratiques, seuls quelques fragments sont parvenus jusqu'à nous. Formant ou non école, ils sont les premiers, dans la tradition occidentale, à formuler une philosophie de la nature qui interroge l'être des choses. À partir de principes divers, ils proposent une vision globale des étants.

Les ioniens ou milésiens

Milet, ville prospère de l'Asie Mineure, fut le berceau d'une école de philosophie qui eut pour fondateur Thalès de Milet (vers 624 - 548 av. J.-C.). Astronome et mathématicien, Thalès propose une vision d'ensemble de la nature (qualifiée d'« hylozoïste ») au principe de laquelle se trouve l'eau.

L'école des pythagoriciens

Établie par Pythagore (né vers 500 av. J.-C.) à Crotone (Italie du Sud), celle-ci constituait une sorte de secte où l'on vivait de façon ascétique. Au principe de toutes choses, les pythagoriciens proposent une théorie des nombres conçus comme intervalles harmoniques. S'intéressant particulièrement à la musique, ils s'attachent à en mettre au jour l'arithmétique cachée.

Héraclite

Héraclite d'Éphèse (vers 540 - 480 av. J.-C.) propose une vision du monde basée sur la transformation incessante des choses : « On ne peut se baigner deux fois dans le même fleuve. » Il insiste sur le conflit et la lutte des contraires desquels surgit tout ce qui est, « le combat étant père de toutes choses ». Selon lui, la profondeur du *logos* gouverne toute chose, bien que la plupart des hommes, dénués de sagesse, y restent sourds.

Les éléates

Parménide (vers 515 - 450 av. J.C.) fut le grand représentant de l'École des éléates, établie à Élée (Italie du Sud). Affirmant que l'Être est et que le Non-Être n'est pas, il exclut tout mouvement et tout devenir. L'Être, qui est un, est selon lui immobile, inengendré et impérissable, hors du temps. Zénon d'Élée, né en 489 et disciple de Parménide, a énoncé un certain nombre d'apories liées à l'idée du mouvement.

Empédocle

Empédocle d'Agrigente (vers 490 - 432 av. J.-C.) pose que tous les êtres sont formés d'une combinaison de quatre éléments : l'eau, la terre, le feu et l'air. Le monde procède de la lutte toujours inachevée entre deux grandes forces : l'Amour, qui maintient la cohésion des éléments, et la Haine, qui divise.

Les atomistes

Selon Démocrite, qui est un « atomiste », on ne peut diviser la substance à l'infini. Tous les corps dans le monde se composent d'agrégats d'« atomes » et de vide. Les atomes sont des éléments insécables (indivisibles), solides et pleins, en nombre infini et qui se meuvent dans le vide.

Les arguments de Zénon d'Élée et l'analyse de Bergson

Reprenant les arguments de Zénon d'Élée, Bergson les réfute en démêlant la confusion sur laquelle ils reposent : celle de l'espace avec le temps.

« Je n'ai pas besoin de vous rappeler les arguments de Zénon d'Élée. Tous impliquent la confusion du mouvement avec l'espace parcouru, ou tout au moins la conviction qu'on peut traiter le mouvement comme on traite l'espace, le diviser sans tenir compte de ses articulations. Achille, nous dit-on, n'atteindra jamais la tortue qu'il poursuit, car lorsqu'il arrivera au point où était la tortue, celle-ci aura eu le temps de marcher, et ainsi de suite indéfiniment.

Les philosophes ont réfuté cet argument de bien des manières, et de manières si différentes que chacune de ces réfutations enlève aux autres le droit de se croire définitives. Il y aurait eu pourtant un moyen très simple de trancher la difficulté : c'eût été d'interroger Achille. Car, puisqu'Achille finit par rejoindre la tortue et même par la dépasser, il doit savoir, mieux que personne, comment il s'y prend. Le philosophe ancien qui démontrait la possibilité du mouvement en marchant était dans le vrai : son seul tort fut de faire le geste sans y joindre un commentaire. Demandons alors à Achille de commenter sa course : voici, sans aucun doute, ce qu'il nous répondra. "Zénon veut que je me rende du point où je suis au point que la tortue a quitté, de celui-ci au point qu'elle a quitté encore, etc. ; c'est ainsi qu'il procède pour me faire courir. Mais moi, pour courir, je m'y prends autrement. Je fais un premier pas, puis un second, et ainsi de suite : finalement, après un certain nombre de pas, j'en fais un dernier par lequel j'enjambe la tortue. J'accomplis ainsi une série d'actes indivisibles. Ma course est la série de ces actes. Autant elle comprend de pas, autant vous pouvez y distinguer de parties. Mais vous n'avez pas le droit de la désarticuler selon une autre loi, ni de la supporter articulée d'une autre manière."

Procéder comme le fait Zénon, c'est admettre que la course peut être décomposée arbitrairement, comme l'espace parcouru ; c'est croire que le trajet s'applique réellement contre la trajectoire ; c'est faire coïncider et par conséquent confondre ensemble mouvement et immobilité.

Mais en cela consiste précisément notre méthode habituelle. Nous raisonnons sur le mouvement comme s'il était fait d'immobilités, et, quand nous le regardons, c'est avec des immobilités que nous le reconstituons. Le mouvement est pour nous une position, puis une nouvelle position, et ainsi de suite indéfiniment. Nous nous disons bien, il est vrai, qu'il doit y avoir autre chose, et que, d'une position à une position, il y a le *passage* par lequel se franchit l'intervalle. Ce passage, nous reculons indéfiniment le moment de l'envisager. »

Bergson, *La Pensée et le Mouvant*, PUF (éd. du centenaire), 1991, p. 1379-1380

Villa Albaré, mosaïque

Platon (427-347 av. J.-C.)

Platon a fourni à la pensée occidentale la plupart de ses concepts fondamentaux. Il a posé la distinction entre le domaine de l'expérience et celui de l'idée, et défini la philosophie comme l'effort pour passer du sensible à l'intelligible. Mais le monde sensible est structuré par l'idée : c'est ce que la philosophie fait apercevoir.

Socrate

☐ L'influence de Socrate (470-399 av. J.-C.) est très forte sur la pensée du jeune Platon. Celui-ci a raconté, dans la septième des *Lettres* qui ont été conservées de lui, comment c'est le procès puis la mort de Socrate qui ont consacré sa résolution de faire de la philosophie.

☐ La sagesse de Socrate, qui sera aussi celle de Platon, s'exprime dans son art du dialogue interrogatif qui, par une série ordonnée de questions, contraint l'interlocuteur à faire retour sur son opinion concernant l'objet de la discussion, à l'expliciter et à en évaluer la vérité. Cette forme de dialogue questionnant (dans lequel le langage n'est pas considéré comme un outil destiné à la séduction et à la dissimulation mais comme l'élément de la progression vers le vrai) n'est rien d'autre que l'expression de « l'âme en son acte de penser », visant à définir l'être de ce qui est. Car il y a un être indépendant de la pensée, que la science s'efforce d'atteindre, au-delà des apparences, et qui seul donne sens au discours humain.

La réalité des Idées

☐ L'enseignement de Socrate conduit Platon à affirmer l'existence des Idées. La pensée humaine n'est pas la mesure de l'être. Pour saisir l'être d'une chose dans sa vérité, la pensée doit se conformer à l'Idée ou l'Essence de cette chose et non à son apparence sensible. L'Idée est le véritable objet : restant identique à elle-même, dans une permanence inaltérable, elle est la forme-une, l'archétype d'après lequel la chose est formée. Elle est l'unité générale qui permet de rassembler par la pensée les choses sensibles, multiples mais possédant les mêmes qualités.

☐ Pour atteindre cette réalité intelligible, je dois me détourner de la sensation, des images et, plus généralement, des phénomènes. Car le réel est au-delà du sensible, il ne peut être saisi que par l'esprit. La philosophie est l'aventure douloureuse, comme le montre Platon dans le mythe de la caverne (*République,* VII), de cette conversion ou de ce détachement (une sorte de mort, dit le *Phédon*) du regard et du comportement. La dialectique est la méthode de cette conversion, ou progression, vers l'intelligible réel.

La participation

La dialectique n'est pas seulement ascendante. L'acte philosophique serait incomplet s'il se contentait d'affirmer l'existence de la réalité en soi de l'intelligible. Le monde sensible possède une espèce de réalité dont il faut rendre raison. La philosophie platonicienne veut montrer sous quelle forme et jusqu'à quel point les réalités intelligibles *participent* de ce monde sensible, comment les réalités sensibles peuvent être reliées à l'unité de l'être. La philosophie présente aussi le mouvement de la *génération* du multiple à partir de l'un.

L'APPEL DES IDÉES

Platon et Socrate

Platon est né à Athènes en 427 av. J.-C., dans ce qu'on appelle une bonne famille. Il rencontre Socrate en 407, alors que celui-ci est âgé de 63 ans. Jusqu'à la mort de Socrate, condamné à boire la ciguë en 399, Platon suit son enseignement. L'influence socratique est sensible dans les premiers dialogues platoniciens, écrits à cette époque, certains du vivant même de Socrate : *Petit Hippias, Euthyphron, Charmide, Criton, Ion, Lachès, Protagoras, Apologie de Socrate*. Ces premiers textes se caractérisent par la prédominance de l'interrogation éthique et pédagogique, par la critique des sophistes et par l'affirmation de la réalité des Idées.

Platon en Sicile

À la mort de Socrate, Platon, par prudence, quitte Athènes pour Mégare, puis pour l'Égypte, enfin pour Cyrène. Certains passages de l'œuvre laissent penser que Platon a été marqué par son séjour égyptien. En 388, Platon est en Sicile pour la première fois. Il y rencontre Denys Ier, le tyran, ainsi que Dion, son beau-frère et conseiller. Il rencontre aussi le poète comique Épicharme, auprès duquel il apprend que la philosophie peut être *mise en scène,* en particulier en adoptant la forme du dialogue. C'est en Sicile, surtout, que Platon prend connaissance de la tradition éléate et de l'enseignement pythagoricien.

La fondation de l'Académie

Cependant, Platon, qui se brouille avec Denys, est chassé de Sicile. Alors qu'il retourne en Grèce, il est fait prisonnier, vendu comme esclave, puis racheté par un de ses amis. Il rentre libre à Athènes, où il fonde l'Académie, en 388-387 av. J.-C. Il y enseignera jusqu'à sa mort. L'Académie est une école qui forme des philosophes (Aristote), des savants, mais aussi des responsables politiques (Démosthène). L'école connaît un grand rayonnement. L'Académie continuera ses activités jusqu'au VIe siècle apr. J.-C. De l'époque de la fondation de l'Académie datent, pour autant qu'on le sache, les dialogues suivants : *Le Banquet, Cratyle, Euthydème, Gorgias, Grand Hippias, Lysis, Ménéxène, Ménon, Phédon.*

Après la mort de Denys Ier, en 367, son fils Denys II lui succède. En 366, Dion rappelle Platon, qui propose à Denys II un programme politique. Mais Platon est renvoyé à Athènes, Dion exilé. Sont composés à cette époque : *République, Parménide, Théétète, Phèdre.*

Ultime voyage en Sicile en 361, au cours duquel Platon plaide, mais en vain, pour Dion. Platon, ayant échoué à convertir les tyrans de Sicile à la philosophie, retourne définitivement à Athènes, où il meurt en 347 av. J.-C. De cette dernière période datent les œuvres suivantes : *Timée, Critias, Sophiste, Politique, Philèbe, Lois, Épinomis.*

Le platonisme

Après la mort de Platon, l'Académie perpétue son enseignement, dans un contexte intellectuel différent, où se développent l'aristotélisme et le stoïcisme, notamment. La pensée de Platon sera déterminante pour Plotin (205-270), à propos duquel on parle de néoplatonisme. Le platonisme est présent dans la pensée des Pères de l'Église (Grégoire de Nysse) ainsi que dans la pensée musulmane (Avicenne, Ibn al-'Arabī).

La tradition fait état de l'existence d'un enseignement oral de Platon. Cet enseignement, sur lequel on sait peu de choses, n'est connu que par l'intermédiaire d'Aristote et de ses commentateurs.

Aristote (384-322 av. J.-C.)

Tout comme Platon, Aristote a fourni à la civilisation occidentale, jusqu'au XVIIe siècle, les cadres de sa pensée, dans la métaphysique, dans la logique, dans l'éthique et la politique. Il oriente son travail dans une direction encyclopédique et développe un intérêt tout particulier pour les sciences de la nature.

La réalité de la substance

☐ Aristote, lorsqu'il s'agit de désigner ce qui fait la vraie nature des choses, critique la théorie platonicienne des Idées, qui ne permet pas, selon lui, de penser ce qui change ni les choses singulières perçues par les sens. Contre le dualisme platonicien, qui place l'essence dans une généralité abstraite au-delà du devenir, Aristote affirme que l'essence des choses singulières réside en elles. La réalité n'appartient qu'aux êtres singuliers.

☐ L'essence est définie par Aristote non comme Idée mais comme *substance*, c'est-à-dire comme une réalité qui, d'une part, contient à la fois l'être et le devenir (en d'autres termes comme un être qui accueille en soi le devenir) et, d'autre part, contient en soi les causes de son devenir.

☐ La substance est un être composé d'une *matière* et d'une *forme*. La matière est le sujet ou le substrat permanent de l'être, tandis que la forme ou plutôt les formes constituent les attributs multiples, voire contradictoires, qui se succèdent dans l'être. Mais, alors que pour Platon la forme est le principe d'unité et d'identité de la chose, chez Aristote, le sujet (matière) est principe d'unité, tandis que les formes sont multiples et causes du changement.

Comment les êtres sont-ils produits ?

Pour répondre à la question de savoir comment les êtres sont produits, Aristote développe une conception, reprise durant tout le Moyen Âge, selon laquelle toute production d'un être implique l'intervention de quatre causes :
– la matière dont la chose est faite, ou cause matérielle (les matériaux de la maison);
– la forme ou le modèle de la chose, ou cause formelle (le plan de la maison) ;
– la cause efficiente ou matrice, ou l'agent qui produit la chose (le travail des ouvriers) ;
– la cause finale, ou le but de la chose, ce pour quoi elle est faite (à quoi sert la maison).

Éthique et politique

☐ L'éthique, selon Aristote, définit l'acte vertueux et analyse les différentes espèces de vertus en lesquelles l'être humain se dispose au bien. La vertu est une disposition habituelle à agir selon la juste mesure, en fonction d'une délibération.

☐ Mais l'homme, parce qu'il parle, est un animal politique, dit Aristote. Aussi, la réflexion éthique est subordonnée à la recherche du souverain bien de la communauté politique. La philosophie politique, en analysant les différentes formes de constitution, cherche à dégager les conditions du « bien-vivre en commun », qui est la fin de la cité, et où se rejoignent éthique et politique.

LE RETOUR AU SENSIBLE

Vie d'Aristote

Aristote naît en 384 av. J.-C. à Stagire, à l'est de la Macédoine, dans le nord de la Grèce. Son père, Nicomaque, était médecin du roi de Macédoine, Philippe. À la mort de son père, Aristote, âgé de dix-sept ans, entre à l'Académie de Platon. Il y restera vingt ans, d'abord comme élève, puis maître à son tour. À la mort de Platon, en 347, il quitte l'Académie pour Assos, puis, à partir de 343 à Pella, à la cour de Philippe de Macédoine. Il est alors précepteur du fils de Philippe, le futur Alexandre le Grand. On sait qu'il se remarie en 338.

À la mort de Philippe (335 av. J.-C.), Aristote revient à Athènes, où il fonde sa propre école, le Lycée. Il y enseignera treize années, quittant néanmoins la cité pour accompagner Alexandre dans ses conquêtes. Mais à la mort d'Alexandre, en 323, Aristote devient suspect, est accusé d'impiété et doit quitter Athènes. Il s'enfuit à Chalcis, où il meurt en 322 av. J.-C.

Le corpus aristotélicien

Ce que l'on possède aujourd'hui des œuvres d'Aristote correspond, en fait, à des traités destinés à l'enseignement, qui ont été retrouvés au Ier siècle av. J.-C. et édités par Andronicus de Rhodes. Mais Aristote est l'auteur de *Dialogues* ainsi que du *Propeptique*. Très célèbres dans l'Antiquité et aujourd'hui perdues, ces œuvres ne sont connues que par des citations postérieures.

La *Métaphysique*, la *Logique*, la *Politique*, l'*Éthique à Nicomaque*, le traité *De l'âme*, la *Rhétorique*, la *Poétique*, l'*Histoire des animaux* et les *Météorologiques* : ces titres indiquent bien le caractère encyclopédique de l'œuvre d'Aristote, principale armature intellectuelle de la civilisation occidentale jusqu'au XVIIe siècle.

Le bonheur réside dans la contemplation

Aristote, décrivant les différentes formes de vertu, montre comment l'homme atteint le bien le plus excellent dans l'exercice de la pensée contemplative. Il dessine ainsi un portrait du Sage qui traversera les siècles.

« S'il est vrai que le bonheur est l'activité conforme à la vertu, il est de toute évidence que c'est celle qui est conforme à la vertu la plus parfaite, c'est-à-dire celle de la partie de l'homme la plus haute. [...] Or nous avons dit qu'elle est contemplative. [...] Une telle existence, toutefois, pourrait être au-dessus de la condition humaine. L'homme ne vit plus alors en tant qu'homme, mais en tant qu'il possède quelque caractère divin ; et, autant ce caractère divin l'emporte sur ce qui est composé, autant cette activité excellera par rapport à celle qui résulte de toutes les autres vertus. Si donc l'esprit, par rapport à l'homme, est un attribut divin, une existence conforme à l'esprit sera, par rapport à la vie humaine, véritablement divine. Il ne faut donc pas écouter les gens qui nous conseillent, sous prétexte que nous sommes des hommes, de ne songer qu'aux choses humaines et, sous prétexte que nous sommes mortels, de renoncer aux choses immortelles. Mais, dans la mesure du possible, nous devons nous rendre immortels et tout faire pour vivre conformément à la partie la plus excellente de nous-mêmes, car le principe divin, si faible qu'il soit par ses dimensions, l'emporte, et de beaucoup, sur toute autre chose par sa puissance et sa valeur. »

Aristote, *Éthique à Nicomaque*, Livre X, Garnier-Flammarion, 1986, p. 483

AUTEURS
COURANTS
NOTIONS
QUESTIONS ACTUELLES
DOMAINES
ÉPREUVES D'EXAMEN

Les sagesses antiques

Selon l'épicurisme (IIIe-Ier s. av. J.-C.) et le stoïcisme (IVe s. av. J.-C. - IIe s. apr. J.-C.), la philosophie est avant tout une conduite morale. Elle est une sagesse qui doit permettre à l'homme de vivre heureux, sans aucun trouble. Le scepticisme est une pratique du doute.

Épicure : Le plaisir est le commencement et la fin de la vie heureuse

□ Pour Épicure, la philosophie doit permettre à l'homme de se délivrer des craintes et des angoisses entretenues par la religion et la superstition. Selon lui, la plupart des maux proviennent en effet des opinions que l'homme se forge, à tort, concernant les dieux et l'immortalité de l'âme. La sagesse, qui doit procurer le bonheur terrestre, est donc subordonnée à une juste connaissance de la nature.

□ Posant que toute sensation est critère de vérité, Épicure développe, dans le prolongement de Démocrite, une conception matérialiste de la nature. Toute la réalité, qu'elle soit terrestre ou céleste, est composée d'atomes (infimes parties insécables) et de vide, l'âme étant également matérielle. Quant aux dieux, ils n'interviennent aucunement dans le cours du monde, ils sont éloignés de notre univers et bienheureux. Si l'homme n'a aucune raison de craindre les dieux, il n'en a pas non plus de craindre la mort. L'âme et le corps sont ensemble mortels, et la mort « n'est rien pour nous » puisqu'elle est « privation de sensation ».

□ Le bonheur est ici-bas, mais non pas, comme on le dit à tort à propos de l'épicurisme, dans une vie de relâche et de débauche. Épicure prône une vie frugale et ascétique ; si le plaisir est effectivement la fin de toute vie heureuse, il s'agit de celui que procure la satisfaction des désirs naturels. En hiérarchisant les désirs et en distinguant les désirs naturels et les désirs vains, et parmi les premiers ceux qui sont nécessaires et ceux qui ne le sont pas, Épicure propose une régulation des plaisirs qui doit conduire à l'absence de trouble de l'âme (appelée « ataraxie »).

Les stoïciens : Vivre conformément à la nature

□ « Vivre conformément à la nature » est le premier commandement des stoïciens. Ceux-ci se représentent l'univers comme un ensemble ordonné et cohérent, comme un tissu dynamique dans lequel tous les éléments sont en correspondance ou en interdépendance. L'univers, animé par une raison souveraine, le « logos », est en lui-même divin. Il convient donc, en étant impassible ou indifférent, d'accepter l'ordre du monde.

□ Mais si l'homme est impuissant à modifier le cours des choses, il n'en reste pas moins libre et responsable de ses jugements. La vertu consiste à savoir maîtriser ses désirs et à cultiver sa volonté, afin de parvenir à vivre selon sa raison. Par la droiture et la constance de sa vie intérieure, l'homme doit réaliser l'unité et la cohérence qu'exige la nature.

Le scepticisme : Pyrrhon d'Élis (vers 365 - 275 av. J.-C.)

Pour attitude fondamentale, les sceptiques adoptent la « suspension du jugement » *(épochè)* qui équivaut au refus d'affirmer ou de nier quoi que ce soit.

L'AUTONOMIE DU SAGE

■ Les philosophes du Jardin

Épicure (341 - 270 av. J. - C.) a vécu à une période déchirée de l'histoire. À Athènes, il a fondé une école de philosophie appelée le « Jardin ». La plupart de ses écrits ont disparu, et seules quelques lettres sont parvenues jusqu'à nous (*Lettre à Ménécée, Lettre à Hérodote, Lettre à Pythoclès*). Sa doctrine, souvent déformée, s'est largement répandue dans le bassin méditerranéen. Le poète latin Lucrèce (98 - 55 av. J. - C.), auteur du *De Natura rerum* (« De la nature des choses »), s'est fortement inspiré de sa philosophie.

■ Les philosophes du Portique

Le stoïcisme est un courant qui se forme à l'époque d'Épicure, avec Zénon de Cittium (332 - 262 av. J. - C.) ou Chrysippe (280 - 208 av. J. - C.), qu'on appelait les philosophes du « Portique » (du nom du lieu où ils se réunissaient). De cet ancien stoïcisme, il ne reste que quelques fragments. Cicéron (106 - 43 av. J. - C.), Sénèque (4 av. J. - C. - 65 apr. J. - C.), Épictète (50 - 125 apr. J. - C. ; *Entretiens, Manuel*) et Marc Aurèle (121 - 180 apr. J. - C. ; *Pensées pour moi-même*) sont les héritiers et continuateurs de ce courant.

■ Épictète : Ce qui dépend de nous et ce qui ne dépend pas de nous

En sachant distinguer « ce qui dépend de nous » de « ce qui ne dépend pas de nous », le sage stoïcien apprend à accepter le cours du monde tel qu'il doit être et à cultiver la droiture de son jugement, par lequel il acquiert son autonomie.

« Il y a ce qui dépend de nous, il y a ce qui ne dépend pas de nous. Dépendent de nous l'opinion, la tendance, le désir, l'aversion, en un mot toutes nos œuvres propres ; ne dépendent pas de nous le corps, la richesse, les témoignages de considération, les hautes charges, en un mot toutes les choses qui ne sont pas nos œuvres propres. Les choses qui dépendent de nous sont naturellement libres, sans empêchement, sans entrave ; celles qui ne dépendent pas de nous sont fragiles, serves, facilement empêchées, propres à autrui. Rappelle-toi donc ceci : si tu prends pour libres les choses naturellement serves, pour propres à toi-même les choses propres à autrui, tu connaîtras l'entrave, l'affliction, le trouble, tu accuseras dieux et hommes ; mais si tu prends pour tien seulement ce qui est tien, pour propre à autrui ce qui est, de fait, propre à autrui, personne ne te contraindra jamais ni ne t'empêchera, tu n'adresseras à personne accusation ni reproche, tu ne feras absolument rien contre ton gré, personne ne te nuira ; tu n'auras pas d'ennemi ; car tu ne souffriras aucun dommage. »

Épictète, *Manuel*, chap. 1, « Les Stoïciens », Gallimard, Pléiade, 1962, p.1111 - 1115

Épictète

Saint Augustin (354-430)

Avec saint Augustin, dont l'œuvre marque un tournant dans l'histoire de la pensée occidentale, la tradition platonicienne se voit entièrement transformée par la religion chrétienne. La philosophie devient inséparable d'une théologie qui se propose comme fin ultime l'amour en Dieu.

L'intériorité de l'âme

☐ La pensée de saint Augustin est indissociable de l'itinéraire individuel de l'homme, tel qu'il est décrit dans les *Confessions*. Dans cet ouvrage, rédigé au lendemain de sa conversion, saint Augustin célèbre son adhésion à la foi chrétienne tout en reconnaissant ses erreurs passées, celles d'un homme que la lumière divine n'avait pas encore éclairé. Cet examen de conscience conduit à des analyses tout à fait nouvelles concernant l'intériorité ou le moi.

☐ Saint Augustin insiste sur le rôle de la mémoire dans l'activité de l'esprit, mémoire qui lui rend présents non seulement les objets perçus, mais aussi toutes les idées acquises au cours de l'étude, celle des sciences, par exemple. De cette analyse, il peut conclure qu'il n'y a de temps que pour l'âme humaine, écartelée entre le passé, qu'elle retient par l'intermédiaire du souvenir, et le futur, qu'elle anticipe.

☐ En définissant le temps comme « distension de l'âme », saint Augustin rompt avec la conception antique du temps lié au cosmos. Il montre que le temps structure l'âme humaine, qui est en relation avec l'éternité de l'Être divin.

La lumière du Verbe divin

☐ La recherche de la vérité, chez saint Augustin, obéit à un mouvement qui conduit vers l'intérieur de soi. Tout jugement, y compris l'erreur, présuppose la certitude de l'existence de soi, « car si je me trompe, je suis, puisque l'on ne peut se tromper si l'on n'est ». Mais ce mouvement de rentrée en soi-même se présente en même temps comme ascension vers Dieu, le fondement originel de la vérité qui habite au cœur de l'homme.

☐ Aussi l'analyse de l'intériorité ne trouve-t-elle sa véritable justification que dans la découverte du Verbe divin. « Celui que nous consultons ainsi, voilà le Maître, celui dont il est dit qu'il habite dans l'homme intérieur, le Christ, c'est-à-dire la Force immuable de Dieu et la Sagesse éternelle. » Ce n'est que par la foi, dans la lumière du Verbe divin qui illumine l'âme humaine, que la connaissance de la vérité est possible.

La grâce et le royaume de Dieu

La grâce, donnée gratuitement, est ce par quoi l'amour de Dieu rétablit l'homme, le sauvant de sa finitude et de son péché : « Dieu l'a donnée non parce que nous en étions dignes, mais parce qu'il l'a voulu. » Dans *La Cité de Dieu*, saint Augustin envisage l'histoire des sociétés humaines comme la lutte entre deux cités ou deux royaumes : la cité terrestre, obéissant aux lois temporelles et bâtie sur « l'amour de soi jusqu'au mépris de Dieu » et la cité céleste, réglée par la loi éternelle et fondée « sur l'amour de Dieu jusqu'au mépris de soi ». Celle-ci, en exil sur la terre, a le Christ pour chef et n'imposera sa victoire finale qu'à la fin des temps.

L'AMOUR EN DIEU

■ Vie et œuvre de saint Augustin

Né en 354 à Thagaste (aujourd'hui, Souk-Ahras en Algérie), Aurelius Augustinus vit en une période troublée de l'histoire. C'est l'époque du déclin de Rome, alors que l'officialisation du christianisme s'accompagne d'une multiplication de sectes et de schismes. Il reçoit l'éducation d'un milieu aisé, et sa mère, Monique, est chrétienne. Attiré un temps par le manichéisme (religion qui voit dans le Bien et le Mal deux principes antagonistes éternels), il découvre la philosophie néoplatonicienne. En 386, il se convertit au christianisme et reçoit le baptême. Il devient, en 396, évêque d'Hippone (aujourd'hui, Annaba), ville où il meurt en 430. De cette période datent ses grands ouvrages : *Confessions* (396-397), *De la Trinité* (399-419), *La Cité de Dieu* (411-426). Son œuvre immense a eu une grande influence pendant le Moyen Âge et au-delà. Au XVIIe siècle, les jansénistes se réclament de saint Augustin, Pascal s'y réfère souvent.

■ Méditation sur l'éternité de Dieu

Par cette méditation, saint Augustin achève, au livre onzième des *Confessions*, son analyse célèbre du temps humain et de ses apories.

« Mais "votre miséricorde vaut mieux que toutes les vies", et voici que ma vie n'est que dissipation ; et "votre droite m'a recueilli" en mon Seigneur, le Fils de l'homme, le Médiateur entre Vous qui êtes un et nous qui sommes nombreux, Médiateur en bien des choses et par bien des moyens, afin que "par lui je m'attache à Celui qui, par lui, s'est attaché à moi", et que, libéré des anciens jours, je rassemble mon être dans la poursuite de votre Unité.

"Oublieux du passé, sans me disperser dans les choses futures et transitoires, attentif seulement aux présentes", ce n'est pas dans la dispersion, mais dans l'union de toutes mes forces que je recherche "la palme de la vocation céleste" ; là "j'entendrai la voix de votre louange et je contemplerai votre joie" qui ne vient, ni ne passe.

Maintenant "mes années s'écoulent dans les gémissements", et vous, ma consolation, ô Seigneur, mon Père, vous êtes éternel. Mais moi, je me suis éparpillé dans le temps, dont j'ignore l'ordre ; de tumultueuses vicissitudes déchirent mes pensées et les profondes entrailles de mon âme, jusqu'au jour où je m'écoulerai en vous, purifié et fondu au feu de votre amour. »

Saint Augustin, *Confessions,* livre XI, chap. XXIX, Garnier-Flammarion, 1964, p. 279-280

Saint Augustin

Thomas d'Aquin (1225-1274)

L'œuvre de saint Thomas d'Aquin domine la philosophie médiévale, même si celle-ci, dans son foisonnement, ne peut y être réduite. La théologie de Thomas d'Aquin, articulant la tradition biblique et la pensée philosophique gréco-arabe, construit le discours rationnel de la foi.

Un style philosophique : le commentaire et la *quaestio*

☐ La pratique médiévale de la philosophie, dans l'université du XIIIe siècle, est d'abord celle de la lecture et du commentaire littéral. La leçon, qui s'appuie sur un texte, se développe en plusieurs étapes : division du texte, explication de la lettre du texte, questions générales sur le texte et ses difficultés.

☐ Progressivement, le commentaire se présente sous la forme d'un ensemble de questions déployées à partir du texte. La vie universitaire connaît aussi le moment de la *disputatio* où, sur une question donnée, plusieurs intervenants (maîtres et bacheliers) présentent exposés, objections, réfutations. La question et la dispute définissent ainsi une forme originale de la vie de la pensée.

☐ Le travail intellectuel n'est rien d'autre que l'organisation de la confrontation dialectique entre des thèses en présence, qu'il ne s'agit pas de chercher à concilier, mais dont, au contraire, il faut faire vivre les différences. La structure des « articles » de la *Somme de théologie* de Thomas d'Aquin reprendra la forme de la question disputée.

La raison et la foi

☐ Le domaine de la foi et celui de la raison sont séparés, mais cette séparation n'est pas une alternative. Foi et raison s'accordent l'une à l'autre, dans leurs domaines de vérité respectifs. Ainsi, la raison ne peut pas démontrer la vérité du dogme de la Trinité, mais elle peut en revanche montrer que cette vérité n'est pas impossible, en déduire les conséquences, et répondre aux objections qu'on lui oppose.

☐ Si la raison ne peut atteindre toutes les vérités concernant Dieu, si donc la foi apporte des vérités qui dépassent la raison, il est néanmoins possible, selon Thomas d'Aquin, d'établir par la voie démonstrative des vérités relatives à Dieu, et de montrer ensuite comment elles s'accordent avec la foi : ce sera le principe même de sa méthode théologique.

☐ Ainsi, l'existence de Dieu : elle peut être démontrée à partir de l'expérience sensible, en remontant la série des causes de cette réalité, jusqu'à Dieu qui en est le principe. Thomas d'Aquin présente cinq « voies » pour cette démonstration : le mouvement, la causalité, la contingence, le degré de perfection, l'ordre. Autre exemple de vérité démontrable par la raison : la création du monde par Dieu. En revanche, sur la question de savoir si le monde a été créé dans le temps ou de toute éternité, selon Thomas, seule la foi peut fournir une certitude.

La liberté de l'homme

L'être humain est naturellement libre, dit Thomas d'Aquin, car il dispose de la capacité d'agir en fonction de son jugement, c'est-à-dire non par instinct mais par un discernement qui procède de la raison et qui lui permet de choisir entre plusieurs actions différentes mais également possibles.

LE DOCTEUR ANGÉLIQUE

Vie et œuvre de Thomas d'Aquin

Thomas, fils du seigneur d'Aquino, près de Naples, naît en 1225. Il étudie à l'université de Naples de 1239 à 1244, date à laquelle il décide d'entrer dans l'ordre des dominicains. L'ordre l'envole achever ses études à Paris, où il rencontre Albert le Grand, dont il devient l'élève. Il suit son enseignement à Paris (1245-1248), puis à Cologne (1248-1254).

En 1254, Thomas d'Aquin retourne à Paris, où il rédige le *Commentaire des Sentences* (1254-1256) et devient maître en théologie (1256). Sa carrière, qui est celle d'un enseignant, se déroule alternativement en France et en Italie. Il meurt le 7 mars 1274 en se rendant au concile de Lyon. Il est canonisé en 1323 et proclamé docteur de l'Église en 1567.

L'œuvre de Thomas d'Aquin est abondante. Outre le *Commentaire des Sentences,* on trouve :

– *Somme contre les Gentils* (1258-1272) ;
– *Commentaire de la Métaphysique d'Aristote* (1266-1272) ;
– *Somme de théologie* (1266-1273) ;
– *Commentaire du traité De l'âme d'Aristote* (1267-1268).

Le thomisme a eu une influence considérable sur la pensée chrétienne et la doctrine de l'Église, mais aussi dans l'Université et donc sur la vie intellectuelle au Moyen Âge.

L'Université médiévale

La création de l'université de Paris date du début des années 1230, lorsque la communauté des maîtres et des élèves reçoit les statuts assurant « l'autonomie définitive de l'Université comme organisation corporative échappant à la fois au contrôle du roi et de l'évêque » (A. de Libera). L'université de Paris est organisée en quatre « nations », qui rassemblent les maîtres et les élèves de même origine (nations française, normande, picarde, anglaise). Les « nations » sont regroupées en « facultés » : les « arts », la médecine, le droit, la théologie.

L'Université médiévale est le lieu où se développe « une forme originale de pensée, marquée par la constante alternance d'activités de lecture et de commentaire, d'une part, de discussions publiques *(disputationes)* et d'entraînements à l'argumentation rationnelle *(quaestiones)*, d'autre part » *(id.)*.

La fonction de la faculté des arts « est essentiellement propédeutique, on y enseigne le *trivium,* tout particulièrement la logique, puis, à mesure de son entrée, le reste de la « science » aristotélicienne : les *Libri naturales* (physique, métaphysique, psychologie, éthique).

Rassemblant les maîtres et les étudiants les plus jeunes, la faculté des arts est clairement subordonnée à la faculté de théologie : le rôle « ancillaire » de la philosophie commence au niveau des institutions, avant d'être réfléchi au niveau théorique par les théologiens. Cette subordination est vécue de manière conflictuelle, et, dans les années 1260-1270, les aspirations des « artiens » se cristallisent en revendications et plaidoyers de toute nature qui témoignent d'une prise de conscience de la dignité de l'état de « philosophe » (d'après A. de Libera, *La Philosophie médiévale*, PUF, Que sais-je ?, 1985).

Rappelons enfin que l'essor de l'Université est contemporain d'un véritable choc culturel : celui de la découverte de l'ensemble de l'œuvre d'Aristote et de celle de ses commentateurs, en particulier arabes (Avicenne, Averroès).

Descartes (1596-1650)

René Descartes est le véritable initiateur du rationalisme moderne. Il est celui qui « a repris les choses entièrement par le commencement », a dit Hegel. Prétendant rompre avec les traditions de son temps en mettant en œuvre un doute méthodique, il a contribué à redéfinir la métaphysique et la théorie de la nature.

La méthode selon Descartes

□ La méthode est un gouvernement de la pensée. Donner une méthode, c'est fournir à la pensée des principes lui permettant de régler son exercice et la formulation de ses jugements. La première règle de la méthode (ne tenir pour vrai que ce qui est reconnu comme évident) constitue l'exigence constante de l'activité intellectuelle. Mais l'évidence, qui est une intuition « inaccessible au doute », n'est pas immédiate : elle se prépare, et elle s'obtient, par un refus des préjugés et des conclusions précipitées. L'évidence cartésienne est le résultat de l'attention critique de l'esprit, c'est-à-dire de sa résolution de ne pas céder aux « premières idées ».

□ La méthode est une patience, soit une application de la volonté dans la connaissance. Les trois autres règles de la méthode (décomposer les difficultés pour revenir aux notions simples, reconstruire à partir de l'élémentaire selon un ordre rationnel, contrôler la construction en récapitulant les démarches) constituent la mise en œuvre de la règle d'évidence dans l'acquisition du savoir.

Cogito, ergo sum

La conquête de la certitude s'effectue négativement, par la remise en cause systématique de l'ensemble des choses que pense l'esprit (perceptions, images, idées) : tout peut être mis en doute, car tout peut être objet de soupçon. Pourtant, au cœur de ce doute, radical et universel, se rencontre une première vérité. Je peux douter de tout sauf de l'acte que je suis en train d'effectuer : le doute lui-même. Cet acte de douter, qui concentre actuellement ma pensée, enveloppe mon existence : je suis, indubitablement, comme sujet de ce doute. L'esprit se découvre ici dans sa séparation d'avec les choses, non pas objet mais sujet. Mais cette découverte n'est pas le produit d'un raisonnement, c'est une intuition qui résulte d'une attention de l'esprit à sa propre activité. L'affirmation « je pense, donc je suis » est l'expression de la conscience de soi de l'esprit.

La nature

□ Descartes développe une conception de la nature étroitement liée à la naissance de la physique mathématique moderne. La matière est identifiée à l'étendue, c'est-à-dire à la forme et au mouvement. Tous les phénomènes physiques peuvent être expliqués à partir des lois du mouvement. Mais le modèle mécanique s'applique aussi à l'être vivant : les fonctions qui s'y effectuent doivent être rapportées à « la seule disposition de ses organes », c'est-à-dire à des faits de structure, eux-mêmes susceptibles d'une analyse de type physico-mathématique.

□ Mais cette conception de la nature réduite à l'étendue et au mouvement inscrit la science dans un horizon *technique* (il est possible d'utiliser « la force et les actions » des éléments naturels), lui-même relié à un projet pratique : l'amélioration des conditions de la vie humaine.

L'INITIATEUR DE LA PHILOSOPHIE MODERNE

■ Vie et œuvre de Descartes

René Descartes est né le 31 mai 1596 en Touraine. Au terme de ses études, menées au collège jésuite de La Flèche, il obtient, en 1616, le baccalauréat et la licence en droit. Après une période d'une dizaine d'années, marquée par les engagements militaires et les voyages, Descartes s'installe à Paris, en 1625. Il y rédige les *Règles pour la direction de l'esprit,* en latin, œuvre inachevée qui ne sera publiée qu'en 1701. Descartes quitte Paris en 1628. C'est en Hollande que Descartes poursuit son œuvre :
Discours de la méthode, pour bien conduire sa raison et chercher la vérité dans les sciences (1637), accompagné de trois essais scientifiques *(Dioptrique, Météores, Géométrie)* ; *Méditations touchant la première philosophie dans lesquelles l'existence de Dieu et la distinction réelle entre l'âme et le corps de l'homme sont démontrées* (1641, en latin ; traduites en français en 1647) ; *Les Principes de la philosophie* (1644) ; *Les Passions de l'âme* (1649).
Retiré en Hollande, Descartes entretient une correspondance parfois décisive pour l'approfondissement de son œuvre (Mersenne, Huyghens, Elizabeth de Bohême). À la fin de 1649, à la demande de la reine Christine de Suède, Descartes part pour Stockholm. Il y meurt le 11 février 1650.

■ L'idée de Dieu dans la troisième *Méditation métaphysique*

L'originalité de l'argumentation de Descartes est que la rencontre de Dieu y est présentée comme un moment du développement de la conscience de soi du sujet. L'idée de Dieu, comme idée d'un être infini et parfait, ne surgit pas de la considération du monde extérieur et n'est pas non plus produite par la pensée. Je me connais comme être fini et imparfait et trouve en moi l'idée de l'infini et de la perfection. Cette idée ne peut être produite par moi, qui suis un être imparfait, et ceci même si je procède intellectuellement à la négation de mes propres limites. Je trouve au contraire cette idée en moi, « née et produite avec moi », comme une idée première qui me permet de connaître « qu'il me manque quelque chose et que je ne suis pas tout parfait ». Cette idée, qui est l'idée de Dieu, est « comme la marque de l'ouvrier empreinte sur son ouvrage ». Ainsi, je pense et je me pense sur fond d'infini.

■ Une éthique de la générosité

Descartes définit ici la générosité comme la vertu la plus haute de l'homme raisonnable qui se souvient qu'il est libre en chaque moment de son existence, et fait de sa liberté le principe de ses actions.

« Ainsi je crois que la vraie générosité, qui fait qu'un homme s'estime au plus haut point qu'il se peut légitimement estimer, consiste seulement en partie en ce qu'il connaît qu'il n'y a rien qui véritablement lui appartienne que cette libre disposition de ses volontés, ni pourquoi il doive être loué ou blâmé sinon pour ce qu'il en use bien ou mal, et partie en ce qu'il sent en soi-même une ferme et constante résolution d'en bien user, c'est-à-dire de ne manquer jamais de volonté pour entreprendre et exécuter toutes les choses qu'il jugera être les meilleures ; ce qui est suivre parfaitement la vertu. »

Descartes, *Les Passions de l'âme*,
art. 153, 1649, in *Œuvres philosophiques*,
Garnier, t. 3, p. 1067

Spinoza (1632-1677)

Spinoza est le philosophe d'une intuition qu'aucune formule ne sera assez simple pour exprimer. Cette intuition est le sentiment d'une coïncidence entre l'acte par lequel notre esprit connaît parfaitement la vérité et l'opération par laquelle Dieu l'engendre. Il ne peut y avoir de pensée vraie que du point de vue du tout.

Dieu, c'est-à-dire la nature

Dieu seul « existe » et « agit » par la seule nécessité de sa nature. Selon Spinoza, il n'y a rien, en dehors de Dieu, qui puisse être ni être pensé. L'idée de Dieu est celle d'un être absolument infini, souverainement parfait, auquel nul attribut ne manque : Dieu existe nécessairement. Il est cause de soi. Il est pure intériorité. Il est la seule substance à proprement parler. Tout ce qui existe n'est qu'attribut ou expression de cette substance unique et parfaite. Dieu est cause éternelle, immanente et efficiente, de toute chose, y compris de la pensée. Il est absurde d'imaginer que le monde a été créé par un acte libre de la volonté divine. Il n'y a pas d'au-delà du monde.

Liberté et critique de la volonté

☐ Un des objectifs principaux de l'*Éthique* consiste à rompre le lien entre liberté et volonté. La volonté, entendue comme le pouvoir de se mettre en dehors de l'enchaînement des causes et des effets, est, selon Spinoza, une illusion. Elle est l'expression de l'ignorance des causes véritables de l'action. L'âme n'est pas en dehors de ce qui est ni au-dessus des choses. La liberté n'est donc pas le pouvoir de choisir entre des possibilités équivalentes ni le pouvoir de se régler sur un modèle conçu au préalable et de le réaliser : elle n'est pas une propriété de la volonté.
☐ Selon Spinoza, il faut, au contraire, penser la liberté dans la perspective du *conatus*, c'est-à-dire de l'effort de chaque être pour persévérer dans son être et développer la puissance de sa propre nature. Un être est libre lorsque son action peut s'expliquer par sa seule nature. Et il ne sera libre qu'autant que des puissances extérieures ne viendront pas le contraindre à agir « d'une certaine façon déterminée ».
☐ Le contraire de la liberté n'est donc pas la nécessité, mais la *contrainte,* exercée par des puissances extérieures. Avec Spinoza, il est possible de parler sans contradiction de *libre nécessité.*

La vertu

☐ L'être humain peut s'affranchir de son ignorance et de sa servitude. Sa vertu, selon Spinoza, consiste « dans le pouvoir de faire certaines choses qui peuvent être entièrement comprises par les seules lois de sa propre nature ». La vertu n'est pas hors du monde. Elle ne doit pas conduire à se couper de soi-même en cherchant, bien inutilement, à rompre avec les passions, mais au contraire à développer sa puissance d'exister, en substituant progressivement aux passions tristes, synonymes d'impuissance, la recherche des objets qui nous sont véritablement utiles.
☐ Or, de ce point de vue, rien n'est plus utile à l'homme que l'homme, dit Spinoza. Il ne peut pas y avoir de liberté hors de la Cité, parce que l'unité de tous renforce la puissance de chacun. Mais aussi, la suprême vertu est de connaître Dieu, c'est-à-dire la présence, agissante en nous, de sa puissance éternelle.

UN ESPRIT LIBRE

Spinoza l'excommunié

Baruch Spinoza est né le 24 novembre 1632 à Amsterdam, dans une famille qui joue alors un rôle important au sein de la communauté juive. Songeant à devenir rabbin, Spinoza s'initie au latin, et s'ouvre alors à la science et à l'œuvre de Descartes. Sa liberté d'esprit, en particulier à l'endroit de la religion, conduit Spinoza a être excommunié, c'est-à-dire officiellement chassé d'Amsterdam, le 27 juillet 1656. Il apprend la taille et le polissage des lentilles, pour vivre et approfondir ses recherches en optique. Dans les années 1660-1663, installé près de Leyde, Spinoza écrit le *Court Traité sur Dieu, l'homme, et son état bienheureux* (qu'on ne retrouvera qu'en 1862), le *Traité sur la réforme de l'entendement* (inachevé), et les *Principes de la philosophie de Descartes* (le seul ouvrage paru du vivant de Spinoza sous le nom de son auteur) qui lui vaudra la célébrité.

Philosopher au temps des troubles

À partir de 1663, Spinoza s'installe dans la région de La Haye. Il y rédige le *Traité théologico-politique* (qui paraît anonymement en 1670), l'*Éthique* (l'ouvrage, commencé en 1661, est achevé en 1675), le *Traité politique* (inachevé). La réputation de Spinoza est due aussi à ses engagements politiques : Spinoza est proche du Grand Pensionnaire Jean de Witt, républicain et partisan de la séparation entre la religion et l'État. La publication du *Traité théologico-politique* s'effectue dans un contexte troublé par les conflits politiques (Jean de Witt sera assassiné en 1672) et par la guerre contre les armées françaises. Spinoza renoncera à faire imprimer son œuvre majeure, l'*Éthique*. Il meurt le 21 février 1677.

La république et la liberté de croire : le *Traité théologico-politique*

« [...] la liberté générale [...] n'admet point que le jugement individuel soit assiégé de préjugés, ni soumis à une contrainte quelconque. Quant aux séditions excitées sous prétexte de religion, elles ne surgissent qu'avec l'établissement de lois concernant des questions spéculatives. [...] Si la législation politique décrétait que *seuls les actes peuvent être poursuivis, sans que les paroles soient jamais sujettes à sanction,* les troubles intérieurs ne se pareraient plus d'une apparence de droit et les controverses ne se transformeraient plus en sédition. Or, puisque le rare privilège nous est échu en partage de vivre dans une République, où chacun exerce librement son jugement et honore Dieu comme il lui semble bon, où la liberté est chérie comme le plus précieux et le plus doux des biens, j'ai cru ne pas accomplir un acte inopportun, ni inutile, en formulant ce qui suit : Non seulement cette liberté ne menace aucune ferveur véritable, ni la paix au sein de la communauté publique, mais sa suppression, au contraire, entraînerait la ruine et de la paix et de toute ferveur. »

Spinoza, *Traité théologico-politique*, préface, in *Œuvres complètes,* Gallimard, Pléiade, 1954, p. 609-610

Baruch Spinoza

Leibniz (1646-1716)

Esprit encyclopédique, ne méprisant aucun aspect de ce que le monde offre à la connaissance, depuis la logique jusqu'à l'histoire naturelle, Leibniz illustre parfaitement ce que peut être la tentative d'un rationalisme absolu. Dans sa diversité inépuisable, le monde est en ordre, et cet ordre est harmonieux.

Tout est en ordre

☐ Rien dans le monde n'est exceptionnel, rien n'est inexplicable. Tout a une raison, tout répond à une loi, y compris l'action humaine. Par exemple, il n'y a pas de visage, jusque dans son détail le plus singulier, qui « ne fasse partie d'une ligne géométrique et ne puisse être tracé tout d'un trait par un certain mouvement réglé ».

☐ Le monde est compliqué, cela ne le rend pas irrégulier ou extraordinaire. Les notions de hasard ou de désordre signifient seulement que notre capacité de compréhension est débordée par la profusion des aspects du réel qui doivent être simultanément pensés. Mais tout est pensable, si du moins l'on se place du point de vue de l'infini.

La variété du réel

☐ Leibniz développe la conception d'un univers pluraliste. Alors que Descartes distingue deux substances (la pensée et l'étendue) et que Spinoza pose une unique substance comme fondement de tout l'être, le monde est pensé par Leibniz comme constitué d'une infinité de substances individuelles, qu'il nomme *monades*.

☐ La monade (le mot vient du grec *monas,* qui veut dire unité) n'est pas un atome ou une simple unité numérique. C'est un centre actif, une unité dynamique, qui développe son activité selon une raison interne. Chaque monade est unique, ce qui veut dire que toutes diffèrent : le monde est variété. La monade se caractérise par le fait que tout ce qui lui arrive est explicable par une raison interne, ce qui veut dire qu'elle ne subit aucune influence extérieure.

☐ La question qui se pose alors est celle de savoir comment ces différentes monades ou substances qui n'exercent aucune action les unes sur les autres peuvent néanmoins coexister, se relier les unes avec les autres, pour former, justement, un monde. La réponse à cette question est donnée par le concept d'harmonie.

L'harmonie du monde et le principe du meilleur

☐ L'harmonie règle le rapport entre toutes les monades et rend possible l'unité dans la multiplicité. Elle règle l'action divine dans la composition, au sens symphonique, du monde. Dieu établit des correspondances et dispose les monades de manière telle que « chaque substance simple a des rapports qui expriment toutes les autres et qu'elle est par conséquent un miroir vivant perpétuel de l'univers ». Ainsi, les relations intermonadiques sont des relations d'entr'expression plus que de causalité.

☐ Dieu est le grand ordonnateur. L'entendement divin connaît une infinité de mondes, c'est-à-dire d'arrangements harmoniques, possibles. Mais il ne peut en exister qu'un seul. Le choix de Dieu est guidé par un principe, celui de la meilleure combinaison entre ordre et variété. C'est ce principe d'optimisation qui fait du monde créé au terme du calcul le meilleur des mondes possibles.

UNE ŒUVRE ENCYCLOPÉDIQUE

Précocité de Leibniz

Gottfried Wilhelm Leibniz est né le 1er juillet 1646 à Leipzig. La précocité et l'ampleur de ses capacités intellectuelles le font entrer à l'université en 1661, où il rédige et soutient, en 1663, sa thèse de baccalauréat. Il poursuit des études de philosophie, de droit, de mathématiques, de telle sorte qu'il devient maître ès philosophie en 1664, soutient sa thèse de droit en 1666, en même temps qu'il pose les fondements de son « art combinatoire ».

Dans la république des lettres

En 1667, Leibniz est introduit à la cour de Mayence. Il y occupe, à partir de 1670, un poste de conseiller, qui l'initie à la politique, en même temps qu'il poursuit ses travaux (jurisprudence, arithmétique, philosophie, invention de divers objets techniques). En 1672, Leibniz est envoyé à Paris pour une mission diplomatique, qui lui permet de rencontrer les grands esprits du temps (Arnauld, Malebranche, Huyghens) et de prendre connaissance de la pensée cartésienne et des écrits de Pascal. À Londres, puis en Hollande, Leibniz rencontre Newton, Boyle, Spinoza, Swammerdam. Mais cette période est surtout celle d'une activité scientifique importante, marquée par la mise au point du calcul infinitésimal ainsi que par la formulation des principes de sa dynamique.

Écrire à Hanovre

Nommé bibliothécaire et conseiller auprès du duc de Hanovre en 1676, Leibniz se consacre à la logique, à la philosophie, aux sciences de la nature, à l'histoire (il est historiographe de la maison de Hanovre), au droit et à la religion (la grande affaire de la vie de Leibniz, c'est la réalisation de la paix des Églises). Il entretient une correspondance très abondante avec les penseurs de son temps, correspondance qui joue le rôle de laboratoire pour la formation de sa pensée. Leibniz a écrit la plus grande partie de son œuvre sous la forme de lettres.

Leibniz rédige alors ses traités les plus importants : *Méditations sur la connaissance, la vérité et les idées* (1684), *Discours de métaphysique* (1686, suivi d'une correspondance avec Arnauld), *Nouveaux Essais sur l'entendement humain* (1704), *Essais de théodicée* (1710), *La Monadologie* (1714) ainsi que la correspondance avec Clarke. Leibniz meurt le 14 novembre 1716. Il laisse environ vingt mille lettres. Son œuvre représente soixante-dix volumes.

Un monde organisé à l'infini

« 67. Chaque portion de la matière peut être conçue comme un jardin plein de plantes et comme un étang plein de poissons. Mais chaque rameau de la plante, chaque membre de l'animal, chaque goutte de ses humeurs est encore un tel jardin ou un tel étang.

68. Et quoique la terre et l'air interceptés entre les plantes du jardin, ou l'eau interceptée entre les poissons de l'étang, ne soient ni plante ni poisson, ils en contiennent pourtant encore, mais le plus souvent d'une subtilité à nous imperceptible.

69. Ainsi il n'y a rien d'inculte, de stérile, de mort dans l'univers, point de chaos, point de confusion qu'en apparence [...]. »

Leibniz, *La Monadologie*, in *Œuvres*, éditées par Lucy Prenant, Aubier-Montaigne, 1972, p. 405

Hume (1711-1776)

Hume est un empiriste et un phénoméniste intégral. Il rejette toutes les idées que nous ne pouvons relier à des perceptions. Dans cette perspective, les concepts métaphysiques, en particulier celui de causalité, sont récusés. Pour cette raison, Kant considérera que Hume l'a réveillé de son « sommeil dogmatique ».

Une théorie de l'esprit

□ À la suite de Locke (1632-1704), Hume rejette la doctrine des idées innées et considère que *rien n'est dans l'esprit qui n'ait d'abord été dans les sens*. Nous avons deux types d'idées : les idées simples, qui sont des copies des impressions (sensations, sentiments) que nous avons ressenties, et les idées complexes, qui sont le résultat de la juxtaposition ou de la combinaison des idées simples. L'idée ne diffère pas spécialement de l'impression, elle ne s'en distingue que du point de vue de l'intensité : l'impression est forte (elle est actuellement vécue), l'idée est faible (car elle est plus ou moins éloignée de l'impression qu'elle représente). Cela fournit un critère de la vérité de nos idées. Pour savoir si une de nos idées correspond à une réalité, il faut chercher l'impression qui en est la base. L'absence de toute relation à l'impression est le signe d'une idée chimérique.

□ Reste à savoir comment se forment les idées complexes, en d'autres termes, ce qu'est la vie de l'esprit. Hume conçoit les rapports entre les idées sur le modèle de la théorie newtonienne de l'attraction des corps. *Les lois de l'esprit sont celles de l'association des idées*. Ces associations sont faibles au début, elles se renforcent avec les expériences accumulées. L'esprit est le résultat de ces renforcements. L'idée du moi n'existe pas, dit Hume, qui ajoute que l'esprit « n'est rien qu'un amas ou une collection de perceptions différentes unies les unes aux autres par certaines relations ».

La critique de la causalité

□ La question qui est posée est celle de la possibilité d'une science des phénomènes. D'où vient que, partant d'un phénomène dont nous avons l'expérience actuelle, nous anticipons sur le futur ? Quel est le principe nous permettant d'établir la liaison causale des phénomènes, relation que nous baptisons *nature* ?

□ Une première réponse consiste à supposer l'existence d'une réalité distincte des phénomènes et les maintenant en relation de façon sous-jacente. C'est la notion de la *substance*, définie comme support des propriétés de l'objet et faisant de l'objet un être véritable et non un simple faisceau de qualités. La relation de causalité devrait alors être comprise comme l'expression d'une sorte d'efficacité de la substance, qui, à partir du feu, par exemple, produirait la fumée. Hume critique l'idée de la substance, qui ne repose sur aucune impression spécifique : il n'y a rien au-delà de ce que nous percevons. Par conséquent, les phénomènes sont extérieurs les uns aux autres, on ne peut y déceler aucune relation intérieure qui viendrait les unir.

□ Ce lien de causalité du feu et de la fumée n'existe qu'en nous, selon Hume. Il est le résultat de l'association des idées *feu* et *fumée*, dont la conjonction répétée a fini par produire en nous une habitude de relation. La causalité est le simple *nom* de cette habitude. La nature est en nous, elle n'est au fond que le produit de nos accoutumances.

UN SCEPTIQUE MODERNE

■ Vie et œuvre de Hume

David Hume est né à Edimbourg le 26 avril 1711. Il fait ses études de philosophie dans sa ville natale, dans une ambiance puritaine qui le conduit à se détacher de la religion, et découvre les auteurs classiques (Cicéron, Sénèque) et modernes (Montaigne, Locke, Berkeley). Destiné à une carrière juridique, Hume s'en écarte afin de s'engager dans une activité littéraire. Il séjourne alors en France, où il rédige son principal ouvrage, le *Traité de la nature humaine,* qui sera publié en trois parties à Londres, entre 1737 et 1740, sans aucun écho auprès du public.

C'est en 1741 seulement, avec la publication des *Essais moraux et politiques,* que Hume rencontre le succès et est admis dans la société cultivée d'Edimbourg. Entre 1745 et 1757, tout en exerçant la fonction de secrétaire particulier, puis celle de conservateur à la Bibliothèque des avocats d'Edimbourg, Hume publie un grand nombre d'ouvrages, qui vont assurer sa notoriété : *Essais philosophiques sur l'entendement humain* (1758, republié en 1758 sous le titre *Enquête sur l'entendement humain) ; Enquête sur les principes de la morale* (1751) ; *Quatre Dissertations : Histoire naturelle de la religion, Des passions, De la tragédie, De la norme du goût* (1757) ; *Histoire de la Grande-Bretagne* (six volumes entre 1753 et 1761).

À partir de 1763, Hume entame une carrière de diplomate, qui le mènera à Paris où il devient l'ami des Encyclopédistes. Son amitié pour Rousseau le conduit à l'accueillir à Londres, en 1766. Les deux hommes se brouillent assez vite. En 1769, malade, Hume se retire à Edimbourg, où il meurt le 25 août 1776. Ses *Dialogues sur la religion naturelle* paraissent de manière posthume en 1779.

■ Il n'y a pas de combat de la raison et des passions

Selon Hume, la raison n'est que théorique : elle est de l'ordre de la représentation, uniquement. Et les représentations, inertes, ne possèdent par elles-mêmes aucun dynamisme. À l'inverse, la passion est « une existence primitive », ce qui signifie qu'elle est d'abord et par essence vécue, d'un seul bloc. La passion qui me domine actuellement n'est ni vraie ni fausse : elle est seulement. La passion ne se pose pas non plus la question de sa valeur. Ce n'est que plus tard, dans l'apaisement, qu'un jugement sur la passion est efficace, c'est-à-dire, au fond, lorsqu'elle est déjà près de disparaître. Par conséquent, la raison n'a aucune influence sur la passion, ni pour la provoquer ni pour l'empêcher. Raison et passion sont extérieures l'une à l'autre.

« Il n'est pas contraire à la raison de préférer la destruction du monde entier à une égratignure de mon doigt. Il n'est pas contraire à la raison de préférer à mon plus grand bien propre un bien reconnu moindre et d'aimer plus ardemment celui-ci que celui-là. Un bien banal peut, en certaines circonstances, produire un désir supérieur à celui qui naît du plaisir le plus grand et le plus estimable [...]. Bref, une passion doit s'accompagner de quelque faux jugement pour être déraisonnable ; même alors ce n'est pas, à proprement parler, la passion qui est déraisonnable, c'est le jugement. »

Hume, *Traité de la nature humaine*, livre II, 2e partie, section III, Aubier, 1968, t. 2, p. 526

Rousseau (1712-1778)

Selon Rousseau, l'injustice et le mal proviennent du développement social de l'homme. Mais la critique qu'il fait des progrès et de la civilisation ne signifie pas un retour à l'état de nature. Rousseau veut définir les conditions d'un État légitime, dans lequel les hommes seraient libres et égaux.

L'état de nature

☐ L'état de nature que décrit Rousseau dans le *Discours sur l'origine et les fondements de l'inégalité parmi les hommes* (1755) n'a jamais existé et n'existera jamais : il s'agit là d'une hypothèse théorique qui doit permettre de comprendre la naissance de l'état social, avec ses injustices. S'opposant en particulier à Hobbes, Rousseau refuse de voir dans l'état naturel celui d'une violence entre les hommes.

☐ Selon lui, l'homme naturel est semblable à un animal « borné et stupide », vivant isolément et ne connaissant ni le bien ni le mal : la « perfectibilité » est l'unique faculté distinctive de l'homme, « une faculté qui, à l'aide des circonstances, développe successivement toutes les autres ». La pitié (sentiment de compassion éprouvé face à la douleur des autres) et l'amour de soi (tendance naturelle de chaque être à veiller à sa propre conservation) sont les seuls sentiments qui animent l'homme naturel.

☐ Pour Rousseau, la liberté et l'égalité définissent la condition originelle de l'homme, et le mal n'apparaît qu'avec le lien social, dans la concurrence qui s'établit alors entre les hommes. La naissance et le développement de la propriété, du langage, des arts et des sciences ont contribué, selon lui, à pervertir l'homme.

« L'homme est né libre et partout il est dans les fers »

☐ Dans *Du contrat social* (1762) Rousseau définit les principes d'une société politique dans laquelle les hommes seraient aussi libres et égaux qu'ils l'étaient dans l'état de nature. Le contrat social, qui est le pacte instituant l'idéal d'une telle société, fait que « chacun de nous met en commun sa personne et toute sa puissance sous la suprême direction de la volonté générale ». Loin de s'associer pour se soumettre, les membres de la société s'unissent pour constituer le « peuple », qui est souverain. La volonté générale est la volonté de tous et de chacun.

☐ Dans une telle société, la condition de chaque homme est égale, et l'homme est libre parce qu'il obéit à une loi dont il est en même temps l'auteur : « Nul n'est injuste envers soi-même. » La loi, loin de contraindre par la force, oblige chacun des membres du contrat. Dans une telle société, appelée « République », le pouvoir exécutif doit être subordonné au pouvoir législatif souverain, qui est celui du peuple.

L'éducation négative

Rousseau propose l'idéal d'une éducation qui pourrait soustraire l'homme au malheur d'une vie sociale corrompue : au lieu de gâter la volonté de l'enfant en lui imposant l'arbitraire des désirs adultes, il convient, au contraire, de l'aider à réaliser ses propres expériences, desquelles seules il peut vraiment apprendre. « Maintenez l'enfant dans la seule dépendance des choses, vous aurez suivi l'ordre de la nature dans le progrès de son éducation » *(Émile)*.

NATURE ET HISTOIRE

Rousseau

Vie et œuvre de Rousseau

Jean-Jacques Rousseau est né à Genève, en 1712. En 1745, il entre en relation avec les Encyclopédistes, notamment Diderot et Voltaire. En réponse à la question mise au concours par l'Académie de Dijon : « Si le progrès des sciences et des arts a contribué à corrompre ou à épurer les mœurs », il rédige, en 1749, sa première œuvre importante, le *Discours sur les sciences et les arts*, qui remporte le prix et est publié, non sans susciter des polémiques. En 1754, toujours pour répondre au concours de l'Académie de Dijon : « Quelle est l'origine de l'inégalité parmi les hommes et si elle est autorisée par la loi naturelle ? », Rousseau rédige son second discours, qui lui assure la notoriété. Il ne tarde pas, cependant, à se brouiller avec les Encyclopédistes, et la rupture avec Diderot est définitivement consommée en 1758, à la suite de la publication de la *Lettre à d'Alembert sur les spectacles*. Si *La Nouvelle Héloïse* (1760) rencontre un grand succès, en revanche *Émile ou De l'éducation* et *Du contrat social* (1762) sont condamnés dès leur parution par le Parlement de Paris. Rousseau doit fuir et se réfugie un temps chez Hume. De retour en France, il rédige, de 1767 à 1778, *Les Confessions*, les dialogues *Rousseau juge de Jean-Jacques, Les Rêveries du promeneur solitaire*, ouvrage qui restera inachevé. Rousseau meurt à Ermenonville en 1778.

Le sentiment intérieur

L'entendement s'avère incertain pour la conduite de notre existence humaine. Il doit être guidé par la conscience ou le sentiment intérieur, juge infaillible du bien et du mal.

« Exister pour nous, c'est sentir ; notre sensibilité est incontestablement antérieure à notre intelligence, et nous avons eu des sentiments avant des idées. Quelle que soit la cause de notre être, elle a pourvu à notre conservation en nous donnant des sentiments convenables à notre nature ; et l'on ne saurait nier qu'au moins ceux-là ne soient innés. Ces sentiments, quant à l'individu, sont l'amour de soi, la crainte de la douleur, l'horreur de la mort, le désir du bien-être. Mais si, comme on n'en peut douter, l'homme est sociable par sa nature, ou du moins fait pour le devenir, il ne peut l'être que par d'autres sentiments innés, relatifs à son espèce ; car, à ne considérer que le besoin physique, il doit certainement disperser les hommes au lieu de les rapprocher. Or c'est du système moral formé par ce double rapport à soi-même et à ses semblables que naît l'impulsion de la conscience. Connaître le bien, ce n'est pas l'aimer : l'homme n'en a pas la connaissance innée, mais sitôt que sa raison le lui fait connaître, sa conscience le porte à l'aimer : c'est ce sentiment qui est inné. »

Rousseau, *Profession de foi du vicaire savoyard*, Garnier-Flammarion, p. 89-90

Kant (1724-1804)

Kant renouvelle la manière de poser les problèmes philosophiques. Il s'agit avant tout d'interroger la raison afin de déterminer quels sont ses pouvoirs et quelles sont ses limites. La philosophie a donc d'abord une tâche *critique*. Celle-ci porte sur la connaissance, sur l'action, sur le sentiment esthétique.

La révolution copernicienne

☐ Kant, dans la *Critique de la raison pure*, pose la question de la possibilité de la connaissance objective. La préoccupation kantienne est d'abord juridique. Il s'agit de faire apparaître les normes d'un usage *légitime* du pouvoir de connaître, et, pour cela, il faut déterminer les éléments et la méthode de la connaissance ainsi que la frontière au-delà de laquelle l'entendement ne peut aller sans se perdre dans des contradictions insolubles.

☐ Ce qu'on appelle la « révolution copernicienne » chez Kant correspond à une reformulation du problème de l'objectivité. L'incapacité de la métaphysique à régler le problème de la connaissance tient à ce que celle-ci est envisagée comme un rapport entre des choses en soi et l'esprit humain. Or, de ce rapport, nous ne pouvons rien savoir. Kant propose donc d'interroger la connaissance elle-même, pour déterminer ce qui peut légitimement être tenu pour objectif (et qu'on peut appeler « la nature »).

☐ Dans la constitution de l'objectivité, trois facultés interviennent : la sensibilité, l'entendement, l'imagination. Que la sensibilité intervienne signifie que, pour Kant, il ne peut y avoir connaissance qu'en relation à l'expérience. Ce qui dépasse l'expérience possible peut certes être *pensé*, mais non *connu*. Mais il n'y a d'objectif que ce qui est conforme aux catégories de l'entendement, c'est-à-dire qui possède une extension, un degré, une cause et une permanence. Cependant, cette conformité repose sur l'imagination, faculté intermédiaire qui effectue les synthèses transformant la diversité sensible en objet véritable.

La rationalité du fait moral

☐ La *Critique de la raison pratique* cherche à élucider les conditions de possibilité de l'action morale. Kant ne prétend pas inventer en morale, il cherche plutôt à expliciter les fondements rationnels du fait moral présent en tout être humain.

☐ L'acte moral est un acte libre qui peut être universalisé, c'est-à-dire qui peut valoir pour l'humanité entière. Ce principe d'universalisation est formel et vaut négativement : la « morale kantienne » ne prescrit en effet aucun contenu déterminé, mais elle fournit un critère permettant d'évaluer la moralité de ce qu'on est en train de décider. La « bonne volonté » est cette volonté rationnelle qui vise l'universalité, sans égards pour les désirs ou les intérêts personnels.

☐ Cette volonté rationnelle est possible parce que la liberté (c'est-à-dire la possibilité de se déterminer en fonction de principes rationnels, indépendamment des penchants et des circonstances) est présente en chacun. L'acte moral n'est, au fond, qu'un acte cohérent avec lui-même, un acte qui se hisse à la hauteur de ce qui l'a rendu possible : la raison. L'acte moral est l'acte qui assume totalement les exigences de la rationalité. La loi morale, sous la forme de l'obligation, est l'expression de la raison dans la conscience de chacun.

LE PHILOSOPHE DE KÖNIGSBERG

■ Kant professeur

Emmanuel Kant est né à Königsberg (actuellement Kaliningrad, sur la Baltique) le 22 avril 1724, dans une famille nombreuse qu'il a toujours caractérisée comme pieuse. Il poursuit ses études dans sa ville natale. En 1746, il rédige son premier ouvrage, *Essai pour introduire en philosophie le concept de grandeur négative* (publié en 1763), où il tente de concilier Descartes et Leibniz. La mort de son père, en 1747, contraint Kant à s'engager comme précepteur. En 1755, il commencera à enseigner à l'université de Königsberg, d'abord comme *privatdozent* (enseignant payé par ses étudiants), puis, à partir de 1770, comme professeur ordinaire en logique et métaphysique. Les cours et les publications de Kant sont extrêmement diversifiés : mathématiques, géographie, pédagogie, théologie, métaphysique, etc. C'est en 1770 avec sa thèse, intitulée *De la forme et des principes du monde sensible et du monde intelligible*, que Kant expose les premiers éléments de sa philosophie critique.

■ Penser à Königsberg

C'est après 1781, date de la parution de la première édition de la *Critique de la raison pure* (une seconde édition, avec des modifications importantes, paraîtra en 1787), que les œuvres majeures de Kant seront écrites : *Prolégomènes à toute métaphysique future* (1783), *Fondements de la métaphysique des mœurs* (1785), *Critique de la raison pratique* (1788), *Critique de la faculté de juger* (1790), *La Religion dans les limites de la simple raison* (1795).

La remarquable sédentarité de Kant (il n'est pour ainsi dire jamais sorti de sa ville) ne l'empêche pas d'être attentif aux mouvements du monde : grand lecteur de récits de voyages, invitant tous les jours des amis à dîner, Kant intervient, sous la forme d'articles, dans la vie scientifique, politique, intellectuelle de son temps. Professeur célèbre, même s'il n'est pas toujours compris, Kant meurt le 11 février 1804.

■ Le principe d'une philosophie de l'histoire

« Étant donné que les hommes, dans les efforts qu'ils entreprennent en vue de réaliser leurs aspirations, ne procèdent pas dans l'ensemble de façon simplement instinctive, mais pas non plus cependant comme des citoyens raisonnables du monde selon un plan concerté, il semble également qu'une histoire planifiée [...] soit impossible en ce qui les concerne. On ne peut se défendre d'une certaine humeur lorsqu'on voit exposés leurs faits et gestes sur la grande scène du monde et que, à côté de quelques manifestations de sagesse ici ou là pour certains cas particuliers, on ne trouve pourtant dans l'ensemble, en dernière analyse, qu'un tissu de folie, de vanité infantile, souvent même de méchanceté et de soif de destruction puériles : de sorte qu'à la fin on ne sait plus quel concept on doit se faire de notre espèce si imbue de sa supériorité. Le philosophe ne peut tirer de là aucun autre enseignement que le suivant : étant donné qu'il ne peut supposer dans l'ensemble chez les hommes et dans leur jeu aucun *dessein personnel* raisonnable, il lui faut chercher s'il ne peut découvrir dans la marche absurde des choses humaines un *dessein de la nature* à partir duquel serait du moins possible, à propos de créatures qui procèdent sans plan personnel, une histoire selon un plan déterminé de la nature. »

Kant, *Idée d'une histoire universelle au point de vue cosmopolitique*, 1784, in *Œuvres philosophiques*, Gallimard, Pléiade, 1985, tome II, p. 188-189

Hegel (1770-1831)

Hegel s'est voulu le penseur de l'absolu, c'est-à-dire de la réconciliation concrète, sous la forme d'un discours systématique, de la raison, du temps et de l'existence. Mais la rationalité systématique ne consiste pas à faire disparaître les oppositions vivantes. La pensée de l'unité vivante des opposés est la dialectique.

La philosophie comme système

□ La philosophie naît d'un besoin et d'une expérience. L'expérience est celle de la scission, c'est-à-dire de la disparition des rapports vivants entre les choses. Le besoin philosophique est, fondamentalement, d'unifier les opposés qui ont perdu leur action réciproque et sont devenus indépendants. La philosophie doit développer une pensée permettant de retrouver une raison à l'œuvre dans le réel.

□ Pour être à la hauteur de cette vérité, le discours philosophique doit être *systématique*. Il doit se présenter comme une unité organique d'éléments interdépendants, qui se développe selon une rationalité interne, de manière telle que tous les contenus apparaissent comme des moments à l'intérieur de la totalité qui se développe en se différenciant. Seul le tout est vrai, dit Hegel, et la supériorité de la pensée spéculative est qu'elle se place délibérément au point de vue du tout pour apercevoir la vérité dans son développement.

□ Hegel récuse toute forme d'accès fusionnel à l'absolu, toute connaissance immédiate et intuitive du tout. La rigueur propre à la pensée philosophique implique que la vérité se déploie sous la forme de la conceptualité.

La dialectique

□ Penser systématiquement, ce n'est pas faire disparaître les opposés en tant qu'opposés, mais c'est développer une pensée capable d'accueillir la contradiction en tant que telle et de la concevoir comme unité vivante des opposés et moteur du développement de la vérité. Cette méthode de progression de la pensée, Hegel l'appelle la *dialectique*.

□ La progression dialectique est le mouvement immanent du concept intérieur de la chose, qui progresse en produisant lui-même ses déterminations. Le concept a un contenu. Celui-ci progresse, c'est-à-dire s'approfondit et s'enrichit en se différenciant, en produisant des particularités, tout comme l'arbre produit branches et fruits et vit jusqu'au bout de ses branches et de ses fruits. Le négatif est également positif : le fruit, qui nie la fleur en un certain sens, est en même temps son accomplissement, le prolongement de la vie de la fleur sous une autre forme.

La phénoménologie de l'esprit

Il n'y a rien d'autre à connaître que l'absolu, qui est le tout. La phénoménologie de l'esprit présente le cheminement de la conscience naïve qui s'élève au savoir de l'absolu ou, ce qui est la même chose, le développement de la conscience de soi de l'absolu. Car l'absolu n'est pas seulement substance, il est sujet, et en tant que tel, il est de l'essence de l'absolu d'être lui-même conscience de soi. La phénoménologie de l'esprit est en même temps prise de conscience de l'absolu par lui-même et, dit Hegel, le chemin de l'âme qui en se purifiant s'élève à l'esprit.

LE DEVENIR DE L'ESPRIT

■ Le Stift

Georg Wilhelm Friedrich Hegel est né le 27 août 1770 à Stuttgart, alors capitale du duché de Wurtemberg. Il y reçoit une formation classique, puis, en 1788, s'inscrit au Stift (séminaire protestant) de Tübingen, où il se lie d'amitié avec le poète Hölderlin, puis avec Schelling. Les trois amis vivent avec passion la Révolution française, dans laquelle ils voient un « magnifique lever de soleil » sur le monde.

■ Hegel à Iéna

Renonçant à être pasteur, Hegel devient précepteur à Berne (1793-1796), où il lit Montesquieu. À Francfort (1797-1800), il découvre l'économie politique et se consacre à des travaux théologiques (*Vie de Jésus, L'Esprit du christianisme et son destin*). Nommé à partir de 1801 à Iéna comme *privatdozent,* Hegel va y écrire ses premiers ouvrages philosophiques importants, notamment *La Différence entre les systèmes de Fichte et de Schelling* (1801, première formulation du concept hégélien de dialectique), *Foi et Savoir* (1802), et surtout la *Phénoménologie de l'esprit* (1807).

De 1808 à 1816, Hegel est directeur du Gymnasium de Nuremberg (où il se marie en 1811 avec Marie de Tucher, qui lui donnera deux fils), puis professeur titulaire à Heidelberg jusqu'en 1818. Ces années sont marquées par la rédaction des trois volumes de la *Science de la logique* (1812-1816) et de la première édition de l'*Encyclopédie des sciences philosophiques* (1817).

■ Le professeur berlinois

Hegel connaît la consécration en 1818, lorsqu'il est appelé à la succession de Fichte à l'université de Berlin. Il y donne des leçons sur l'histoire de la philosophie, sur la philosophie de l'histoire, sur la philosophie de la religion, sur l'esthétique, qui seront publiées après sa mort. Il y rédige les *Principes de la philosophie du droit* (1821) ainsi que des éditions modifiées de l'*Encyclopédie*.

Hegel meurt à Berlin le 14 novembre 1831, pendant l'épidémie de choléra.

■ Pourquoi l'homme crée-t-il des œuvres d'art ?

L'art est une manifestation sensible de l'esprit et, en tant que tel, il éveille l'âme. L'art rend accessible « ce que l'homme abrite dans son esprit ». Il est un des moyens par lesquels l'homme se révèle.

« L'universalité du besoin d'art ne tient pas à autre chose qu'au fait que l'homme est un être pensant et doué de conscience. En tant que doué de conscience, l'homme doit se placer en face de ce qu'il est [...] et en faire un objet pour soi. Les choses de la nature se contentent d'*être*, elles sont simples, ne sont qu'une fois, mais l'homme, en tant que conscience, se dédouble : il *est une* fois, mais il est *pour lui-même*. Il chasse devant lui ce qu'il est ; il se contemple, se représente lui-même. Il faut donc chercher le besoin général qui provoque une œuvre d'art dans la pensée de l'homme, puisque l'œuvre d'art est un moyen à l'aide duquel l'homme extériorise ce qu'il est. [...] On saisit déjà cette tendance dans les premières impulsions de l'enfant : il veut voir des choses dont il soit lui-même l'auteur, et s'il lance des pierres dans l'eau, c'est pour voir ces cercles qui se forment et qui sont son œuvre dans laquelle il retrouve comme un reflet de lui-même. [...] À travers les objets extérieurs, il cherche à se retrouver lui-même. »

Hegel, *Esthétique*,
Flammarion, 1979, vol. 1, p. 61

Comte (1798-1857)

Il faut, dit Auguste Comte, « subordonner le progrès à l'ordre, l'analyse à la synthèse et l'égoïsme à l'altruisme ». La philosophie positiviste se donne pour objectif de montrer que l'histoire de l'humanité, dans les domaines pratique, théorique et moral, répond à cette exigence. La loi des trois états en est la formule.

La loi des trois états

☐ Auguste Comte élabore une philosophie de l'histoire. L'histoire humaine a un sens, celui de l'accession progressive de l'esprit humain à la positivité de la pensée et de l'action. L'histoire de l'esprit humain, individuel et collectif, est rationnelle, elle passe par trois étapes successives, dont l'enchaînement est nécessaire : âge théologique, âge métaphysique, âge positif.

☐ La théologie est la forme initiale de la vie de l'esprit. En elle se succèdent le fétichisme, le polythéisme et le monothéisme. Dans son essor primitif, l'esprit se caractérise avant tout par la confusion et l'illusion. Il ne parvient pas à distinguer ses propres représentations et l'ordre extérieur de la nature, et il projette de façon analogique sur les phénomènes naturels le modèle de l'action humaine, cherchant ainsi derrière les phénomènes la cause fondamentale de leur apparition.

☐ La métaphysique est un âge de transition. Elle prolonge l'esprit théologique dans la mesure où elle est encore à la recherche de l'absolu, mais elle éloigne les agents surnaturels et les remplace par des entités abstraites qui, au fond, ne veulent rien dire. Mais en critiquant le surnaturel, la métaphysique permet à l'esprit d'échapper progressivement à l'âge théologique pour atteindre la positivité.

☐ L'âge positif est celui de la réalisation définitive de l'esprit. L'esprit positif se caractérise par son renoncement aux recherches absolues. La forme fondamentale de la spiritualité positive est l'observation, car « toute proposition qui n'est pas strictement réductible à la simple énonciation d'un fait [...] ne peut offrir aucun sens réel ou général ». Cette exigence de la conformité aux faits, expression de la maturité d'un esprit devenu réaliste, substitue à la détermination des causes la recherche des lois, c'est-à-dire des relations constantes qui existent entre les phénomènes observés. Mais la connaissance des lois permet de prévoir les faits et d'y intervenir de façon rationnelle. La technique est une science appliquée.

La relativité de la science

☐ La rigueur de la conception positive empêche cependant de faire de la science elle-même une réalité absolue. La science n'est pas l'œuvre d'un esprit individuel idéal, mais elle est le reflet de l'humanité. La science est doublement relative, à l'organisation biologique de l'être humain, d'une part (pas d'astronomie pour une espèce aveugle), à l'organisation sociale et à son évolution, d'autre part.

☐ Ainsi, pas de science séparée des conditions de la science, pas de science sans ce que l'on appellerait aujourd'hui une sociologie, pas de progrès des conceptions scientifiques sans progression sociale, c'est-à-dire sans une certaine aptitude de la société à se conduire scientifiquement et à promouvoir la science. Progrès de la science et rationalisation de la société sont corrélatifs, à l'intérieur d'un même horizon de vérité, celui de la conformité finale de la pensée et de l'action à la réalité.

DE LA SCIENCE À LA RELIGION

Auguste Comte et l'École polytechnique

Auguste Comte est né à Montpellier le 20 janvier 1798, dans une famille qu'il décrit lui-même comme « catholique et monarchique ». Il sera profondément marqué par la période révolutionnaire et napoléonienne, qui impose, selon lui, l'établissement d'un nouveau mode de pensée et d'action, le positivisme, fondé sur la science. L'esprit scientifique doit garantir la restauration du social. Admis à l'École polytechnique en 1814, il devient le secrétaire du philosophe et économiste Saint-Simon, de 1817 à 1824. Tout en vivant, chichement, de cours de mathématiques (il sera répétiteur à Polytechnique de 1832 à 1844), Auguste Comte rédige une œuvre abondante, consacrée à la philosophie des sciences, qu'il présente dans un premier temps sous forme de leçons publiques. Ces leçons seront publiées de 1830 à 1842 sous le titre de *Cours de philosophie positive*. Le cours est interrompu de 1826 à 1829, alors que le philosophe est sujet à des troubles mentaux.

De l'esprit positif à la religion de l'Humanité

Auguste Comte publie en 1844 le *Discours sur l'esprit positif*, qui est une introduction au cours d'astronomie populaire qu'il présente à la mairie du troisième arrondissement de Paris. En 1844, marié sans bonheur, Auguste tombe amoureux de Clotilde de Vaux, d'un amour malheureux (elle meurt en 1846 sans avoir consenti) qui conduit le philosophe à élargir le domaine de ses réflexions. La vie affective, la politique, la religion deviennent, à ses yeux, fondamentales pour la régénération de la société. Dans cette perspective sont publiés le *Discours sur l'ensemble du positivisme* (1848) et le *Système de politique positive* (1851-1854).

En 1847, Auguste Comte proclame la religion de l'Humanité, dont le prêtre est le sociologue, et la formule : *l'Amour pour principe, l'Ordre pour base, et le Progrès pour but*. Auguste Comte vit des dons de ses disciples, fixe un nouveau calendrier, et publie en 1852 un *Catéchisme positiviste*. Il meurt à Paris le 5 septembre 1857. Un grand nombre de groupes positivistes se constitueront dans le monde, notamment au Brésil, pour prolonger la doctrine de celui qui se voulait un nouveau saint Paul.

La désillusion, loi fondamentale du développement de l'humanité

« Un penchant naturel et irrésistible porte le genre humain à être théologien avant que de devenir physicien. L'action personnelle de l'homme sur les autres êtres est la seule dont il comprenne le mode, par le sentiment qu'il en a. Il est donc conduit à se représenter d'une manière analogue la réaction que les corps extérieurs exercent sur lui, ainsi que l'action qu'ils exercent entre eux, et dont il ne peut voir directement que les résultats. Du moins est-ce ainsi qu'il doit les concevoir tant que les progrès de l'observation n'ont pas encore fait reconnaître des différences très frappantes entre la marche de ces phénomènes et celle des siens. Si, plus tard, il change ses conceptions à ce sujet, c'est uniquement parce que, désabusé, par l'expérience et la réflexion, de ses illusions primitives, il renonce absolument à pénétrer le mystère du mode de production des phénomènes, dont sa nature lui interdit à jamais toute connaissance, pour se réduire à en observer les lois effectives. »

A. Comte, *Système de politique positive*, Appendice général, quatrième partie, Éd. Société positiviste, p. 138

Kierkegaard (1813-1855)

S'opposant à toute philosophie systématique, Kierkegaard se propose d'être un penseur subjectif. C'est la question de l'existence humaine, dans ce qu'elle a de plus individuel et de plus passionné, qui conduit ses réflexions. Celles-ci s'organisent autour du paradoxe de la foi.

Le penseur subjectif

☐ Pour le penseur subjectif, la réflexion doit partir de l'expérience vive de la finitude et développer le rapport à soi de l'existant. Une telle réflexion, qui ne peut se résoudre en une simple psychologie, récuse toute pensée qui se veut systématique : « Il ne peut y avoir de système de l'existence. » Kierkegaard s'oppose en particulier à Hegel, lui reprochant de manquer l'irréductibilité de l'existence.

☐ La subjectivité – pour Kierkegaard, la vérité – n'est pas simple rapport à soi, elle s'éprouve dans la tension ou la « disjonction » entre le fini et l'infini. Elle est une tâche qui s'appréhende dans l'« angoisse ». L'angoisse s'empare de l'individu quand naît en lui « la possibilité infinie de pouvoir », sans qu'il ait pourtant l'idée de ce qu'il peut. Vertige, l'angoisse surgit comme une sorte d'anticipation de la liberté par laquelle l'individu entretient un rapport à la possibilité du péché.

Les trois stades de l'existence

☐ Kierkegaard décrit trois « sphères » de l'existence temporelle, qui sont comme trois possibilités, ou non, d'entrer en rapport avec ce qui est éternel : les sphères esthétique, éthique et religieuse.

☐ Don Juan illustre la première, celle de l'homme qui, dans sa quête insatiable de sensualité, vit dans l'immédiateté de l'instant. À ce stade, l'homme ne choisit pas ce qu'il veut être mais conduit sa vie en la réglant sur l'extériorité du paraître. C'est pourquoi il ne peut, au fond, qu'éprouver l'insignifiance de la vie. Le désespoir marque, pour Kierkegaard, toute forme d'existence esthétique.

☐ Au stade éthique, l'homme choisit au contraire de devenir ce qu'il est et, par cet acte, il pose la différence entre le bien et le mal. Le mariage, qui engage le sérieux et la responsabilité du choix, se présente comme une décision éthique.

☐ Mais le stade éthique ne peut se suffire à lui-même, l'homme y rencontrant la possibilité de la faute, et c'est pourquoi il conduit à la sphère religieuse. L'homme reconnaît alors qu'il ne peut accéder par lui-même à la vérité : il ne peut être sauvé que par Dieu.

Le mouvement vers l'absurde

La foi, qui est aussi suspension du moment éthique, est « mouvement en vertu de l'absurde ». Pour l'expliquer, Kierkegaard choisit le modèle d'Abraham, prêt à sacrifier son fils Isaac. Abraham a cru « en vertu de l'absurde ». Dans la foi, le devoir envers Dieu est absolu, et l'Individu, en un saut qualitatif, « se rapporte comme tel absolument à l'absolu ». En ce sens, la foi est « paradoxe », comme on le voit dans le cas d'Abraham : « L'amour envers Dieu peut amener le chevalier de la foi à donner à son amour envers le prochain l'expression contraire de ce qui, du point de vue moral, est le devoir. »

LE SCANDALE DE LA FOI

Søren Kierkegaard

■ Vie et œuvre

Søren Kierkegaard a rédigé la plus grande partie de son œuvre sous des pseudonymes (Joannes de Silentio, Constantin Constantius, Johannes Climacus, Anti-Climacus...). Né à Copenhague en 1813, il a connu une existence affective et spirituelle tourmentée. Sa vie estudiantine de dandy est brutalement interrompue par une crise spirituelle, à laquelle succède la mort de son père en 1835. Il reprend alors ses études et soutient, en 1841, une brillante thèse de philosophie, *Le Concept d'ironie constamment rapporté à Socrate*. Sa liaison avec Régine Olsen, rencontrée en 1837, est l'occasion d'une rupture douloureuse à peine quelques années plus tard. Kierkegaard se rend alors en Allemagne, où il suit quelques cours de Schelling, non sans éprouver une certaine déception. À cette époque, il commence à rédiger *Ou bien... ou bien*, qu'il publie en 1843, alors de retour au Danemark. Devenu un travailleur acharné, il rédige l'essentiel de son œuvre entre 1842 et 1855, se montrant très critique vis-à-vis de l'Église officielle danoise.

■ Le scandale du paradoxe

Le scandale est, pour Kierkegaard, « souffrance », sa découverte relève non pas de l'intelligence mais du paradoxe.

« L'homme qui se scandalise, ses paroles ne sortent pas de son fond, leur source vient du paradoxe, comme l'homme qui en parodie un autre n'invente rien mais ne fait que le copier à rebours. Plus l'expression du scandale creuse les profondeurs de la passion (active ou passive), mieux s'avère tout ce qu'il doit au paradoxe. Ainsi n'est-il donc pas l'invention de l'intelligence, tant s'en faut ! car il faudrait alors qu'elle eût pu inventer le paradoxe ; non, c'est avec le paradoxe que le scandale *prend l'être* ; il *prend l'être*, et nous revoici de nouveau devant l'instant, ce centre autour duquel tout tourne. Récapitulons. Ne pas admettre l'instant, c'est revenir à Socrate, et n'était-ce pas lui que nous voulions quitter pour aller à la découverte ? À établir l'instant, on a le paradoxe ; car dans sa forme la plus abrégée le paradoxe peut s'appeler l'instant ; c'est l'instant qui fait du disciple la non-vérité ; l'homme qui se connaissait se perd en perplexité sur lui-même et, au lieu de la connaissance de soi, prend conscience du péché, etc. ; dès que nous posons l'instant, tout va tout seul. »

Kierkegaard, *Riens philosophiques*, Gallimard, coll. Idées, Paris, 1948, p. 105-106

Marx (1818-1883)

Marx remet en cause l'idéalisme philosophique, qui réduit la vie à n'être qu'une dialectique des idées en feignant d'ignorer l'origine et la réalité pratique des problèmes qu'il résout. Or la réalité humaine est celle de l'aliénation économique et de l'exploitation sociale. C'est cela qu'il faut penser, et transformer.

Le matérialisme historique

□ La position matérialiste que Marx veut promouvoir postule que la conscience est seconde par rapport à la vie réelle des hommes. Toutes les représentations humaines sont des produits de la société et de l'histoire. La pratique précède la conscience.
□ De façon plus précise, Marx pose comme principes les forces productives et les rapports sociaux dans lesquels ces forces productives sont mises en œuvre. Ainsi, « l'homme » n'est pas ailleurs que dans l'ensemble des rapports sociaux où il apparaît, par exemple dans les formes de la production, de l'appropriation et de l'échange des biens produits dans le travail, et la pensée est le reflet des rapports sociaux.

La critique de l'aliénation capitaliste

□ Dans *L'Essence du christianisme* (1841), Ludwig Feuerbach (1804-1872) définit la religion comme aliénation. Dieu n'est rien d'autre que l'essence de l'homme que les hommes, sans la reconnaître, placent au-dessus d'eux-mêmes. Marx reproche à Feuerbach d'en rester à une vision abstraite de l'homme. La religion doit être comprise comme une production sociale. L'aliénation moderne a une base concrète.
□ Marx applique le concept d'aliénation à la description du rapport entre le travailleur et le produit de son travail dans le monde capitaliste. L'ouvrier est, vis-à-vis du produit de son travail, « dans le même rapport qu'à l'égard d'un objet étranger ». Alors que l'ouvrier devrait se libérer dans son travail, l'objet qu'il crée ne lui appartient plus, il ne le reconnaît plus, « son travail existe en dehors de lui », et « la vie qu'il a prêtée à l'objet s'oppose à lui, hostile et étrangère ». Le travail n'est plus reconnu dans la *marchandise*.

La révolution communiste

□ Le développement de l'industrie capitaliste, en lui-même producteur de richesses, est générateur d'inégalités sociales entre des classes définies par leur situation dans la sphère de la production. Les propriétaires des moyens de production accumulent les marchandises produites, tandis que ceux qui créent réellement la richesse, mais comme salariés et non comme propriétaires, s'appauvrissent.
□ Le salarié vend au capital sa force de travail. « Pourquoi la vend-il ? Pour vivre. » Il vend son activité vitale à un tiers « pour s'assurer les moyens de subsistance nécessaires ». L'ouvrier se vend lui-même, et cela « morceau par morceau », à un tiers qui s'approprie le produit du travail sans le restituer.
□ Le communisme est la théorie politique qui manifeste la volonté d'en finir avec l'exploitation ouvrière et de fonder une nouvelle société, sans classe ni propriété privée. Cependant, la classe ouvrière ne peut se redresser sans faire voler en éclats la société dont elle est la condition d'existence. La perspective ne peut être que révolutionnaire.

LE MATÉRIALISME RÉVOLUTIONNAIRE

Les années d'apprentissage

Karl Marx est né à Trèves le 5 mai 1818. Il fait ses études secondaires à Trèves puis, en 1835-1836, suit des cours de droit et d'histoire de l'art à Bonn. Son père l'envoie étudier à l'université de Berlin, où il abandonne les études de droit et s'oriente vers la philosophie et l'histoire. Il fait partie du milieu des intellectuels libéraux des « hégéliens de gauche ». Docteur en philosophie en 1841, avec une thèse sur *La Différence de la philosophie de la nature chez Démocrite et Épicure*, Marx s'oriente alors vers le journalisme.

Le départ pour Paris

Revenu à Bonn, il collabore à la *Rheinische Zeitung*. Ses articles sur la situation économique lui valent l'interdiction par les autorités de Berlin. En 1843, marié avec Jenny von Westphalen, Marx choisit l'exil. À Paris, il fréquente les milieux socialistes et communistes qui s'opposent à Louis-Philippe, prend contact avec la Ligue des justes et engage des recherches sur l'économie. Il rédige les *Manuscrits économiques et philosophiques*, où il affirme sa volonté de remettre en cause la propriété privée.

Marx et Engels

Marx retrouve à Paris Friedrich Engels (1820-1895). Celui-ci revient de Manchester où son père, industriel du textile, l'avait envoyé pour apprendre le commerce. Il y a découvert l'ampleur de la misère sociale dans les grandes métropoles industrielles, et publie, en 1845, *La Situation de la classe laborieuse en Angleterre*. La collaboration intellectuelle, mais aussi politique, entre Marx et Engels sera dès lors constante.

La Ligue des communistes

Marx et sa famille sont expulsés de France en 1845. À Bruxelles, Marx rédige avec Engels *La Sainte Famille* (1845) et *L'Idéologie allemande* (1846), où il rompt avec l'hégélianisme de gauche. À Bruxelles est créée, en 1847, la Ligue des communistes, dont le programme est « l'abolition d'une nouvelle société sans classe ni propriété individuelle ». Marx et Engels rédigent le *Manifeste du parti communiste* pour l'organisation (1848). Expulsé de Belgique, Marx retourne à Cologne où il fonde la *Neue Rheinische Zeitung*. Le soutien qu'apporte le journal aux révolutionnaires de 1848 conduit à nouveau Marx vers l'exil. Après quelques errances, il finit par s'installer avec sa famille à Londres.

La Première Internationale

À la suite de l'échec de 1848, Marx écrit *Les Luttes de classe en France* (1850) et *Le 18 Brumaire de Louis Bonaparte* (1852). Il porte ses efforts vers la formation d'un mouvement révolutionnaire unifié : création, en 1864, de l'Association internationale des travailleurs (Première Internationale). Au sein de l'Internationale, Marx est en conflit constant avec les autres sensibilités présentes dans le mouvement ouvrier. Parallèlement à son activité politique, Marx rédige *Le Capital*, gigantesque ouvrage, inachevé à sa mort, consacré à l'étude de la structure économique des sociétés, mais aussi à la critique de l'économie politique. Le livre I paraît en 1867.

L'influence de l'Internationale grandit, en Europe et aux États-Unis. La Commune de Paris (1871) conduit Marx à approfondir sa réflexion sur la question de l'État et les conditions de sa disparition. Il écrit *La Guerre civile en France* (1871) et la *Critique du programme de Gotha* (1875).

Jenny meurt en 1881. Karl, malade, meurt le 14 mars 1883.

Nietzsche (1844-1900)

Nietzsche combat l'esprit réactif de la morale et de la religion et opère un renversement des valeurs traditionnelles. Ruinant la conception métaphysique de la vérité, il exalte la vie dans sa puissance d'affirmation, dans sa volonté de puissance. Zarathoustra est l'image d'un homme nouveau, le surhomme.

La critique de la métaphysique

☐ Nietzsche est un philosophe du soupçon. Que la réalité des choses se situe au-delà des apparences et que la vérité se définisse relativement à cette réalité qui n'est pas sensible, tel est ce que Nietzsche dénonce, remettant en cause la tradition philosophique depuis Platon. La notion métaphysique de vérité, « une cohue grouillante de métaphores, métonymies, anthropomorphismes… », est récusée, ainsi que la notion traditionnelle d'« essence ».

☐ Cette critique passe par une réflexion sur le langage. Insistant sur le caractère figuratif du langage, Nietzsche s'en prend à tous ceux qui, en se laissant piéger par le discours, n'ont fait qu'inventer un arrière-monde, le monde prétendu des essences.

☐ Selon lui, ce qu'on a traditionnellement désigné et évalué comme n'étant que l'apparence des choses est l'unique réalité, et celle-ci doit être envisagée dans sa multiplicité et sa richesse. C'est pourquoi Nietzsche, critiquant la métaphysique et la science qui prônent un idéal de vérité, s'oriente vers l'art, qui joue sur les apparences et les significations.

La généalogie de la morale

☐ Nietzsche démystifie les jugements rationnels et les jugements moraux, dans leur prétention à l'objectivité, en montrant qu'ils correspondent en fait à des évaluations. Ils ne sont donc que des symptômes qu'il faut interpréter comme tels. Ce travail de démystification est celui d'une « généalogie », celle-ci s'employant à retracer la genèse de ces jugements afin de mettre au jour leur relativité et leur historicité, sans pourtant qu'une origine première soit jamais atteinte.

☐ Une telle « généalogie » est directement pratiquée à propos des jugements moraux et de l'opposition traditionnellement admise entre les valeurs du bien et du mal. Selon lui, les valeurs du bien et du mal renvoient à l'état des forces vitales et à la domination de forces réactives. Nietzsche combat cette morale des faibles, encore appelée « morale du ressentiment ».

La volonté de puissance

☐ Pour Nietzsche, la réalité est « vie », au sens d'un jeu de forces qui s'affrontent. Les forces « réactives » se posent en niant ou en mutilant les autres, les forces actives s'affirmant au contraire sans s'opposer. Nietzsche exalte la vie dans sa « volonté de puissance », c'est-à-dire dans sa force et sa vitalité même, dans sa tendance profonde qui est intensification.

☐ Aux ennemis de la vie, il oppose, à travers Zarathoustra, l'image d'un homme nouveau, « le surhomme », libre vis-à-vis des valeurs traditionnelles et suffisamment fort pour faire l'épreuve de la vie, dans sa puissance. Le surhomme acquiesce à la pensée de « l'Éternel Retour », c'est-à-dire au mouvement cyclique et sans fin de la vie.

« NOUS AUTRES, ESPRITS LIBRES »

Vie et œuvre de Nietzsche

Fils d'un pasteur luthérien, Nietzsche est né à Röcken, en Saxe. Il fait des études de philologie à l'université de Bonn et est nommé professeur de cette discipline à Bâle en 1869. Marqué par l'œuvre de Schopenhauer, il se tourne vers la philosophie. En 1872 paraît *La Naissance de la tragédie (À partir de l'esprit de la musique)* : la naissance de la philosophie grecque rationnelle, sous l'influence de Socrate, marque selon lui la mort de la tragédie, notamment à partir d'Euripide. C'est l'époque où Nietzsche est fasciné par Wagner, rencontré en 1868, avec lequel il rompra quelques années plus tard. *Humain, trop humain* (1878), *Aurore* (1881) et *Le Gai Savoir* (1882) marquent une nouvelle période de l'élaboration de sa philosophie : Nietzsche s'attaque à la métaphysique, mais aussi à la morale et à la religion (le christianisme), en lesquelles il voit la « décadence » de l'esprit humain. Cette critique aboutit, dans *Ainsi parlait Zarathoustra* (1883-1885), à la position des grands thèmes de sa pensée : le surhomme, l'Éternel Retour, la volonté de puissance, qui seront développés dans les derniers ouvrages, *Par-delà le bien et le mal* (1886), *La Généalogie de la morale* (1887), *La Volonté de puissance* (publié après sa mort en 1901). À partir de 1878, la vie de Nietzsche est marquée par la souffrance de la maladie et par la folie durant les dix dernières années de sa vie.

La mort de Dieu

Selon Nietzsche l'annonce de la mort du Dieu de la religion chrétienne marque enfin l'aurore d'un temps nouveau.

« Le plus grand des événements récents – la “ mort de Dieu ”, le fait, autrement dit, que la foi dans le dieu chrétien a été dépouillée de sa plausibilité – commence déjà à jeter ses premières ombres sur l'Europe. Peu de gens, il est vrai, ont la vue assez bonne, la méfiance assez avertie pour percevoir un tel spectacle ; du moins semble-t-il à ceux-ci qu'un Soleil vient de se coucher, qu'une ancienne et profonde conscience est devenue doute : notre vieux monde leur paraît fatalement tous les jours plus vespéral, plus soupçonneux, plus étranger, plus périmé. [...] nous autres philosophes, “ libres esprits ”, apprenant que “ l'ancien Dieu est mort ”, nous nous sentons illuminés comme par une nouvelle aurore ; notre cœur déborde de gratitude, d'étonnement, de pressentiment et d'attente ; ... voilà qu'enfin, même s'il n'est pas clair, l'horizon, de nouveau, semble libre, voilà qu'enfin nos vaisseaux peuvent repartir, et voguer au-devant de tout péril ; toute tentative est repermise au pionnier de la connaissance, la mer, *notre* mer, de nouveau, nous ouvre toutes ses étendues ; peut-être même n'y en eut-il jamais si “ pleine ” mer. »

Nietzsche, *Le Gai Savoir*, Gallimard, coll. Idées, 1950, p. 284 à 286

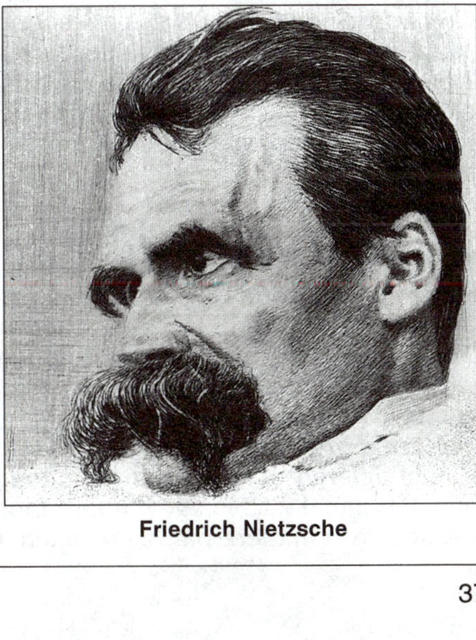

Friedrich Nietzsche

Bergson (1859-1941)

Toute la philosophie de Bergson progresse à partir d'une intuition première, celle de la durée. Contre l'abstraction des métaphysiciens qui soulèvent de faux problèmes pour avoir ignoré la réalité du temps, imprévisible et irréversible, Bergson propose une philosophie de la vie, saisie comme élan créateur.

Conscience et durée

☐ Par « durée », Bergson comprend le temps réel qui est celui, vécu, du moi intérieur qui se ressaisit lui-même, abandonnant les habitudes contractées dans l'action sur le monde. La conscience se saisit alors comme effort, poussée intérieure, à la fois comme « empiètement du passé et anticipation de l'avenir » : la durée définit un temps qualitatif, continu et imprévisible, dans lequel on ne peut séparer un état antérieur d'un état ultérieur.

☐ Toute représentation du temps dans l'espace, comme le tracé d'une ligne divisée en autant d'intervalles homogènes, manque la « durée » : au lieu de saisir la mobilité, le mouvement lui-même, on fixe en effet des états. Cette façon d'appliquer le schème spatialisant au temps réel définit, selon Bergson, la tendance de l'intelligence, incapable de saisir la durée.

☐ L'intelligence est, selon lui, une faculté d'adaptation à la vie, elle a une fonction pratique et ne se rapporte au réel que pour les nécessités de l'action. Elle isole, fixe des états, et ne retient que l'aspect « répétition » de la réalité afin de pouvoir, dans une situation donnée, prévoir l'avenir. La science porte au plus haut degré cette opération de l'intelligence, dont les instruments privilégiés sont le langage et les idées générales.

Matière et mémoire

☐ Partant d'un travail sur l'aphasie, Bergson s'oppose, dans *Matière et Mémoire* (1896), à l'idée de la localisation des fonctions cérébrales et montre que la fonction de la mémoire excède l'organe du cerveau.

☐ Il pose la distinction entre deux formes de mémoire : la mémoire habitude, en quelque sorte mécanique, qui repose sur des habitudes corporelles, et la mémoire pure, qui contient l'ensemble de mon histoire personnelle, dans ce qu'elle a d'irréductible et d'irréversible. Cette dernière forme de mémoire définit l'essence spirituelle de l'homme.

L'élan vital

☐ Exister, c'est durer. C'est en philosophe et non en scientifique que Bergson, dans *L'Évolution créatrice* (1907), s'interroge sur l'évolution de la vie. Rejetant dos à dos les explications du mécanisme et du finalisme qui restent prisonnières du schème spatialisant de l'intelligence, Bergson veut saisir l'évolution de la vie dans son imprévisibilité.

☐ Matière inorganisée et matière vivante, pourtant deux formes d'existence radicalement différentes, ont, selon lui, une source commune. Celle-ci est définie comme un « élan originel », à l'image d'une explosion. L'évolution de la vie est saisie comme traversée de la matière par la conscience créatrice.

L'INTUITION COMME MÉTHODE

Henri Bergson

Vie et œuvre de Bergson

Henri Bergson est né à Paris en 1859, d'une mère anglaise et d'un père issu d'une famille juive. Il entre à l'École normale supérieure la même année que Jean Jaurès et est reçu à l'agrégation de philosophie. D'abord enseignant de lycée, en province puis à Paris, il soutient en 1889 une thèse de doctorat d'État intitulée *Essais sur les données immédiates de la conscience* ; mais les professeurs de la Sorbonne restent fermés aux enjeux de ce travail qui se présente comme une analyse de la « durée ». En 1901, Bergson entre au Collège de France. Là, il acquiert une grande renommée, qui lui vaut les honneurs de l'Académie des sciences morales et politiques et de l'Académie française ; en 1928, le prix Nobel de littérature lui est attribué, et, à cette occasion, il écrit « Le Possible et le Réel » (1928), texte publié dans *La Pensée et le Mouvant*, un recueil de conférences, complément d'un recueil antérieur, l'*Énergie spirituelle* (1919). Son dernier livre, *Les Deux Sources de la morale et de la religion* (1932), s'oriente vers un certain mysticisme. La philosophie de Bergson n'est pas un système, en raison de l'objectif qu'elle s'assigne, « l'intuition de la durée », qui exige qu'on se détourne des constructions purement abstraites. Mais cela n'implique en aucun cas un rejet de la science, comme en témoigne, notamment, son débat avec Einstein dans *Durée et Simultanéité*.

Intelligence et intuition

Saisir la réalité suppose, pour Bergson, un effort d'inversion de la pente naturelle de l'intelligence. Seule l'intuition permet d'appréhender la durée en ce qu'elle a d'irréductible. En ce sens, elle est la fonction métaphysique de la pensée.

« Il y a deux fonctions intellectuelles, inverses l'une de l'autre, car l'esprit ne pense l'esprit qu'en remontant la pente des habitudes contractées au contact de la matière, et ces habitudes sont ce qu'on appelle couramment les tendances intellectuelles. Ne vaut-il pas mieux alors désigner par un autre nom une fonction qui n'est pas certes ce qu'on appelle ordinairement intelligence ? Nous disons que c'est l'intuition. Elle représente l'attention que l'esprit se prête à lui-même, par surcroît, tandis qu'il se fixe sur la matière, son objet. Cette attention supplémentaire peut être méthodiquement cultivée et développée. Ainsi se constituera une science de l'esprit, une métaphysique véritable, qui définira l'esprit positivement au lieu de nier simplement de lui tout ce que nous savons de la matière. En comprenant ainsi la métaphysique, en assignant à l'intuition la connaissance de l'esprit, nous ne retirons rien à l'intelligence, car nous prétendons que la métaphysique qui était œuvre d'intelligence pure éliminait le temps, que dès lors elle niait l'esprit ou le définissait par des négations. Sur aucun point, donc, nous ne diminuons l'intelligence. Seulement, à côté d'elle, nous constatons l'existence d'une autre faculté, capable d'une autre espèce de connaissance. »

Bergson, *La Pensée et le Mouvant*, PUF, 1975, p. 85-86

Husserl (1859-1938)

Selon Husserl, la tâche et le sens de la philosophie sont de refonder la science. En éliminant les questions métaphysiques, la conception positiviste de la science a provoqué la perte du sens de la rationalité. La rigueur de la science s'exprimera dans la volonté de faire un « retour aux choses mêmes ».

La méthode phénoménologique

□ La phénoménologie est la description des phénomènes, c'est-à-dire de ce qui se présente immédiatement dans la conscience. Le phénomène est saisi dans une intuition qui précède tout jugement et toute réflexion. Il est ce qui se montre soi-même à la conscience. La méthode phénoménologique n'est pas celle d'une science positive, elle n'est pas explicative : il faut décrire le phénomène tel qu'il se donne, dans la signification qu'il a pour la conscience, en écartant délibérément les thèses de la science à propos de la réalité objective correspondant à ce phénomène.

□ La phénoménologie ne se confond pas non plus avec une psychologie. La phénoménologie oriente son interrogation non pas d'abord vers les faits dans leur réalité factuelle, externe ou interne, mais vers leur réalité pour la conscience, c'est-à-dire vers les significations de ce que nous avons dans l'esprit. Ces significations constituent le phénomène comme tel.

L'intentionnalité de la conscience

□ Les phénomènes psychiques ont pour caractéristique fondamentale, selon Husserl, d'être en relation avec un contenu, orientés vers un objet qui n'est pas au-delà de la conscience, mais lui est immanent. La vie de la conscience est ainsi caractérisée comme « vie intentionnelle » : toute conscience est conscience de quelque chose.

□ L'intentionnalité signifie l'annulation de la séparation classique sujet/objet. Ce qui se vit d'abord, c'est la « corrélation intentionnelle » de la conscience et de l'objet auquel elle est présente. La conscience n'existe que sous la forme d'une relation déterminée avec un objet. L'objet n'est pas une chose en soi mais est pour un sujet, c'est-à-dire est *sens* pour lui. Il n'y a pas, par exemple, une conscience en général qui en viendrait à l'occasion à percevoir cet arbre, sans être affectée au fond par cet événement particulier. La conscience, au contraire, existe comme conscience qui perçoit cet arbre, la perception de cet arbre est la forme que prend l'être de la conscience à ce moment-ci.

La crise des sciences européennes

Dans les conférences qu'il prononce à Vienne et à Prague en 1935, Husserl relie crise des valeurs, crise de l'humanité européenne et crise des sciences modernes. Il y a crise des sciences parce que les sciences se sont fourvoyées dans l'objectivisme et le scientisme. La science moderne a voulu rompre avec le « monde de la vie » et les valeurs, elle a récusé les réalités sensibles et nié la subjectivité de sa propre démarche. Mais, en se coupant ainsi de la vie, la science n'a plus rien à dire aux hommes sur les questions les plus importantes, qui portent sur l'orientation de la vie humaine. La crise des sciences est une crise morale, à la fois crise de la raison et crise du sens.

LE « RETOUR AUX CHOSES MÊMES »

Les années de formation

Edmund Husserl est né à Prossnitz (Moravie) le 8 avril 1859. Il étudie à Leipzig et Berlin, principalement les mathématiques, mais aussi la physique, l'astronomie et la philosophie. Docteur en philosophie à Vienne en 1882 (thèse sur la théorie du calcul des variations), puis mémoire d'habilitation à Halle en 1886 (mémoire sur l'origine du concept de nombre).

La formation des concepts phénoménologiques

D'abord chargé de cours, puis professeur à Halle (1887 - 1901), il publie la *Philosophie de l'arithmétique* (1891) et les *Recherches logiques* (1901), où il tente de décrire les opérations de la conscience qui sous-tendent la constitution des concepts logiques et mathématiques. De 1901 à 1916, Husserl enseigne à Göttingen, où il élabore progressivement les concepts principaux de la phénoménologie. Il prononce les leçons intitulées *L'Idée de la phénoménologie* (1907), publie *La Philosophie comme science rigoureuse* (1911), et le premier tome des *Idées directrices pour une phénoménologie et une philosophie phénoménologique pure* (1913). Husserl est appelé en 1916 à Fribourg-en-Brisgau, où il enseignera jusqu'à sa retraite, en 1928. Il y approfondit la méthode phénoménologique, en compagnie d'un grand nombre d'élèves (le plus connu est Heidegger). Il écrit, en particulier, *Logique formelle et Logique transcendantale* et les *Méditations cartésiennes*, prononcées à Paris en 1929.

Husserl proscrit par les nazis

À cause de son origine juive (converti au protestantisme en 1886), Husserl devient, à partir de la prise du pouvoir par les nazis, un proscrit. Il refuse néanmoins de quitter le pays. C'est de cette époque que datent les réflexions de Husserl regroupées dans sa dernière œuvre, *La Crise des sciences européennes et la Phénoménologie transcendantale* (première partie publiée en 1936 à Belgrade).

L'œuvre publiée donne une faible idée de l'abondance de la production philosophique de Husserl (environ 50 000 pages sténographiées regroupées aux Archives Husserl de Louvain), qui poursuit et réélabore inlassablement sa méditation. Husserl déclarait à la fin de sa vie devoir tout reprendre au commencement...

Europe et philosophie

Husserl identifie la philosophie comme l'attitude constitutive de l'humanité européenne :

« L'Europe a un lieu de naissance. Je ne veux pas parler d'un pays en un sens géographique, quoiqu'elle le soit aussi, mais d'un lieu spirituel de naissance dans une nation, en l'occurrence en des hommes isolés et des groupes humains de cette nation. C'est la nation grecque antique [...]. En elle naît une *nouvelle sorte d'attitude* des individus à l'égard du monde environnant. Et en conséquence, s'effectue la percée en direction d'une toute nouvelle sorte de configurations spirituelles qui rapidement s'accroissent jusqu'à former une figure culturelle systématiquement cohérente ; les Grecs l'ont nommée *philosophie*. En son sens originaire, correctement traduit, ce terme ne signifie rien d'autre que science universelle, science de l'univers, de l'unicité de tout ce qui est. [...] Aussi paradoxal que cela puisse sembler, je vois donc dans l'irruption de la philosophie, prise en ce sens où toutes les sciences y sont incluses, le phénomène originaire de l'Europe spirituelle. »

Husserl, *La Crise de l'humanité européenne et la Philosophie*, trad. fr. N. Depraz, Hatier, 1992, p. 57

Heidegger (1889-1976)

Heidegger a profondément marqué le XXe siècle. Il a contribué à bouleverser les catégories classiques dans lesquelles la philosophie pensait le monde et l'homme. Sa démarche est d'abord ontologique : il s'agit de revenir à une interrogation sur le sens de l'être. Il faut poser la question de l'être dans l'horizon du temps.

L'Être et le Temps

☐ L'intention initiale de Heidegger dans *Être et Temps* (publié en 1927) est avant tout ontologique. Il s'agit de reprendre la question de l'« être », qui est le concept le plus universel, le concept qui semble le mieux compris et est pourtant le plus obscur. La méthode de Heidegger est herméneutique : poser la question du sens de l'être présuppose que nous en avons déjà une certaine compréhension. L'analyse ontologique consiste donc à expliciter cette compréhension préalable de l'être.

☐ Or, il y a *un* être qui possède ce rapport d'entente primordiale avec l'être : c'est l'être humain. C'est en décrivant et en analysant le mode d'être de l'être humain qu'il sera possible, selon Heidegger, de répondre à la question ontologique traditionnelle.

☐ L'être humain n'est pas comme une chose ou un objet. Il ne subsiste pas simplement, mais il *existe*. L'être humain, parce qu'il existe, n'*est* pas sur le mode de la simple persistance, il ne coïncide pas avec lui-même, mais il est sur le mode du *possible*. Il est placé face à son propre pouvoir-être, dans lequel il y va de son être. L'être humain est un existant qui se rapporte au monde, à lui-même, aux autres, et fondamentalement à sa propre finitude (la mort), sur le mode du *souci*, et qui est placé devant l'exigence de répondre devant soi-même de l'authenticité ou non des formes de son existence.

☐ Mais, si l'être humain est l'être qui se soucie de sa condition mortelle, c'est-à-dire qui est actif *parce qu'il est mortel*, cela veut dire que son « être » ne peut être saisi qu'en termes temporels. C'est à l'intérieur d'un horizon temporellement orienté que s'effectue l'existence humaine. De façon plus générale, la question de l'être ne pourra être correctement posée que si l'on aperçoit le sens *temporel* de l'être.

La question de la technique

☐ Heidegger aborde la question de la technique dans le cadre d'une interrogation sur la modernité. La technique est ce qui caractérise les temps modernes, plus encore que la science physico-mathématique issue de Galilée. Heidegger envisage la technique du point de vue de sa signification métaphysique. La technique révèle le type de rapport que l'humanité moderne entretient avec le monde.

☐ Or, ce qui définit la technique moderne, c'est qu'elle est « mise en demeure » et « arraisonnement » de la nature. La nature, et plus généralement tout ce qui est, l'homme y compris, est envisagé comme fonds disponible, stock, réservoir de forces dont il faut s'emparer. La science moderne elle-même participe de ce projet, en rendant le monde calculable, programmable, prévisible.

☐ Mais alors, si la technique domine tout ce qui est, plus rien ne peut *apparaître*, dit Heidegger. L'enjeu sera alors de promouvoir un autre mode de rapport à l'être, libéré de l'emprise de la technique.

LA QUESTION DU SENS DE L'ÊTRE

De la théologie à la phénoménologie

Martin Heidegger est né le 26 septembre 1889, à Messkirch, au sud-ouest de l'Allemagne. Il s'inscrit en 1909 à la faculté de Théologie de l'université de Fribourg. Il abandonne la théologie pour se consacrer à la philosophie en 1911 et soutient sa thèse de doctorat en 1913. Il présente, en 1915, sa thèse d'habilitation, et est nommé, la même année, *privatdozent* à Fribourg. Il devient l'assistant de Husserl, nommé à Fribourg, en 1916.
Professeur à Marbourg de 1923 à 1928, il rédige pendant cette période le livre qui le rend immédiatement célèbre, *Être et Temps,* publié en 1927. De retour à Fribourg en 1928 pour prendre la succession de Husserl, Heidegger y enseignera jusqu'en 1944. C'est à cette époque que les deux philosophes se séparent, la perspective ontologique développée par Heidegger ne pouvant s'accorder avec les recherches phénoménologiques husserliennes.

L'engagement politique de Heidegger

En 1933, lorsque les nazis s'emparent du pouvoir, Heidegger accepte de devenir recteur de l'université. À ce moment s'ouvre la période la plus controversée de la vie du philosophe. La question de l'engagement politique de Heidegger aux côtés des nationaux-socialistes a donné lieu aux plus vives polémiques. Heidegger soutient, jusqu'à adhérer pendant quelques mois au parti, le pouvoir nazi. Il démissionne néanmoins du rectorat en 1934, et s'éloigne autant que possible de toute implication publique. Il ne partage pas l'idéologie raciste des nazis. Sa position vis-à-vis du pouvoir nazi pendant cette période est cependant jugée suffisamment ambiguë par les Alliés pour que ceux-ci l'interdisent d'enseignement à partir de 1945. Il ne pourra reprendre son enseignement qu'en 1951.
Tout en reprenant ses cours, Heidegger donne plusieurs conférences et séminaires, voyage, rencontre poètes et peintres, dans des circonstances qui sont pour lui l'occasion d'approfondir sa réflexion sur l'essence de l'être et du langage. Il meurt à Fribourg le 26 mai 1976.

Les œuvres

L'œuvre de Heidegger comprend une centaine de volumes, où sont réunis les textes publiés du vivant de Heidegger, les conférences et essais restés inédits, les cours (environ 50 volumes) ainsi que les papiers. Parmi ces œuvres : *Être et Temps* (1927), *Kant et le problème de la métaphysique* (1929), *Introduction à la métaphysique* (1935), *Chemins qui ne mènent nulle part* (1950), *Essais et conférences* (1954), *Acheminement vers la parole* (1959), *Questions,* enfin le cours sur *Niezsche* (1961).

Le *Dasein*

Cette notion, centrale pour la compréhension de *Être et Temps,* est difficile à traduire en français. On a proposé « l'être-là », « réalité humaine », « existence humaine », sans que ces expressions soient considérées comme satisfaisantes. *Dasein* désigne la structure fondamentale par laquelle l'homme est ouvert sur quelque chose. Il précède la séparation du sujet et de l'objet. Il regroupe les différents modes d'être de l'être humain, en lesquels l'être se manifeste à l'homme. L'homme se définit d'abord par cet être-au-monde, cette ouverture préalable au monde, et non à partir de l'activité de la conscience.

Le positivisme logique

Positivisme logique, empirisme logique, néopositivisme : ces expressions désignent un courant né à Vienne au début du siècle, visant à rectifier et à reconstruire la langue philosophique sur des bases empiriques et logiques. Le positivisme a, en particulier, voulu redéfinir les relations entre la science et la métaphysique.

Une entreprise de clarification

□ Le positivisme logique veut promouvoir en philosophie ce qu'il appelle la « conception scientifique du monde ». Celle-ci se définit d'abord par une double attitude vis-à-vis du discours philosophique : démasquer les « simili-problèmes » dans lesquels la philosophie s'est enfermée, puis transformer ces problèmes en « problèmes empiriques, par là même soumis au jugement de la science de l'expérience ».
□ Selon cette conception, la philosophie est une action, son but premier est de clarifier les problèmes et les discours, son fondement est l'expérience, sa méthode est l'analyse logique, sa langue est celle de la science. Elle ne vise pas l'au-delà, tout est accessible à l'homme : pas de profondeur, tout n'est que surface.

La démarcation entre la science et la métaphysique

□ On distingue un énoncé scientifique d'un énoncé métaphysique en procédant à l'analyse logique de leur *signification*. Seul l'énoncé scientifique a un sens, car la signification d'une idée n'est rien d'autre que la possibilité de la vérifier dans l'expérience, c'est-à-dire de la contrôler par une observation. Tout ce qui prétend aller au-delà de l'expérience est un non-sens. C'est le cas des énoncés métaphysiques.
□ La métaphysique fait deux types d'erreurs :
– Le premier type d'erreur est sémantique. Il consiste à introduire, dans un énoncé, un terme qui n'a pas de sens. C'est le cas des mots Dieu, Idée, Absolu, Être de l'étant, Esprit absolu, etc. : ils ne disent pas plus que « babu ».
– Le second type d'erreur est syntaxique. Il consiste à agencer des mots qui, pris à part, ont une signification, pour former une phrase qui n'a pas de sens. Ainsi, les phrases « César est un nombre premier » ou « le néant néantit » sont des suites de mots dénuées de sens, sans pourtant violer les règles de la grammaire.
□ La tâche fondamentale de la philosophie est donc double : d'une part, relier la langue philosophique à une base observationnelle, et, d'autre part, l'accorder à la syntaxe logique.

La construction logique du monde

□ La conception scientifique du monde que cherche à promouvoir le Cercle de Vienne n'est pas seulement l'expression d'une volonté de rectification du discours philosophique. Elle a aussi pour but l'unification de la science. Pour atteindre ce but, il est nécessaire de construire l'ensemble des objets de la science à l'intérieur d'une langue unifiée.
□ En utilisant le langage de la logique moderne, il s'agira alors de reconstruire, à partir d'énoncés élémentaires correspondant à des expériences sensorielles contrôlables, les différentes strates de l'objectivité : la vie psychique, le monde physique, les rencontres intersubjectives, le monde de la culture.

ENTRE CLARIFICATION ET RECONSTRUCTION

■ Qu'appelle-t-on « Cercle de Vienne » ?

Le Cercle de Vienne est le prolongement des rencontres, consacrées à la philosophie des sciences, entre trois disciples du philosophe et physicien Ernst Mach (1838-1916, professeur à Prague puis à Vienne) : Hans Hahn (mathématicien), Philipp Frank (physicien) et Otto Neurath (économiste), à la veille de la Première Guerre mondiale. Avec la nomination, en 1922, du philosophe allemand Moritz Schlick (1882-1936) à l'université de Vienne, les réunions prennent un tour plus formel. Le groupe se réunit tous les jeudis soirs dans un café viennois, en particulier pour commenter le *Tractatus logico-philosophicus* de Ludwig Wittgenstein (1889-1951), publié la même année. Après l'arrivée, en 1926, de Rudolf Carnap (1891-1970), le « cercle de Schlick » développe une activité importante, que vient couronner la publication en 1929 d'un manifeste programmatique intitulé *La Conception scientifique du monde.* L'installation du nazisme dans les années trente va disperser le groupe. Schlick est assassiné en 1936. La plupart des membres du groupe, que l'on accuse de « judaïser la science », quittent l'Autriche, contribuant ainsi à internationaliser le mouvement, particulièrement dans le monde anglo-américain.

■ Le cercle de Vienne et la social-démocratie autrichienne

Les membres du Cercle de Vienne, loin de restreindre leur horizon au domaine de la science, affirment la relation entre la « conception scientifique du monde » et « les efforts déployés pour réorganiser les relations économiques et sociales, unifier l'humanité, rénover l'école et l'éducation ». Ainsi, Otto Neurath (comme Hans Hahn) est membre du parti social-démocrate autrichien, directeur du Musée social et économique, et s'engage dans le mouvement de reconstruction de l'habitat viennois. Plusieurs membres du Cercle de Vienne, dont Carnap, sont invités à prononcer des conférences sur la modernité architecturale, qui est alors au cœur du mouvement de reconstruction sociale des années 20 à Vienne.

■ Comment peut-on être babu ?

« Supposons par exemple que quelqu'un forge un mot nouveau " babu ", et qu'il affirme qu'il y a des choses qui sont babues et d'autres qui ne sauraient l'être. Pour apprendre ce que ce mot signifie, nous allons lui poser la question de son critère : comment dans un cas concret établir qu'une chose déterminée est ou non babue ? Pour commencer, nous voulons bien admettre que l'interrogé demeure court : il n'existe pas, dira-t-il, de critère empirique pour la " babitude ". Dans ce cas, nous considérons qu'il n'est pas permis d'employer ce mot. Celui qui l'emploie aura beau maintenir qu'il y a des choses babues et des choses non babues, que ce n'est un mystère éternel que pour le misérable entendement fini des hommes que telles choses soient babues et telles autres non, nous n'entendons par là que paroles creuses. Mais peut-être voudra-t-il nous assurer que, par ce mot " babu ", il veut quand même dire quelque chose. Ce cas ne nous renseigne que sur le fait psychologique suivant : il associe au mot des représentations et des sentiments. Mais le mot n'en reçoit pas pour autant de signification. Faute de critère établi pour le mot nouveau, les énoncés dans lesquels il figure ne veulent rien dire : ce sont de simples simili-énoncés. »

R. Carnap, « Le dépassement de la métaphysique par l'analyse logique du langage » (1931), trad. fr. A. Soulez, in *Manifeste du Cercle de Vienne et autres écrits,* PUF, 1985, p. 159

La philosophie analytique

La philosophie analytique regroupe des recherches qui ont pour objectif de clarifier et de résoudre les problèmes philosophiques par le moyen d'une analyse logique du langage. Ces recherches sont très diversifiées (logique, « grammaire » des langues naturelles, langage ordinaire).

La différence entre sens et référence

La distinction entre sens et référence, qui va avoir une importance considérable pour la philosophie et la logique au XXe siècle, est formulée par le mathématicien Gottlob Frege (1848-1925) en 1891. Dans une expression linguistique, on doit distinguer trois choses : la représentation mentale subjective qui l'accompagne, le sens objectif de l'expression à l'intérieur de la langue, sa référence à un objet concret. Ainsi, par exemple, une même montagne peut porter deux noms différents, « Everest » et « Chomolungma », qui véhiculent des sens différents, même s'ils désignent le même objet.

La théorie des descriptions définies

☐ Cette théorie est avancée par le philosophe anglais Bertrand Russell (1872-1970) en 1905. Soit la phrase : « L'actuel roi de France est chauve. » Est-elle vraie, fausse, ou dénuée de sens ? Pour Frege, cette phrase aurait un sens, mais elle serait dénuée de référence, et par conséquent ni vraie ni fausse, puisqu'il n'y a pas d'actuel roi de France. Russell procède différemment.

☐ Il faut distinguer selon lui les noms propres et les descriptions définies. « Scott » et « l'auteur de *Waverley* », quoique désignant le même individu au point de vue grammatical, n'ont pas la même valeur logique. Du point de vue de la logique, le nom propre a une signification par lui-même, parce qu'il renvoie à un individu qui existe. Mais ce n'est pas le cas pour la description définie, qui peut participer à la signification des phrases où elle est utilisée sans avoir de signification par elle-même. C'est le cas pour l'expression « l'actuel roi de France » qui ne renvoie à aucune entité existante.

☐ Donc, si l'on veut établir la valeur de vérité d'une proposition, il faut transformer le sujet de la proposition afin de vérifier qu'à ce sujet correspond une entité existante, ou du moins à quelles conditions cette correspondance serait possible. L'analyse russellienne cherche à éviter la multiplication des entités sans lien direct avec l'expérience. Elle peut être mise au service d'une interrogation sur la forme du langage philosophique.

Quand dire, c'est faire

J. L. Austin (1911-1960), membre de l'école oxfordienne qui s'intéresse au langage ordinaire, introduit une distinction entre l'usage constatif et l'usage performatif du langage. Les énoncés constatifs rapportent des faits tandis que les énoncés performatifs, dans leur énonciation même, *effectuent* les faits dont ils parlent. Par exemple, l'énoncé « je te baptise » est performatif, parce qu'il ne se contente pas de décrire une action, mais l'action de baptiser est effectuée dans et par l'acte de parole. Plus généralement, il est possible d'étudier le langage du point de vue de son efficacité pragmatique.

L'OMBRE DE WITTGENSTEIN

La vie de Wittgenstein

Ludwig Wittgenstein est né le 26 avril 1889 à Vienne, dans une famille de la grande bourgeoisie cultivée (son père est un riche industriel). Après des études d'ingénieur (Berlin, Manchester), il s'inscrit au Trinity College de Cambridge en 1912, pour suivre les cours de Bertrand Russell.

Son tempérament tourmenté le pousse à se retirer en Norvège en 1913, à renoncer à sa fortune, puis à s'engager dans l'armée autrichienne pendant la Première Guerre mondiale. C'est pendant cette période qu'il écrit le *Tractatus logico-philosophicus,* qui sera publié à Londres en 1922.

De 1920 à 1929, Wittgenstein semble avoir abandonné la philosophie : il est instituteur dans divers villages de montagne, aide-jardinier dans un monastère, architecte de la maison de sa sœur à Vienne.

Il est de retour à Cambridge en 1929, où il est nommé *fellow* puis, en 1937, professeur titulaire. Ayant opté pour la nationalité anglaise en 1938, Wittgenstein est mobilisé dans les services médicaux jusqu'en 1944, date à laquelle il reprend son enseignement.

De cette époque datent les *Investigations philosophiques*, publiées en 1953, où s'affirme ce qu'on a appelé la « seconde philosophie » de Wittgenstein. Wittgenstein meurt en 1951, d'un cancer.

Outre les *Investigations philosophiques*, ses élèves publieront des manuscrits et des notes de cours. Parmi ceux-ci, les *Remarques sur les fondements des mathématiques* (1956), les *Leçons et Conversations sur l'esthétique, la psychologie et la croyance religieuse* (1966), les *Remarques sur la philosophie de la psychologie* (1980).

Le développement de l'œuvre

La position de Wittgenstein dans la philosophie contemporaine est singulière. N'ayant publié que deux livres de son vivant (dont un dictionnaire d'allemand pour les classes primaires), il a fasciné et influencé, au prix de nombreux malentendus, au moins deux générations de philosophes : les « positivistes logiques » du Cercle de Vienne d'abord, qui ont cru voir dans le *Tractatus logico-philosophicus* un ouvrage fondateur pour leur projet philosophique, et les « philosophes analytiques » anglo-saxons, qui se sont orientés vers l'analyse du langage ordinaire, à la suite des *Investigations.*

Le projet du *Tractatus,* énoncé par son auteur : « Le livre traite des problèmes philosophiques et montre [...] que leur formulation repose sur une mauvaise compréhension de la logique de notre langue. On pourrait résumer en quelque sorte tout le sens du livre en ces termes : tout ce qui proprement peut être dit peut être dit clairement, et sur ce dont on ne peut parler, il faut garder le silence » (trad. fr. G.-G. Granger, Gallimard, 1993, p. 31).

Les *Investigations philosophiques*, plutôt que de chercher à révéler la « forme logique du monde » dans la structure logique du langage, comme s'y efforçait le *Tractatus*, vont tenter de décrire la diversité des « jeux de langage » dans lesquels s'expriment les « formes de vie » de l'être humain. En d'autres termes, ce qui importe dans l'analyse de la signification du langage, c'est moins sa valeur de description d'une réalité que ses *usages*, dans des contextes et selon des règles variables. Chez Wittgenstein comme chez Austin, la fonction *cognitive* du langage est replacée dans le contexte *pragmatique* de l'action et de la communication interhumaines.

La psychanalyse

La psychanalyse propose une interprétation dynamique du psychisme humain, à partir de l'hypothèse de l'inconscient. Ce dernier est formé par l'ensemble des désirs refoulés, inaccessibles à la conscience. La théorie psychanalytique est inséparable de la pratique de l'analyse, qui repose sur la parole.

L'hypothèse de l'inconscient

Pour la psychanalyse, notre vie psychique ne se réduit pas à la conscience que nous en avons. Les rêves, les lapsus et les actes manqués, les symptômes morbides chez le malade, constituent des manifestations psychiques ayant un sens au regard de l'histoire de l'individu. Il y a du non-sens à interpréter : tel est le point de départ de la psychanalyse, justifiant « l'hypothèse » de l'inconscient.

Le refoulement

Les désirs qui n'ont pu être satisfaits à cause des règles et contraintes de la vie sociale ne disparaissent jamais. Certains sont refoulés ou tenus à l'écart de la vie consciente, par des forces conscientes ou inconscientes qui opposent une résistance à leur poussée. Pour rendre compte de cette dynamique, Freud propose une représentation différenciée du psychisme appelée « topique ». Celle-ci présuppose des « localités psychiques » obéissant à des modes de fonctionnement distincts. L'inconscient, formé par l'ensemble des désirs refoulés et appelé le « ça » dans les derniers écrits de Freud, obéit à des processus dits « primaires », ignorant le principe de non-contradiction et la représentation du temps.

L'interprétation des rêves

☐ Le rêve est la « voie royale d'accès à l'inconscient ». Freud distingue le « contenu manifeste » du rêve, c'est-à-dire les images résiduelles que nous avons au réveil, du « contenu latent », accessible par un travail d'interprétation que seul le sujet du rêve est en mesure d'effectuer. Le rêve est la « réalisation déguisée des désirs refoulés », notamment des désirs infantiles, qui marquent profondément la personnalité adulte.

☐ L'interprétation psychanalytique des rêves révèle le psychisme entier comme un travail : le rêve forme un « compromis » entre les exigences de la vie consciente et celles, conflictuelles, de l'inconscient.

La cure psychanalytique

À la différence de la psychologie, la psychanalyse ne peut se satisfaire d'une méthode de type introspectif.

La psychanalyse, comme technique particulière à but thérapeutique, repose sur la « méthode des associations libres ». La règle fondamentale de la cure, dire sans retenue tout ce qui vient immédiatement à l'esprit, doit permettre de libérer les énergies refoulées, qui n'en continuent pas moins d'agir par le biais des symptômes. Si, du côté de l'analysé, la souffrance constitue la principale motivation de la relation, la présence de l'analyste n'en est pas moins nécessaire pour lutter contre les résistances.

L'HISTOIRE D'UN MOUVEMENT

Sigmund Freud

■ La vie et l'œuvre de Freud

Né en Moravie en 1856, Sigmund Freud est le père fondateur de la psychanalyse. Il vit jusqu'en 1938 à Vienne, date à laquelle il s'exile à Londres, un an avant sa mort. C'est à l'occasion de sa rencontre avec le docteur Breuer et sa patiente Anna O., en 1882, que Freud, neurologue de formation, entrevoit l'origine psychique des symptômes névrotiques, qu'il comprend alors comme des manifestations corporelles de chocs affectifs et traumatiques. En 1900 paraît l'*Interprétation des rêves*, ouvrage dans lequel Freud pose les premiers jalons de la théorie psychanalytique. En 1905, avec les *Trois Essais sur la sexualité,* est précisée l'idée, déterminante pour la compréhension des névroses, d'une « sexualité infantile ». En outre, Freud a entrepris une interprétation plus large des différentes activités humaines. Considérant la psychanalyse comme un mode possible d'approche des phénomènes culturels, il a écrit sur l'art, la religion (*L'Avenir d'une illusion*, 1927), le droit, et plus généralement sur les processus d'édification des civilisations humaines *(Totem et Tabou*, 1912, *Malaise dans la culture*, 1930).

■ La naissance d'un mouvement

Le travail et la personnalité de Freud ont contribué à l'émergence d'un véritable mouvement, progressivement organisé au plan international, mais dont l'histoire reste marquée par des tensions et des ruptures. Avant la Première Guerre mondiale, l'Autrichien Adler (1870 - 1937) puis le Suisse Jung (1875 - 1961) se séparent de l'orthodoxie de la psychanalyse, le dernier en défendant l'idée d'un inconscient collectif structuré par des archétypes. C'est à la même époque que la psychanalyse commence à pénétrer en France, pour ne s'imposer comme telle que dans les années 50, avec la figure de Lacan (1901 - 1987).

■ La pulsion de mort, une menace pour le lien social

« L'homme n'est point cet être débonnaire, au cœur assoiffé d'amour, dont on dit qu'il se défend quand on l'attaque, mais un être, au contraire, qui doit porter au compte de ses données instinctives une bonne somme d'agressivité. [...] Cette tendance à l'agression, que nous pouvons déceler en nous-mêmes et dont nous supposons à bon droit l'existence chez autrui, constitue le facteur principal de perturbation dans nos rapports avec notre prochain ; c'est elle qui impose à la civilisation tant d'efforts. Par suite de cette hostilité primaire qui dresse les hommes les uns contre les autres, la société civilisée est constamment menacée de ruine. »

Freud, *Malaise dans la civilisation,* PUF, 1992, p. 64 - 65

La phénoménologie en France

L'œuvre de Husserl est un point de départ. De nombreux philosophes contemporains, en France notamment, ont tenté de la prolonger et de la mettre au service de leurs propres analyses.

La phénoménologie de la perception de Merleau-Ponty

☐ Maurice Merleau-Ponty (1908-1961), reprenant, dans la *Phénoménologie de la perception* (1945), le mot d'ordre husserlien : « revenir aux choses mêmes », trouve dans la perception l'expérience première du monde qui constitue le socle de tout l'édifice humain. Ce retour à la perception implique le refus des philosophies dualistes, qui séparent le fait et le sens, la matière et la forme. Il désigne au contraire le monde perçu comme le sol originaire de l'idéalité.

☐ La science, en particulier, doit revenir à cette vue première du monde qui est sa présupposition et lui fournit son véritable sens. La conception scientifique du monde est abstraite, et probablement insensée, si elle ne se saisit pas elle-même comme le prolongement et l'expression d'un mouvement originaire, qui débute dans la perception muette du monde et conduit jusqu'au langage et à la culture.

☐ Il s'agit donc, pour Merleau-Ponty, de revenir, philosophiquement parlant, à ce monde d'avant la science, dont la science est issue mais dont elle repousse au loin la présence. Il s'agit de restituer à la science, et plus généralement aux significations de la culture, leur dépendance par rapport au « monde de la vie », tout comme la géographie est dépendante « à l'égard du paysage où nous avons d'abord appris ce que c'est qu'une forêt, une prairie, ou une rivière ».

La phénoménologie de la volonté de Ricœur

☐ Paul Ricœur (né en 1913) applique, dans sa *Philosophie de la volonté* (t. 1, 1950 ; t. 2, 1960), l'analyse phénoménologique aux domaines de l'action et de l'émotion. Il s'agit, pour lui, de décrire les structures fondamentales du volontaire et de l'involontaire.

☐ La volonté se présente comme une puissance de *décision*, appuyée sur des motifs, comme une puissance d'*action*, qui met en mouvement des forces (dont celle du corps), enfin comme une puissance de *consentement*, qui acquiesce à la nécessité. Mais, surtout, la volonté est présentée dans une solidarité irrécusable avec l'involontaire, que ce soit l'involontaire corporel, celui de l'émotion, de l'habitude, ou encore ces autres parts de l'involontaire en l'homme que sont pour lui le caractère, l'inconscient ou sa nature d'organisme vivant.

☐ En d'autres termes, la liberté de l'homme est « seulement humaine », et sa sagesse réside dans le consentement à la finitude plus que dans le refus. Vouloir n'est pas créer, conclut Ricœur, qui néanmoins n'abandonne pas la perspective d'une réconciliation du sujet avec lui-même, propre à la tradition de la philosophie réflexive dont il se réclame.

☐ L'œuvre de Ricœur, à la suite de l'introduction de la psychanalyse, du marxisme et du structuralisme dans la pensée française, va se développer, dans les années 60, sous la forme d'une herméneutique philosophique.

DE LA PHÉNOMÉNOLOGIE À L'ÉTHIQUE : LEVINAS

■ Vie de Levinas

Né en Lituanie, Emmanuel Levinas (1906-1995) étudie la philosophie à Strasbourg puis à Paris. Il suit l'enseignement de Husserl et Heidegger, en 1928-1929, dont il sera un des premiers, et sans doute le plus influent, introducteurs en France (thèse sur *La Théorie de l'intuition dans la phénoménologie de Husserl* en 1930, *En découvrant l'existence avec Husserl* et *Heidegger* en 1949). À partir de 1961, il enseigne dans diverses universités françaises (jusqu'en 1976).

Levinas oriente sa lecture de la phénoménologie, dans *Totalité et Infini, Essai sur l'extériorité* (1961), puis dans *Autrement qu'être, ou Au-delà de l'essence* (1974) vers la dimension éthique. Cela le conduit à développer une critique radicale de l'ontologie et de la notion de totalité.

■ La philosophie occidentale comme ontologie et égologie

La philosophie occidentale, selon Levinas, a développé une ontologie (pensée de l'être) et une égologie (pensée du moi) essentiellement sur le mode d'une pensée du Même et d'une revendication de la totalité. Elle a manqué la dimension fondamentale de l'exposition à l'*extériorité*, qui est proprement l'ouverture de l'éthique. À la pensée de la clôture sur soi de l'être et du moi, Levinas veut substituer avant tout une *rencontre*, celle de l'Autre, rencontre qui interrompt le mouvement vers la totalisation et signifie l'ouverture de l'espace éthique de la différence.

■ Dieu et l'extériorité

La pensée de Dieu est la première forme de cette rencontre. Descartes, déjà, dans la troisième de ses *Méditations métaphysiques*, avait lié l'idée de Dieu à celle de l'*infini*, et, par là, avait permis de révéler, selon Levinas, cette « rupture du *je pense* », cet éclatement de la pensée représentative et synthétique que provoque la rencontre de l'idée de Dieu. L'idée de Dieu, comme idée de l'infini, remet en cause la souveraineté du sujet ainsi que la pensée ontologique et sa volonté de maîtrise, car elle est « inenglobable », elle déborde et renverse la présence à soi de la conscience. Elle signifie la réalité irrécusable de l'extériorité et la remise en cause de l'objectivité. Il est douteux, à cet égard, selon Levinas, que Dieu puisse être l'« objet » d'une « expérience religieuse ». Les notions d'expérience et de contenu ou d'objet de l'expérience nous renvoient en effet à la pensée de l'être, cette pensée que la religion (la relation à Dieu) fait justement éclater. Mais que peut être alors un discours religieux s'il ne peut consister en un récit ou une description d'une expérience ? Que peut être un discours pour être à la hauteur de cette « démesure de l'intrigue de l'infini » en quoi s'effectue la relation à Dieu ?

■ Dieu et le visage d'autrui

C'est à ce moment que la question éthique se noue à celle du religieux. La relation à Dieu est relation à l'autre homme. Le lien à autrui comme tel, c'est-à-dire comme *personne*, est religion. « C'est dans le Visage de l'Autre, dit Levinas, que vient le commandement qui interrompt la marche du monde. » La rencontre du Visage d'autrui ouvre la possibilité éthique parce qu'elle définit une *responsabilité*. C'est cette responsabilité qu'a méconnue Caïn quand, à la question : « Où est ton frère ? », il a répondu : « Suis-je donc le gardien de mon frère ? »

L'herméneutique

L'herméneutique est l'art de comprendre, d'interpréter, de traduire de façon claire des signes d'abord obscurs. La première fonction de l'herméneute a été de délivrer aux profanes le sens d'un oracle. L'herméneutique a progressivement pénétré le domaine des sciences humaines et de la philosophie.

L'herméneutique comme technique de lecture

L'herméneutique est, originairement, une discipline philologique, c'est-à-dire une technique de lecture, orientée vers la compréhension des œuvres de l'Antiquité classique (Homère) et des textes religieux (la Bible). Les opérations philologiques d'interprétation se déploient en fonction de règles rigoureusement déterminées : explications lexicales et grammaticales, rectification critique des erreurs des copistes, etc., mais aussi interprétation allégorique et morale destinée à mettre en valeur le caractère d'exemplarité du texte. L'horizon de cette technique est celui de la restitution d'un texte ou d'une parole, plus fondamentalement d'un *sens*, considéré comme perdu ou obscurci. Dans une telle perspective, le sens est moins à construire qu'à retrouver, comme une vérité que le temps aurait recouverte.

Herméneutique et sciences humaines

□ Au début du XIXe siècle, avec le théologien protestant Friedrich Schleiermacher (1768-1834), on assiste à une généralisation de l'usage de l'herméneutique. Celle-ci, tout en conservant ses liens privilégiés avec les études bibliques et classiques, envisage désormais le domaine entier de l'expression humaine. L'attention est de plus en plus orientée non seulement vers le texte mais vers son auteur. Lire un texte, c'est dialoguer avec un auteur et s'efforcer de retrouver son intention, c'est chercher à comprendre un esprit par l'intermédiaire du déchiffrement des œuvres dans lesquelles il s'est exprimé.

□ C'est cependant avec l'œuvre du philosophe allemand Wilhelm Dilthey (1833-1911) que l'herméneutique prend le statut d'une méthode de connaissance spécialement apte à rendre compte du fait humain, irréductible en lui-même aux phénomènes naturels. Le texte à interpréter est la réalité humaine elle-même dans son développement historique. Appliqué à l'étude de l'action historique, l'acte herméneutique doit permettre de restituer pour ainsi dire « de l'intérieur » l'intention qui a guidé l'acteur au moment où il prenait telle décision, et permettre ainsi d'atteindre la signification de cette action. Dilthey engage en effet un postulat : « La richesse de notre expérience nous permet d'imaginer, par une sorte de transposition, une expérience analogue hors de nous et de la comprendre… » S'il nous est possible de comprendre autrui, c'est que nous avons la possibilité d'imaginer sa vie intérieure à partir de la nôtre, par une transposition analogique.

L'herméneutique comme situation humaine

Le philosophe allemand Hans Georg Gadamer (né en 1900) montre, dans *Vérité et Méthode* (1re éd., 1960), que l'interprétation, avant d'être une méthode, est l'expression d'une situation de l'homme : l'interprète qui aborde une œuvre est déjà situé dans l'horizon ouvert par l'œuvre (c'est le « cercle herméneutique »). L'interprétation est avant tout l'élucidation du rapport que l'interprète entretient avec la tradition dont il provient.

DE L'EXÉGÈSE À L'EXISTENCE

Les sens de l'herméneutique chrétienne

L'herméneutique chrétienne se donne pour tâche de restituer le sens caché de la Bible. À cet égard, elle en est venue, depuis le Moyen Âge, à distinguer quatre niveaux de signification, dont l'exégèse doit permettre au fidèle d'accéder à une compréhension véritable du message divin :
– le sens *littéral*, ou sens historique, qui circonscrit la signification première des mots et établit les données factuelles ;
– le sens *allégorique*, où se restitue le contenu spirituel caché sous la lettre, où se révèle que les textes sacrés disent autre chose que ce qu'ils disent à première vue ;
– le sens *tropologique*, ou moral, s'impose dès lors que la Bible est saisie comme livre de vie, c'est-à-dire orienté vers la conversion du cœur ;
– le sens *anagogique*, ou mystique, qui renvoie au mouvement de l'âme vers la transcendance, l'au-delà, et l'inscrit dans l'horizon du salut, qui forme le fonds de la doctrine chrétienne.
Cependant, ce parcours des différents plans de signification n'est pas une simple technique de lecture. Il doit aussi être compris comme l'approfondissement d'un exercice méditatif au sein duquel le lecteur, qui est aussi un fidèle, accède progressivement à la compréhension de la parole divine.

Heidegger : une herméneutique de l'existence

Heidegger opère deux ruptures vis-à-vis de la conception de l'herméneutique développée par Dilthey :
1. L'herméneutique n'est plus envisagée dans le cadre d'une théorie de la connaissance. Elle n'est pas simplement un problème de méthodologie des sciences humaines. Il ne s'agit plus, comme chez Dilthey, d'opposer l'acte de compréhension propre aux sciences humaines et le mouvement de l'explication caractéristique des sciences de la nature. La compréhension n'est plus considérée, avec Heidegger, comme l'acte cognitif d'un sujet désengagé du monde, mais plutôt comme une dimension essentielle de l'existence. Comprendre, c'est un mode d'être avant d'être une méthode scientifique.
2. Corrélativement, la question de la compréhension n'est plus, chez Heidegger, liée au problème de la rencontre d'autrui. Avec Heidegger, l'interrogation herméneutique considère moins mes relations avec autrui que le rapport que j'entretiens avec ma situation dans le monde. L'horizon de la compréhension, c'est la saisie et l'élucidation d'une dimension primordiale, qui précède la distinction du sujet et de l'objet : celle de l'être-au-monde de l'homme. L'herméneutique, comme dimension de l'existence, est d'abord orientée vers le « monde du soi ».

Martin Heidegger

L'existentialisme

L'existentialisme n'est ni une philosophie déterminée ni une doctrine, mais plutôt un mode de pensée qui place au cœur de sa réflexion l'existence humaine. Kierkegaard est, en ce sens, le premier penseur existentialiste. L'existentialisme s'est imposé en France au milieu du XXe siècle, notamment avec la figure de Jean-Paul Sartre.

Sartre : l'existence précède l'essence

☐ Pour Jean-Paul Sartre (1905-1980), l'homme ne peut être pensé abstraitement, selon un concept qui définirait la nature ou l'essence de l'homme en général. Car l'homme se définit avant tout comme « projet » de lui-même, en acte. Reprenant pour les infléchir les analyses de Husserl et de Heidegger, Sartre montre que la conscience, loin d'être une substance repliée sur l'intériorité de soi, est au contraire mouvement au-dehors de soi, mouvement vers le monde, c'est-à-dire vers ce qui n'est pas soi. Cet élan de la conscience, par lequel l'homme se réalise dans ses actions, définit, selon lui, l'existence : « Non pas une substance stable qui se repose en elle-même mais un déséquilibre perpétuel, un arrachement à soi de tout le corps. »

☐ L'homme est l'unique et premier projet de lui-même, et, en ce sens, il est « injustifiable ». Pour Sartre, cela signifie que l'homme est seul à décider et à choisir devant l'horizon infini des possibles. Au fondement de ses actions se trouve son unique liberté, qui est un fondement sans fondement. « Rien ne peut m'assurer contre moi-même, coupé du monde et de mon essence par ce néant que je *suis*. » C'est dans l'angoisse que l'homme appréhende cette situation première. Mais c'est aussi contre elle que l'existence concrète tente, pour Sartre, d'opposer des garde-fous.

Merleau-Ponty : revenir aux choses mêmes

Merleau-Ponty se rattache à l'existentialisme par son souci d'élucider l'expérience vécue dans ce qu'elle a d'irréductible et d'originel. C'est notre liaison charnelle au monde, avant toute objectivation scientifique, qu'il veut penser. « Revenir aux choses mêmes, c'est revenir à ce monde d'avant la connaissance dont la connaissance *parle* toujours. »

Jaspers : les situations limites

La mort, la souffrance, le combat et la faute, autant de situations fondamentales qu'implique la vie de chacun, sans qu'on puisse ni les dépasser ni les transformer. Partant d'une analyse critique du savoir objectif et scientifique, Karl Jaspers (1883-1969) pense l'existence comme expérience incontournable et irréductible de l'échec. Mais celle-ci, en révélant la finitude de l'homme, lui découvre en même temps, cachée, la transcendance ou le divin. Cette ambiguïté fondamentale de l'existence définit, pour Jaspers, l'existence comme liberté.

Marcel : le point de vue chrétien

S'opposant à toutes les formes de théologie rationaliste, Gabriel Marcel (1889-1973) développe une philosophie de l'existence qui adopte le point de vue chrétien.

LA DIVERSITÉ DES EXISTENTIALISMES

L'arbre existentialiste

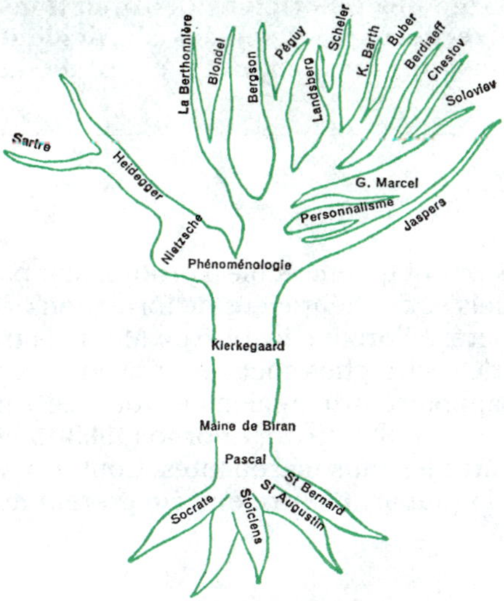

Mounier, *Introduction aux existentialismes*, Gallimard, coll. Idées, p. 12

Des philosophies de l'existence?

« La diversité des inspirations qui présidèrent à la création des œuvres de ce genre nouveau est telle que le terme d'*existentialisme* ne peut les désigner que de manière vague, et non sans faire violence à l'originalité d'entre elles... Mais puisque le terme d'*existentialisme* s'est imposé, même s'il ne fut retenu par les intéressés que moyennant beaucoup de précautions et de dénégations, conservons-le. Il pourrait désigner des pensées subjectivement intéressées, passionnément soucieuses de sincérité, méthodiquement proches de la vie, scrupuleusement méfiantes à l'égard de la raison toujours tentée d'outrepasser ses limites, attachées à penser l'idéalité dans la temporalité même de l'existence, sans rien évacuer des énigmes, des paradoxes, des ambiguïtés qui la constituent. »

J. Colette, *L'Existentialisme*, PUF, Que sais-je ?, 1994, p. 9-10

Littérature et politique

En France, l'existentialisme est mêlé à l'histoire littéraire et politique. Albert Camus (1913-1960), essayiste et romancier, développe le thème de l'absurdité de l'existence (*Le Mythe de Sisyphe*, 1942, *La Peste,* 1947, *L'Homme révolté,* 1951). Sartre écrit des romans (*La Nausée*, 1938, *Les Mots,* 1963) et des pièces de théâtre. En philosophe, il se tourne vers de grandes figures de la littérature (*Saint Genet, comédien et martyr,* 1952, *L'Idiot de la famille*, 1971-1972, qui est consacré à Flaubert). Avec Simone de Beauvoir (1908-1986) et Merleau-Ponty, il fonde en 1945 la revue *Les Temps modernes,* où s'exprime alors la gauche intellectuelle française. Sartre, philosophe « engagé », a pris part aux luttes politiques de l'après-Seconde Guerre mondiale.

La Nausée

C'est en proie à la nausée que l'on découvre, pour Sartre, l'absurdité de l'existence.

« Le mot d'Absurdité naît à présent sous ma plume ; tout à l'heure, au jardin, je ne l'ai pas trouvé, mais je ne le cherchais pas non plus, je n'en avais pas besoin : je pensais sans mots, *sur* les choses, *avec* les choses. L'absurdité, ce n'était pas une idée dans ma tête, ni un souffle de voix, mais ce long serpent mort à mes pieds, ce serpent de bois. Serpent ou griffe ou racine ou serre de vautour, peu importe. [...] Oh ! Comment pourrai-je fixer ça avec des mots ? Absurde : par rapport aux cailloux, aux touffes d'herbe jaune, à la boue sèche, à l'arbre, au ciel, aux bancs verts. Absurde, irréductible ; rien – pas même un délire profond et secret de la nature – ne pouvait l'expliquer. [...] le monde des explications et des raisons n'est pas celui de l'existence. »

Sartre, *La Nausée*, Gallimard, coll. Folio, 1978, p. 181-182

L'École de Francfort

L'« École de Francfort » est un mouvement né dans les années 30 en Allemagne, qui rassemble des théoriciens de formations différentes. Les diverses recherches effectuées s'articulent autour d'un projet philosophique commun, celui de la « théorie critique ».

Un mouvement

☐ L'expression « École de Francfort » désigne, plutôt qu'une école à proprement parler, un groupe ou un mouvement d'intellectuels et de théoriciens de formations différentes ayant en commun un projet de société, à l'origine inspiré de Marx. Ils travaillèrent ensemble, à Francfort, à l'Institut de recherches sociales créé en 1923.

☐ Ils poursuivirent une recherche interdisciplinaire principalement tournée vers l'analyse des formes de domination : Horkheimer (1895-1973), Adorno (1903-1969), Marcuse (1898-1979) en furent les personnalités les plus marquantes. Contraints à l'exil au moment de la montée du nazisme, la plupart d'entre eux émigrèrent aux États-Unis, où ils poursuivirent leurs activités.

L'émancipation comme problème

☐ Le principal problème que les penseurs de l'École de Francfort ont cherché à théoriser est celui de savoir pourquoi le progrès des Lumières, loin de permettre la liberté humaine, s'est renversé en son contraire, aboutissant à une société administrée et à des formes de vie totalitaires dans lesquelles l'individu est anéanti. De ce point de vue, l'expérience historique du nazisme a été déterminante dans l'élaboration de leur réflexion.

☐ Dans leurs orientations diverses, ces théoriciens ont en commun de refuser toute pensée systématique, sans vouloir cependant renoncer à tout projet d'émancipation. C'est en ce sens qu'ils engagent, dans leurs analyses, un projet « critique » de la rationalité et de la société, visant des formes d'existence humaine libérées.

☐ Si ce mouvement de pensée s'enracine historiquement dans le marxisme, il ne trouve pourtant son originalité que dans la distance qu'il prend vis-à-vis de ce dernier. L'interrogation est réintroduite au cœur de l'histoire, et la réflexion, en ce sens héritière de Kant, se défend de tout dogmatisme. Le projet révolutionnaire de Marx, en tant que tel, est abandonné et la pensée, insistant sur l'irréductibilité de la souffrance, se tourne vers l'individu, le non-identique.

La théorie critique

La théorie critique présuppose la critique de l'ordre établi et la possibilité d'une transformation de ce qui est : telle est son orientation fondamentale, par où elle s'oppose à la théorie traditionnelle. Parce que la théorie est une activité humaine, elle n'est pas en dehors de l'histoire et doit donc se donner pour tâche de réfléchir son propre rapport à la réalité sociale. C'est précisément ce que refuse de faire la théorie traditionnelle, qui se définit à partir de critères logiques, comme un savoir clos sur lui-même indépendant de tout intérêt humain. Pour les tenants de la théorie critique, une telle conception est idéologique, c'est-à-dire qu'elle masque son véritable but, qui est la domination et la confirmation d'un ordre social oppressif.

HABERMAS

■ La raison communicationnelle

Né en 1929 à Düsseldorf, Habermas poursuit ses études à Göttingen et à Bonn. Assistant d'Adorno à Francfort de 1956 à 1959, il enseigne ensuite la philosophie et la sociologie, d'abord à Heidelberg, où il rencontre Gadamer, puis à Francfort. C'est avec *La Théorie de l'activité communicationnelle* (1981) que s'affirme l'originalité de sa pensée dont le concept central est celui de « raison communicationnelle ».

Le projet philosophique de Habermas consiste en une actualisation et une reconstruction de la théorie critique des penseurs de la première génération de l'École de Francfort. Mais, soucieux de dégager le concept de raison de ses fondements historico-philosophiques, il en construit un nouveau à partir d'une conception pragmatique du langage. Il vise par ce biais une critique de la domination qui puisse ouvrir les voies de l'émancipation humaine.

■ Raison et communication

« Ce que nous appelons "rationalité", c'est d'abord la disposition dont font preuve des sujets capables de parler et d'agir à acquérir et à appliquer un savoir faillible. Aussi longtemps que les catégories de la philosophie de la conscience imposent de comprendre le savoir comme étant exclusivement un savoir relatif à quelque chose existant dans le monde objectif, la rationalité se mesure à la manière dont le sujet isolé s'oriente en fonction du contenu de ses idées et de ses énoncés. La raison centrée sur le sujet trouve ses normes de rationalité à partir des critères de la vérité et du succès, en tant qu'ils régulent les relations que le sujet connaissant et agissant en fonction d'une fin entretient avec le monde des objets possibles ou des états de chose. Dès l'instant où nous concevons, en revanche, le savoir comme médiatisé par la communication, alors la rationalité se mesure à la faculté qu'ont des personnes, responsables et participant à une interaction, de s'orienter en fonction d'exigences de validité qui reposent sur une reconnaissance inter-subjective. La raison communicationnelle fixe les critères de rationalité en fonction des procédures argumentatives qui visent à honorer, directement ou indirectement, les prétentions à la vérité propositionnelle, à la justesse normative, à la sincérité subjective et enfin à la cohérence esthétique. »

Habermas, *Le Discours philosophique de la modernité,* Gallimard, 1988, p. 371-372

■ Modernité et réconciliation

Dans cet entretien datant de 1981, Habermas résume les motifs et les thèmes de son travail philosophique.

« J'ai un mobile intellectuel et une intuition fondamentale. […] L'idée constitutive du mobile est la réconciliation de la modernité déchirée dans sa lutte avec elle-même, et donc la représentation des formes de vie en commun dans lesquelles autonomie et indépendance entrent réellement dans une relation pacifiée sans que soient abandonnées les différenciations que la modernité a rendues possibles tant dans le domaine culturel que dans le domaine social et économique. […]

Mon intuition, quant à elle, tire son origine de la sphère de l'échange avec autrui ; elle vise, d'une manière plus précaire que tout ce que l'histoire a produit de structures de communication jusqu'à aujourd'hui, les expériences d'une intersubjectivité intense, c'est-à-dire un réseau de relations intersubjectives tel qu'il rende en quelque sorte possible un rapport entre liberté et dépendance, rapport qu'on ne peut jamais se représenter que sous forme de modèles d'interaction. »

Habermas, « Dialectique de la rationalisation », in *Cahiers de philosophie,* n° 3, 1er trimestre 1987

L'épistémologie de Popper

Karl Popper a apporté une importante contribution à la théorie de la science. Il s'oppose aux positivistes logiques, car il refuse l'idée qu'un énoncé scientifique puisse être obtenu par induction. Par ailleurs, la théorie de la science que donne Popper est corrélative de sa conception libérale de la société.

La logique de la science

☐ Karl Popper (1902-1994) récuse la conception empiriste selon laquelle la méthode légitime de la science est l'induction. D'abord parce qu'il n'est pas possible, logiquement parlant, de passer d'une multitude d'énoncés particuliers, mêmes convergents, à une proposition générale. Ensuite parce qu'il n'y a pas d'observation qui ne soit imprégnée de théorie ou au moins déjà provoquée par une attente préalable du chercheur.

☐ Il faut concevoir l'activité scientifique comme une succession de tentatives destinées à résoudre les problèmes que la complexité de l'univers pose à l'homme. L'activité scientifique est distribuée schématiquement en deux moments : celui des conjectures audacieuses, par l'intermédiaire desquelles l'être humain essaie d'ordonner théoriquement les données qu'il traite, et celui des contrôles sévères, de toute nature, par lequel le caractère scientifique de l'hypothèse proposée est établi. La science procède par essais et erreurs, dit Popper.

☐ Une théorie est scientifique non par ses hypothèses (dans le moment de la conjecture, il n'y a pas de différence entre le scientifique et l'artiste), mais par la rigueur avec laquelle elle s'expose à l'ensemble des tests destinés à la réfuter. Pour que la théorie soit recevable scientifiquement, on doit pouvoir en déduire un certain nombre d'énoncés pouvant être soumis à des tests. Une théorie qui cherche à s'immuniser contre les faits n'est plus scientifique, car elle n'est plus contrôlable, c'est-à-dire réfutable.

L'objectivité de la science

☐ Selon les termes de Popper, il n'est pas possible de parler d'une théorie vraie. Une théorie peut être, tout au plus et provisoirement, corroborée, c'est-à-dire acceptée par la communauté scientifique, quand elle a subi victorieusement les tests qui lui ont été imposés. Ce qui veut dire que la science progresse par élimination des erreurs, et qu'elle est, par définition, inachevée. Nous progressons sans certitudes, dans le seul savoir de notre ignorance.

☐ L'objectivité de la science, selon Popper, ne repose pas sur « l'état d'esprit impartial » des « hommes de science ». Elle repose plus fondamentalement sur « le caractère public et compétitif de l'entreprise scientifique ». Popper décrit la science comme une activité collective organisée, qui se développe au sein de communautés institutionnalisées de chercheurs, selon les principes d'une « coopération amicalement hostile ». L'objectivité n'est donc pas, comme chez Bachelard (1884-1962) par exemple, le résultat d'une rupture cathartique de l'esprit avec ses évidences premières, mais elle suppose, selon Popper, la diversité des chercheurs, leur concurrence réglée et la discussion publique sur les hypothèses qui s'affrontent. Aux yeux de Popper, la science est une activité typique des sociétés libérales.

UN RATIONALISME CRITIQUE

■ Une jeunesse viennoise

Karl Popper est né en 1902 à Vienne. Après des études de philosophie, de mathématiques et de physique à l'université, tout en acquérant une solide formation musicale, il obtient en 1928 un doctorat en philosophie. Popper fréquente le Cercle de Vienne sans en être membre, s'engage pendant un temps dans la social-démocratie autrichienne et, tout en enseignant la philosophie dans un lycée, rédige son premier ouvrage, consacré à des questions épistémologiques. Un résumé de ses réflexions paraît en 1934 sous le titre *Logik des Forschung (La Logique de la découverte scientifique).*

■ L'installation à Londres

La dégradation de la situation politique en Autriche contraint Popper à émigrer, en 1937, en Nouvelle-Zélande, où il enseigne jusqu'en 1945 et où il écrit *La Société ouverte et ses ennemis*. Dans cet ouvrage, comme dans *Misère de l'historicisme*, rédigé dans les années 30, Popper développe une pensée libérale, qu'il présente comme « une défense contre les idées totalitaires et autoritaires ». En 1945, grâce à l'économiste Hayek et à l'historien d'art Gombrich, Popper est nommé professeur à la London School of Economics, jusqu'à sa retraite en 1969. Il y formera de nombreux épistémologues, tout en participant de façon résolue aux débats contemporains sur les sciences de la nature et sur les sciences sociales.

Popper meurt à Londres en 1994. Outre les titres déjà cités, ses ouvrages principaux sont *Conjectures et Réfutations, La Connaissance objective, L'Univers irrésolu, plaidoyer pour l'indéterminisme, La Quête inachevée* (qui est son autobiographie).

■ La critique du marxisme

Tout en reconnaissant à Marx la valeur de ses analyses de la société du XIXe siècle ainsi que le caractère humaniste de ses intentions initiales, Popper dénonce le marxisme comme discours non scientifique et comme doctrine totalitaire. Le marxisme est non scientifique (tout comme la psychanalyse), parce qu'il développe un ensemble d'énoncés théoriques qu'il « immunise » contre toute tentative de réfutation par les faits, et donc se présente comme un système d'interprétation clos sur lui-même et refusant de s'exposer à la critique. Mais la position poppérienne repose fondamentalement sur l'affirmation que le marxisme est « la forme la plus dangereuse de l'historicisme ».

« Il est généralement admis qu'une conception vraiment scientifique ou philosophique de la politique et une meilleure compréhension de la vie des sociétés doivent reposer sur l'étude et l'interprétation de l'histoire... Le spécialiste des sciences sociales ou le philosophe sont censés [...] considérer l'individu comme un pion, un instrument minime de l'évolution générale de l'humanité. Sur la scène de l'histoire, les seuls protagonistes qui comptent à ses yeux sont les grandes puissances et leurs chefs ou bien les classes sociales et les grandes idées. En tout cas, il essaiera de saisir la signification de la pièce qui y est représentée et de comprendre les lois de l'histoire. S'il y parvient, il pourra évidemment prévoir son évolution, donner à la politique des fondements solides et, en pratique, indiquer les mesures qui ont des chances de réussir et celles qui risquent d'échouer. Telle est en résumé la conception que j'appelle *historicisme*. »

Popper, *La Société ouverte et ses ennemis*, Paris, Seuil ,1979, p. 2

Le pragmatisme

Le pragmatisme est un courant philosophique apparu aux États-Unis à la fin du XIXe siècle, sous l'impulsion de C.S. Peirce, W. James et J. Dewey. Caractérisé par son orientation vers l'expérience et vers l'action, il constitue encore aujourd'hui, sous une forme rénovée, un courant important de la philosophie américaine.

Le pragmatisme comme méthode de clarification

☐ Le pragmatisme, aux yeux de Charles Sanders Peirce (1839-1914), est avant tout une méthode de clarification des concepts, dont le but est d'éliminer les faux problèmes de la métaphysique traditionnelle et de poser les bases d'une nouvelle théorie de la connaissance. Il développe donc un programme critique plutôt qu'une doctrine. Il n'est pas, dit Peirce, une « tentative pour déterminer la vérité des choses », mais « une méthode pour établir la signification des mots difficiles et des concepts abstraits ».
☐ Peirce formule le principe méthodologique du pragmatisme sous la forme d'une maxime : « Considérons quels effets, quelles répercussions pratiques nous pouvons concevoir que l'objet de notre conception est susceptible d'avoir. Dans ces conditions, notre conception de ces effets constitue le contenu tout entier de notre idée de l'objet. » C'est au niveau des actions qu'elle implique que se trouve la signification d'une pensée.

Le pragmatisme et la vérité

☐ William James (1842-1910) reprend le terme de *pragmatisme* à C.S. Peirce, mais lui donne une signification différente. La préoccupation de William James est de proposer une *théorie de la vérité*. La vérité est définie comme un processus d'action : la vérité d'une idée repose sur sa portée pratique, c'est-à-dire sur la réussite des opérations pratiques qu'elle met en œuvre. L'idée vraie n'est donc pas, comme dans la tradition « intellectualiste » (selon l'expression de James), une copie exacte du réel, mais c'est l'idée qui conduit à une action qui a prise sur le réel, une idée vérifiée dans l'expérience.
☐ Dans cette perspective, il ne faut pas se représenter la vérité comme une propriété inhérente et stable de l'idée. Une idée n'est pas vraie depuis toujours et pour toujours. « La vérité *arrive* à une idée, dit James, elle *devient* vraie, est *rendue* vraie par les événements, sa vérité est en fait cet événement, [...] le processus de se vérifier soi-même, sa véri-fication » (*Le Pragmatisme*, 1907).

Le pragmatisme et la pensée contemporaine

Le pragmatisme, dans la version que lui a donnée William James, a rencontré un écho certain au début du XXe siècle, avant de s'éloigner progressivement des avant-scènes philosophiques. Il retrouve une audience dans la philosophie contemporaine, notamment par l'intermédiaire du philosophe américain Richard Rorty (né en 1931). Celui-ci développe le pragmatisme dans la perspective d'une critique de la rationalité métaphysique. Le pragmatisme, à ses yeux, se caractérise par : 1° son « anti-essentialisme » ; 2° son refus d'établir une différence métaphysique entre être et devoir-être, faits et valeurs ; 3° cette idée que la philosophie est moins la prise en charge de l'objectivité que l'affirmation de la solidarité.

LA VÉRITÉ ET L'ACTION

John Dewey (1859-1952)

Figure emblématique de la gauche libérale américaine, John Dewey a voulu introduire le pragmatisme dans la politique et, surtout, en pédagogie. Selon Dewey, la connaissance est un instrument qui sert à résoudre des problèmes pratiques. Dans cette perspective, la pédagogie doit passer de la problématique de l'enseignement, dont l'élève est l'objet, à celle de l'apprentissage, dont l'élève est le sujet. Le principe d'une pédagogie réussie est que toute leçon doit être la réponse à une question.

Pragmatisme et vérité

Henri Bergson souligne ici la portée du pragmatisme de William James pour la conception de la vérité :

« [...] Il est naturel de se représenter la réalité comme un tout parfaitement cohérent et systématisé, que soutient une armature logique. Cette armature serait la vérité même ; notre science ne ferait que la retrouver. Mais l'expérience pure et simple ne nous dit rien de semblable, et James s'en tient à l'expérience. L'expérience nous présente un flux de phénomènes : si telle ou telle affirmation relative à l'un d'eux nous permet de maîtriser ceux qui le suivront ou même simplement de les prévoir, nous dirons de cette affirmation qu'elle est vraie. [...] La réalité coule ; nous coulons avec elle ; et nous appelons vraie toute affirmation qui, en nous dirigeant à travers la réalité mouvante, nous donne prise sur elle et nous place dans de meilleures conditions pour agir. On voit la différence entre cette conception de la vérité et la conception traditionnelle. Nous définissons d'ordinaire le vrai par sa conformité à ce qui existe déjà ; James le définit par sa relation à ce qui n'existe pas encore. Le vrai, selon William James, ne copie pas quelque chose qui a été ou qui est ; il annonce ce qui sera, ou plutôt il prépare notre action sur ce qui va être. »

Bergson, *La Pensée et le Mouvant*, PUF, 1938, p. 246-247

Le pragmatisme et l'éthique de la pensée

Richard Rorty place le discours pragmatique contemporain sur la vérité dans une perspective éthique :

« [...] Il s'agit d'abandonner l'idée que les êtres humains sont responsables envers un pouvoir non humain. Nous aspirons à une culture où les questions concernant "l'objectivité des valeurs" ou la "rationalité de la science" paraîtraient également inintelligibles. Les pragmatistes voudraient remplacer le désir de l'objectivité – le désir d'être en contact avec une réalité qui soit davantage que la communauté à laquelle nous nous identifions – par celui de la solidarité avec cette communauté. Ils pensent que l'habitude de compter sur la persuasion plutôt que sur la force, sur le respect des opinions de leurs confrères, la curiosité et la passion pour les données et les idées nouvelles, sont les *seules* vertus que possèdent les hommes de science. Ils ne pensent pas qu'existe une vertu intellectuelle, baptisée "rationalité", supérieure à ces qualités morales. »

R. Rorty, *Science et Solidarité*, éd. de l'Éclat, 1990, p. 54-55

« [...] le pragmatiste n'a pas de théorie de la vérité, encore moins une théorie relativiste. En tant que partisan de la solidarité, ce qu'il dit de la valeur de la recherche coopérative humaine n'a qu'un fondement éthique et non un fondement épistémologique ou métaphysique. N'ayant *aucune* épistémologie, il ne peut *a fortiori* avoir une épistémologie relativiste. »

R. Rorty, « Solidarité ou objectivité », in *Critique*, n° 439, 1983, p. 927

Le structuralisme

Le structuralisme désigne un mouvement de pensée apparu à la fin des années 50 et s'affirmant, notamment, dans les sciences humaines. Se donnant pour méthode l'analyse des structures ou des systèmes qui opèrent à l'insu des individus, il remet en cause toute approche de l'homme en termes de subjectivité ou de conscience.

La linguistique selon Ferdinand de Saussure (1857-1913)

□ Réunis dans le *Cours de linguistique générale* (posthume, 1916), les travaux de Saussure ont joué un grand rôle dans l'émergence ultérieure du structuralisme. Délaissant le point de vue évolutif ou diachronique du langage, Saussure assigne à la linguistique, définie comme approche scientifique, la tâche d'une étude synchronique qui a pour objet la « langue » en elle-même.

□ La langue désigne l'état collectif ou social du langage, celui qui est présupposé par tout acte individuel de parole. Elle est un « système », c'est-à-dire non pas une addition d'éléments, mais au contraire un tout dans lequel les éléments sont principalement en rapport les uns avec les autres.

La langue comme structure

□ Avec l'École de Prague, fondée en 1929 et ayant pour principaux représentants Jakobson (1896-1982) et Troubetskoy (1890-1938), ainsi qu'avec le Cercle linguistique de Copenhague (1931) animé par le Danois Hjelmslev (1899-1965), apparaît la linguistique dite « structurale ».

□ Les recherches menées reposent sur l'hypothèse selon laquelle la langue constitue une « entité autonome de dépendances internes » (Hjelmslev). Tous ces théoriciens ont en commun de poser que le fonctionnement de la langue obéit à des règles que le sujet parlant met en œuvre sans pourtant connaître le système dont elle relève, la tâche spécifique du linguiste étant précisément la description de ce système.

□ C'est uniquement sur le texte, envisagé dans sa clôture, que l'on travaille. En aucun cas le sens ne peut ressortir de l'intention de son auteur. Il est pur effet de structure. C'est une conception « fonctionnelle » (au sens logico-mathématique de ce terme) du langage qui prédomine. La structure, considérée comme un système clos de données obéissant à des lois de transformation, autorise en effet une formalisation selon des modèles qui sont l'œuvre du théoricien.

L'inconscient « structuré comme un langage » : Lacan

□ Psychiatre de formation et ayant en particulier travaillé sur la psychose, Lacan (1901-1987) tente un retour à Freud à partir de la lecture des philosophes et des recherches de la linguistique structurale.

□ « L'omniprésence du discours humain pourra peut-être un jour être embrassée au ciel ouvert d'une omnicommunication de son texte. Ce n'est pas dire qu'il en sera plus accordé. Mais c'est là le champ que notre expérience polarise dans une relation qui n'est à deux qu'en apparence, car toute position de sa structure en termes seulement duels lui est aussi inadéquate en théorie que ruineuse pour sa technique » (*Écrits 1*, Seuil, 1966).

LÉVI-STRAUSS

■ L'anthropologie structurale

Au XXe siècle, Lévi-Strauss (né en 1908) renouvelle les recherches en anthropologie par l'analyse structurale qu'il applique à l'étude des sociétés archaïques. L'objectif de l'anthropologie structurale, telle qu'il la définit, consiste non pas en une simple observation des faits, mais en la construction de « modèles », à partir du matériau empirique recueilli lors de fréquents voyages, effectués notamment chez les peuples indiens d'Amérique. Lévi-Strauss étudie les coutumes, les rites, mais surtout les mythes des sociétés primitives, afin de mettre au jour les formes d'organisation ou les structures inconscientes qui gouvernent leurs institutions. Il montre que la pensée « primitive », loin d'être prélogique, est au contraire capable de procéder à des distinctions et à des classifications complexes et précises de la réalité ; elle est une mise en ordre de l'univers. La « pensée sauvage », qui est « concrète », ne peut donc être considérée comme régressive par rapport à la pensée rationnelle ou logique, mais révèle au contraire une des formes de l'activité de l'esprit humain considéré en général. De la même façon, Lévi-Strauss refuse l'idée d'une supériorité de la culture ou de la civilisation occidentale sur les civilisations primitives, insistant en revanche sur l'indispensable reconnaissance de la « différence » des cultures entre elles. Lévi-Strauss appelle « ethnocentrisme » le préjugé humain consistant à rejeter hors de la culture tout ce qui ne se conforme pas à la norme selon laquelle on vit.

■ L'analyse structurale des mythes

Dans *L'Origine des manières de table*, Lévi-Strauss poursuit son analyse structurale des mythes, qui se développe en son entier sur les quatre ouvrages des *Mythologiques*. Ici, il s'attache à l'analyse du mythe des Indiens Tukuna.

« En suivant pas à pas le déroulement d'un mythe, on accède à beaucoup d'autres qui l'éclairent et permettent d'apercevoir les liaisons organiques qui les unissent tous. Et parce que l'univers mythologique d'une société, ou d'un ensemble de sociétés rapprochées par la géographie et l'histoire, forme toujours un système clos, on retrouve forcément à la fin les mythes par l'examen desquels on avait débuté. C'est ainsi que le lecteur, parvenu à la cinquième partie du livre, pourra constater que le mythe indexé sous le n° 428 rejoint celui portant le n° 10 dans *Le Cru et le Cuit*. Il vérifiera ensuite, dans la sixième partie, que le mythe n° 495 coïncide avec un groupe (M1, M7-12, M24), qui servait tout à la fois de point de départ et de fil conducteur au volume inaugural de ces *Mythologiques*. […] Pour développer l'analyse structurale de la pensée mythique, nous comprenons alors qu'il faut recourir à plusieurs types de modèles, entre lesquels le passage demeure toutefois possible, et dont les différences restent interprétables en fonction des contenus mythiques particuliers. Dans le cas qui nous occupe, le passage décisif semble se situer au niveau du code astronomique, où les constellations – caractérisées par une périodicité lente, puisque saisonnière, et structurée par le contraste qu'elle renforce entre les genres de vie ou les activités techno-économiques – font place, dans les mythes nouvellement introduits, à des corps célestes singuliers comme le soleil et la lune, dont l'alternance diurne et nocturne définit un autre type de périodicité. »

C. Lévi-Strauss, « L'origine des manières de table », in *Mythologiques III*, Plon, 1968, p. 9 et p. 13

L'archéologie du savoir de Foucault

Le travail de Foucault est celui d'un généalogiste : comprendre les conditions d'émergence du savoir. Son analyse insiste à la fois sur les relations discursives et les discontinuités de chaque *épistémê*.

La notion d'épistémé

☐ L'*épistémê*, notion centrale chez Foucault, désigne « l'ensemble des relations qu'on peut découvrir, pour une époque donnée, entre les sciences quand on les analyse au niveau des régularités discursives » (*L'Archéologie du savoir*). L'idée d'une continuité historique comme l'idée d'un sujet fondateur de cette histoire sont récusées au profit de l'idée d'une discontinuité entre les différentes *épistémê*.
☐ Foucault, dont les thèses sont liées au structuralisme, analyse deux grandes ruptures : celle du XVIIe siècle, avec l'émergence de l'ordre de la pensée classique, et celle du début du XIXe siècle, avec l'apparition de l'homme.

La mort de l'homme

☐ L'homme est une « invention récente ». Son apparition dans le champ du savoir date du début du XIXe siècle, et elle est indissociable d'une réorganisation du savoir, liée à l'émergence de nouvelles disciplines. « On dira qu'il y a "science humaine" non pas partout où il est question de l'homme, mais partout où on analyse, dans la dimension propre à l'inconscient, des normes, des règles, des ensembles signifiants qui dévoilent à la conscience les conditions de ses formes et de ses contenus » *(Les Mots et les Choses)*.
☐ Il n'y a pas à proprement parler, pour Foucault, de sciences humaines. Celles-ci constituent des configurations positives rendues possibles par leur situation de voisinage à l'égard de la biologie, de l'économie et de la philologie ou de la linguistique.
☐ L'homme est alors étudié en tant qu'il vit, produit et parle. Mais à supposer que ces dispositions du savoir viennent à disparaître ou à basculer, « alors on peut bien parier que l'homme s'effacerait, comme à la limite de la mer un visage de sable » *(Les Mots et les Choses)*.

Savoir et pouvoir

☐ L'analyse que Foucault propose du savoir est indissociable d'une analyse du pouvoir. L'*Histoire de la folie à l'âge classique* met en évidence le partage qui s'effectue, au XVIIe siècle, entre folie et raison : avec l'apparition des maisons d'internement, la folie est exclue, c'est le début du grand renfermement. Le savoir de la raison classique constitue donc une forme de pouvoir qui contrôle et exclut la déraison.
☐ Foucault prend ses distances vis-à-vis de la notion classique du pouvoir, conçue comme une instance supérieure qui réprimerait les individus. Le pouvoir vient d'en bas, « il s'exerce à partir de points innombrables, et dans le jeu de relations inégalitaires et mobiles [...] les relations de pouvoir ont un rôle directement producteur » *(La Volonté de savoir)*. En analysant les techniques de contrôle qui gouvernent l'individu dans ce qu'il a de plus intime, Foucault montre que le pouvoir se loge au niveau micrologique des différentes sphères de l'existence humaine.

LE POUVOIR

Michel Foucault

Vie et œuvre de Foucault

Né à Poitiers en 1926, Michel Foucault est reçu en 1946 à l'École normale supérieure et en 1951 à l'agrégation de philosophie. Il suit parallèlement une formation en psychologie, discipline qu'il enseignera à l'université jusqu'en 1966. En 1970, il devient titulaire d'une chaire d'« Histoire des systèmes de pensée » au Collège de France, où il enseignera jusqu'à la fin de sa vie. Celle-ci a été marquée par de nombreux voyages et séjours à l'étranger : Suède, Pologne, Allemagne, États-Unis... C'est en 1960 que paraît son premier grand livre, *Folie et Déraison, Histoire de la folie à l'âge classique*. À partir de 1963, Foucault explore l'expérience littéraire moderne et publie des écrits sur Raymond Roussel, Bataille, Blanchot, Klossowski. En 1966 et en 1969 paraissent respectivement *Les Mots et les Choses* et *L'Archéologie du savoir*. En 1971, avec la création du GIP (Groupe d'information sur les prisons) débute une nouvelle expérience dont le terrain est politique ; c'est l'époque de *Surveiller et Punir* (1975), de *La Volonté de savoir* et d'*Une introduction à l'histoire de la sexualité* (1976), des écrits qu'on ne peut dissocier de l'engagement militant résolu de Foucault. Foucault est mort en 1984.

La discipline

Dans *Surveiller et Punir,* Foucault analyse les techniques de contrôle dans les établissements disciplinaires des prisons.

« La “discipline” ne peut s'identifier ni avec une institution ni avec un appareil ; elle est un type de pouvoir, une modalité pour l'exercer, comportant tout un ensemble d'instruments, de techniques, de procédés, de niveaux d'application, de cibles ; elle est une “physique” ou une “anatomie” du pouvoir, une technologie. Et elle peut être prise en charge soit par des institutions “spécialisées” (les pénitenciers, ou les maisons de correction du XIXe siècle), soit par des institutions qui s'en servent comme instrument essentiel pour une fin déterminée (les maisons d'éducation, les hôpitaux), soit par des instances préexistantes qui y trouvent le moyen de renforcer ou de réorganiser leurs mécanismes internes de pouvoir (il faudra un jour montrer comment les relations intra-familiales, essentiellement dans la cellule parents-enfants, se sont “disciplinées”, absorbant depuis l'âge classique des schémas externes, scolaires, militaires, puis médicaux, psychiatriques, psychologiques, qui ont fait de la famille le lieu d'émergence privilégié pour la question disciplinaire du normal et de l'anormal) ; soit par des appareils qui ont fait de la discipline leur principe de fonctionnement intérieur (disciplinarisation de l'appareil administratif à partir de l'époque napoléonienne) ; soit enfin par des appareils étatiques qui ont pour fonction non pas exclusive mais majeure de faire régner la discipline à l'échelle d'une société. »

Foucault, *Surveiller et Punir,* Gallimard, 1975, p. 217

La déconstruction

Il s'agit d'un mouvement initié en France par le philosophe Jacques Derrida et se développant notamment aux États-Unis. S'inspirant de Nietzsche, il se propose de ruiner les prétentions totalisantes et dominatrices du discours métaphysique en relevant les ambiguïtés et contradictions inhérentes à tout texte.

Le logocentrisme : parole et écriture

☐ Dans le prolongement de Nietzsche et de Heidegger, Derrida vise une critique de la métaphysique occidentale. Mais tandis que Heidegger reconnaît dans « l'oubli de l'être » la distorsion fondamentale de la pensée occidentale, Derrida s'attache, de façon stratégique, à la question du « logocentrisme » ou du « phonocentrisme », marqué par la domination du langage parlé.

☐ Dans les lectures qu'il fait de Platon, Rousseau, Husserl ou Heidegger, Derrida montre que les discours philosophiques tendent à privilégier la parole et se méfient au contraire de l'écriture. Celle-ci contribue en effet à une instabilité, voire à une désintégration du sens et, pour cela, elle est suspectée par tout discours voulant au contraire imposer la présence du sens. En renversant cette préséance de la parole sur l'écriture, Derrida ruine l'idée d'un signifié inaltérable, celui que la domination de la parole tend à imposer dans tout discours métaphysique, qu'il soit d'ailleurs philosophique, littéraire ou scientifique.

La différ*a*nce

Derrida remet en cause toute conception métaphysique du langage, celle qui repose sur l'idée d'une identité du sens, et que défend entre autres le structuralisme lorsqu'il pose que chaque signe ne vaut que par sa différence avec les autres signes dans le système de la langue. Pour Derrida, le sens n'est jamais présent, il est au contraire toujours différé en un mouvement de désintégration de la présence du sens. Le terme de « différ*a*nce » désigne ce mouvement de renvoi perpétuel qui opère de signifiant à signifiant et qui contribue à la ruine de l'identité du sens.

La dissémination

☐ Derrida mine ainsi l'opposition linguistique entre signifiant et signifié, mais, de façon générale, il s'attache à ruiner toutes les oppositions traditionnellement posées dans le discours philosophique (entre expression et contenu, ce qui est originel et dérivé...).

☐ Il renonce également à la distinction établie entre texte philosophique et texte littéraire. À une démarche qui cherche à découvrir la cohérence du texte, Derrida oppose celle, « impossible », qui s'attache à la dispersion ou à la « dissémination » du sens : le sens d'un texte est indécidable, dans la mesure où il recèle toujours des ambiguïtés, voire des contraires, qu'on ne peut surmonter.

La déconstruction aux États-Unis

Paul de Man, J. Hillis Miller, Geoffroy H. Hartman ; autant de théoriciens américains qui, notamment en littérature, adoptent, dans le prolongement du travail de Derrida, une lecture des textes visant à en dégager les contradictions, voire les apories. C'est avant tout le caractère illisible du texte qu'ils s'attachent à reconnaître.

« La déconstruction, s'il y en a, n'est pas une critique, encore moins une opération théorique ou spéculative méthodiquement menée par quelqu'un [...] s'il y en a, elle a lieu [...] comme expérience de l'impossible. »

Derrida, *Résistances,* Galilée, 1996, p. 73.

Quelques éléments biographiques

Né à El-Biar, près d'Alger, en 1930, Jacques Derrida fait ses études secondaires à Alger. Au lycée Louis-le-Grand, à Paris, il prépare le concours de l'École normale supérieure, qu'il réussit en 1952. Agrégé de philosophie, il enseigne à la Sorbonne de 1960 à 1964, puis à l'École normale supérieure, en tant que maître-assistant, jusqu'en 1984. Il devient alors directeur d'études à l'École des hautes études à Paris, mais donne surtout de nombreuses conférences à l'étranger et enseigne notamment aux États-Unis, où il connaît une très large audience. En France, il est l'initiateur d'un certain nombre de réflexions et de débats autour de l'enseignement de la philosophie et de ses institutions (*Du droit à la philosophie*, 1990) qui conduisent à la création du Collège international de philosophie en 1983. Rédigeant une œuvre importante, Derrida s'engage dans un certain nombre de luttes, par exemple en 1981 pour aider les intellectuels tchèques dissidents ou en 1983 contre l'apartheid. Parmi ses premiers ouvrages figurent *De la grammatologie* (1967), *L'Écriture et la Différence* (1967), *La Dissémination* (1972), *Éperons, les styles de Nietzsche* (1978), *La Carte postale. De Socrate à Freud et au-delà* (1980).

Le mal d'archive

« Avec Freud, sans Freud, parfois contre lui » : dans *Mal d'archive*, Derrida déconstruit le concept d'archive, amorçant ainsi une réflexion sur les nouvelles techniques d'archivation.

« Car l'archive, si ce mot ou cette figure se stabilisent en quelque signification, ce ne sera jamais la mémoire ni l'anamnèse en leur expérience spontanée, vivante et intérieure. Bien au contraire : l'archive a lieu au lieu de la défaillance originaire et structurelle de ladite mémoire.
Point d'archive sans un lieu de consignation, sans une technique de répétition et sans une certaine extériorité. Nulle archive sans dehors.
N'oublions jamais cette distinction grecque entre *mnéme* ou *anámnesis* d'une part, *hupómnema* d'autre part. L'archive est hypomnésique. Et notons en passant un paradoxe décisif sur lequel nous n'aurons pas le temps de revenir mais qui conditionne sans doute tout ce propos ; s'il n'y pas d'archive sans consignation en quelque lieu extérieur qui assure la possibilité de la mémorisation, de la répétition, de la reproduction ou de la ré-impression, alors rappelons-nous aussi que la répétition même, la logique de la répétition, voire la compulsion de la répétition reste, selon Freud, indissociable de la pulsion de mort. Donc de la destruction. Conséquence : à même ce qui permet et conditionne l'archivation, nous ne trouverons jamais rien d'autre que ce qui expose à la destruction, et en vérité menace de destruction, introduisant *a priori* l'oubli et l'archiviolithique au cœur du monument. Dans le “par cœur” même. L'archive, travaille toujours et *a priori* contre elle-même. [...] La pulsion de mort n'est pas un principe. Elle menace même toute principauté, toute primauté archontique, tout désir d'archive. C'est ce que nous surnommerons plus tard *le mal d'archive*. »

Derrida, *Mal d'archive*, Galilée, 1995, p. 26-27

Conscience et inconscient

La conscience est le savoir, immédiat ou réfléchi, que l'homme a de lui-même et qui fait de lui, à la différence des autres êtres, un sujet capable de dire « je ». Par elle, l'homme peut se reconnaître comme un être situé dans le monde. Pour la psychanalyse, la conscience ne constitue que la partie la plus superficielle de notre psychisme.

Le « Je pense »

« Par le mot de pensée, j'entends tout ce qui se fait en nous de telle sorte que nous l'apercevons immédiatement par nous-mêmes ; c'est pourquoi non seulement entendre, vouloir, imaginer, mais aussi sentir, est la même chose ici que penser » (Descartes). Chez Descartes, la conscience est d'ordre métaphysique et non pas psychologique, elle est le fondement de toute certitude. La conscience est pure intériorité qui se saisit, en excluant ou en niant toute réalité extérieure, y compris le corps, qui est de l'étendue. La conscience se pose, comme modèle de vérité, à la fois retirée du monde et séparée du corps. L'âme n'en reste pas moins, chez Descartes, essentiellement unie au corps.

L'intentionnalité de la conscience

« Toute conscience est conscience de quelque chose » (Husserl). Affirmer que la conscience est « intentionnelle », c'est dire qu'elle est par définition visée vers autre chose qu'elle-même. Contrairement à ce que soutient Descartes, elle ne peut être pensée comme séparée du monde ; la conscience est au contraire « positionnelle du monde », et le monde est toujours relatif à la conscience.

L'inconscient

La psychanalyse remet en question l'idée d'une transparence du savoir de soi de la conscience, en insistant sur les « lacunes » de la vie psychique de l'homme : les rêves, les lapsus et les actes manqués, la folie. En construisant le concept d'« inconscient », elle soutient que notre vie psychique est, pour la plus grande partie, déterminée à notre insu par des forces que nous ne connaissons pas. L'homme est étranger à lui-même. Avec la psychanalyse, la philosophie doit reconnaître que « la certitude de soi de la conscience n'est pas un savoir vrai de soi » (Ricœur).

La mauvaise foi

L'hypothèse psychanalytique d'un inconscient psychique n'est pas acceptée par tous les philosophes. Alain la refuse, voyant dans « la supposition de ce fantôme une manière d'abdiquer de sa volonté propre ». Sartre lui préfère l'idée d'une duplicité de la conscience, qu'il analyse concrètement dans les conduites de « mauvaise foi ». Selon lui, la conscience est « transcendance » : elle est, à la différence des objets, toujours autre chose qu'elle-même, elle est ce par quoi le néant vient au monde, elle est liberté. Mais la conscience est en même temps « facticité ». Ce terme désigne tout ce qui échoit à l'homme et qu'il ne choisit pas : son milieu, son corps, la mort… L'homme choisit de se réduire, ou non, à sa facticité. Il est de mauvaise foi lorsqu'il veut exister comme une chose, refusant cette duplicité essentielle de la conscience ou du pour-soi.

LA CONSCIENCE MORALE

■ L'impératif du devoir

Pour Kant, le devoir moral s'impose absolument et ne peut être le sujet d'aucune hésitation. Il peut même, dans certaines circonstances, se révéler être contraire au bien-être de l'homme.

« Soit par exemple le cas suivant : quelqu'un détient un bien qu'autrui lui a confié ; son propriétaire est mort et ses héritiers ne savent ni ne peuvent jamais rien savoir de tout cela. Qu'on soumette ce cas même à un enfant de huit ou neuf ans, en ajoutant que le possesseur de ce dépôt a connu à la même époque (sans qu'il y ait de sa faute) la ruine complète de sa fortune, qu'il se voit entouré d'une famille, femme et enfants, éplorée, accablée par la misère, et qu'il peut à l'instant sortir de ce dénuement, s'il s'approprie ce dépôt ; [...] Et qu'on demande alors si dans ces conditions on peut tenir pour permis de détournement de ce dépôt à son profit personnel. Il n'est pas douteux que l'enfant interrogé répondra : non ! et pour toutes raisons ne pourra que dire : c'est injuste ; c'est-à-dire : c'est contraire au devoir. Rien de plus clair, mais vraiment pas en ce sens qu'en restituant le dépôt il favoriserait son propre bonheur.

[...] Aussi la volonté qui se règle sur la maxime[1] du bonheur hésite entre ses mobiles sur ce qu'elle doit décider ; c'est qu'elle regarde au succès et qu'il est fort incertain ; il faut avoir de la tête pour se tirer de l'embarras où nous plongent les raisons contraires et ne pas se tromper dans le bilan. Au contraire, si la volonté se demande quel est en ce cas le devoir, elle n'est nullement embarrassée sur la réponse à se donner, elle est sur-le-champ certaine de ce qu'elle a à faire. »

E. Kant, *Sur l'expression courante : « Il se peut que ce soit juste en théorie, mais en pratique cela ne vaut rien »*, (1793), trad. L. Guillermit, Vrin, 1967, p. 25-26

1. Chez Kant, principe par lequel le sujet dirige sa propre conduite.

■ L'origine de la « mauvaise conscience »

C'est en généalogiste que Nietzsche aborde le problème de la conscience morale. Pour lui, celle-ci est le signe de la domination des forces réactives, négatrices de la puissance de la vie.

« Je considère la mauvaise conscience comme le plus profond état morbide où l'homme devait tomber sous l'influence de cette transformation, la plus radicale qu'il ait jamais subie – de cette transformation qui se produisit lorsqu'il se trouva définitivement enchaîné dans le carcan de la société et de la paix. [...] Ajoutez à cela que les anciens instincts n'avaient pas renoncé d'un seul coup à leurs exigences ! [...] Tous les instincts qui n'ont pas de débouché, que quelque force répressive empêche d'éclater au-dehors, retournent en dedans – c'est là ce que j'appelle l'intériorisation de l'homme : de cette façon se développe en lui ce que plus tard on appellera son "âme". Tout le monde intérieur, d'origine mince à tenir entre cuir et chair, s'est développé et amplifié, a gagné en profondeur, en largeur, en hauteur, lorsque l'expansion de l'homme vers l'extérieur a été entravée. Ces formidables bastions que l'organisation sociale a élevés pour se protéger contre les vieux instincts de liberté – et il faut placer le châtiment au premier rang de ces moyens de défense – ont réussi à faire se retourner tous les instincts de l'homme sauvage, libre et vagabond – contre l'homme et lui-même. La rancune, la cruauté, le besoin de persécution – tout cela se dirigeant contre le possesseur de tels instincts : c'est là l'origine de la "mauvaise conscience". »

Nietzsche, « Deuxième dissertation », in *Généalogie de la morale*, Gallimard, coll. Idées, 1964, p. 119-120

La perception

La perception est une expérience sensée du monde. Elle en est notre première connaissance. Elle fait du simple contact avec l'extérieur une véritable expérience, car elle permet au sujet d'identifier et d'ordonner le monde avec lequel il est immédiatement en contact.

Percevoir, c'est identifier

□ Il n'y a certes pas de perception sans relation corporelle avec les choses, mais le simple contact n'est pas toute l'expérience. Percevoir, c'est identifier et caractériser, c'est-à-dire distinguer des formes entre elles et celles-ci sur un fond, et les situer les unes par rapport aux autres.

□ Il y a comme une intelligence à l'œuvre dans la perception : à ce moment, nous ne sommes plus simplement dans le prolongement physique du monde, mais celui-ci possède un sens pour nous, parce que nous avons identifié des objets, nous les avons distingués et disposés les uns par rapport aux autres. Le monde est maintenant pour nous en ordre.

□ Parce que la perception est l'expérience de la conjonction native entre notre corps et le monde des significations, elle est fondamentalement *interprétation*.

La raison de la perception

□ Un premier problème est cependant de rendre compte de cette opération d'identification et de distinction en laquelle consiste la perception. Plus précisément, puisque percevoir c'est identifier et qu'identifier c'est saisir une forme, il est nécessaire de dégager les conditions de possibilité de cette saisie des formes.

□ Selon une conception intellectualiste, la perception est comprise comme un acte de l'esprit, qui met en forme, par sa puissance propre, la diversité des impressions reçues par les sens. C'est l'esprit qui pose les relations entre les sensations et les rapporte à un objet. Les formes sont dans l'esprit. L'identification de l'objet se formule alors dans un jugement (« Ceci est un X ») qui est lui-même l'expression de la puissance d'affirmation de la conscience.

□ À l'opposé, dans une perspective phénoménologique, la perception n'est pas comprise comme le résultat d'une construction synthétique de l'esprit, mais comme une ouverture première de l'être au monde. Les formes sont dans le monde. Les identités perceptives ne sont pas produites par le sujet, mais elles doivent être plutôt aperçues comme ce qui fait qu'il y a dès l'abord, avant toute réflexion, un monde signifiant pour lui : dans l'expérience du corps propre.

L'objectivité de la perception

Un second problème est celui de la cohérence des perceptions entre les différents sujets, voire en un même sujet placé dans des circonstances différentes d'espace et de temps. C'est la question de l'objectivité des perceptions : qui me garantit que, dans la perception, je « touche » bien un objet et que je ne rêve pas, et qu'autrui perçoit bien le même objet que celui que je lui désigne ? La recherche de cette fondation de la perception est proprement le commencement de la science et de la philosophie. Cette recherche est celle de la vérité de l'idée, apparemment la moins contestable, qui a surgi en moi au premier contact du monde.

PERCEVOIR LE MONDE

■ Une activité intellectuelle ?

Descartes, observant un morceau de cire tiré de la ruche, approché de la flamme et, enfin, refroidi, conclut que la perception n'est pas un contact sensible ni une image de la chose : c'est un jugement. Mais le langage ordinaire nous trompe et fait croire que la perception est la vision des yeux.

« [...] je suis presque trompé par les termes du langage ordinaire ; car nous disons que nous voyons la même cire, si on nous la présente, et non pas que nous jugeons que c'est la même, de ce qu'elle a même couleur et même figure : d'où je voudrais presque conclure, que l'on connaît la cire par la vision des yeux, et non par la seule inspection de l'esprit, si par hasard je ne regardais d'une fenêtre des hommes qui passent dans la rue, à la vue desquels je ne manque pas de dire que je vois des hommes, tout de même que je vois de la cire ; et cependant que vois-je de cette fenêtre, sinon des chapeaux et des manteaux, qui peuvent couvrir des spectres ou des hommes feints qui ne se remuent que par ressorts ? Mais je juge que ce sont de vrais hommes et ainsi je comprends, par la seule puissance de juger qui réside en mon esprit, ce que je croyais voir de mes yeux. »

Descartes, *Méditations métaphysiques*, II, 1641, in *Œuvres philosophiques*, Garnier, 1967, t. 2, p. 426-427

■ Ou une expérience non réfléchie ?

À l'inverse, la position phénoménologique originale de Merleau-Ponty le conduit à dissocier le moment de la perception et celui des synthèses intellectuelles. Il y a d'abord une expérience vécue du monde, qu'il faut réveiller, pour faire apparaître le véritable sens de notre présence au monde.

« Le monde est là avant toute analyse que je puisse en faire et il serait artificiel de le faire dériver d'une série de synthèses qui relieraient les sensations, puis les aspects perspectifs de l'objet, alors que les unes et les autres sont justement des produits de l'analyse et ne doivent pas être réalisés avant elle. [...] Le réel est à décrire, et non à construire ou à constituer. Cela veut dire que je ne peux pas assimiler la perception aux synthèses qui sont de l'ordre du jugement, des actes ou de la prédication. À chaque moment, mon champ perceptif est rempli de reflets, de craquements, d'impressions tactiles fugaces que je suis hors d'état de relier précisément au contexte perçu et que cependant je place d'emblée dans le monde, sans les confondre jamais avec mes rêveries. [...] Si la réalité de ma perception n'était fondée que sur la cohérence intrinsèque des “représentations”, elle devrait être toujours hésitante, et, livré à mes conjectures probables, je devrais à chaque moment défaire des synthèses illusoires et réintégrer au réel des phénomènes aberrants que j'en aurais d'abord exclus. Il n'en est rien. Le réel est un tissu solide, il n'attend pas nos jugements pour s'annexer les phénomènes les plus surprenants ni pour rejeter nos imaginations les plus vraisemblables. La perception n'est pas une science du monde, ce n'est même pas un acte, une prise de position délibérée, elle est le fond sur lequel tous les actes se détachent et elle est présupposée par eux. Le monde n'est pas un objet dont je possède par-devers moi la loi de constitution, il est le milieu naturel et le champ de toutes mes pensées et de toutes mes perceptions explicites. »

Merleau-Ponty, *Phénoménologie de la perception*, Gallimard, 1945, p. IV-V

Le langage

Le langage est une faculté spécifiquement humaine d'expression et de communication de la pensée. Son articulation, à partir d'un nombre fini d'unités, permet de créer des énoncés à l'infini. Le langage se réalise toujours dans une langue déterminée, qui doit être apprise et est inséparable d'une culture déterminée.

Le langage, une faculté spécifiquement humaine

☐ Les animaux communiquent entre eux : on sait que les abeilles, par des danses appropriées, peuvent indiquer à leurs semblables la direction et la distance qui séparent le butin de la ruche. Cette communication, instinctive et donc répétitive, n'est pourtant pas un langage, elle est un « code de signaux » (Benveniste). Le langage définit au contraire cette aptitude humaine à produire, dans le dialogue, des messages dont le contenu varie à l'infini.

☐ Si l'homme parle, ce n'est pas en vertu d'une aptitude physique qu'il posséderait en particulier. L'homme parle, c'est-à-dire est capable d'« arranger ensemble diverses paroles et d'en composer un discours », comme le dit Descartes, parce qu'il est doué de raison ou de pensée. Le langage humain est « articulé » : il permet, à partir d'un nombre limité d'unités, de composer une infinité d'énoncés.

Dans quelle mesure les mots ont-ils un sens ?

☐ Il convient de distinguer ces trois termes : langage, langue, parole. Le « langage » désigne de façon générale l'aptitude humaine à la communication, la « parole » désigne l'acte individuel et concret du sujet parlant. La parole présuppose la « langue » : pour parler et se faire comprendre, l'homme est contraint d'utiliser la langue, ce matériau collectif et social imposé à tous les membres d'une même communauté linguistique.

☐ Pour Saussure, père fondateur de la linguistique envisagée comme science du langage, le signe linguistique est une unité psychique à double face, reliant un signifiant (l'image acoustique) et un signifié (l'idée). Signifiant et signifié sont indissociables comme le recto et le verso d'une feuille de papier, et leur rapport est selon lui arbitraire ou immotivé. La langue est un « système de signes » : le mot n'a pas de sens en lui-même, considéré isolément, il ne vaut que par sa place dans le tout de la langue, c'est-à-dire par sa différence avec les autres signes.

Aux mots correspond-il des choses ?

☐ Il faut renoncer à l'idée d'une langue répertoire. Les mots ne sont pas comme des étiquettes posées sur des choses préalablement délimitées. C'est l'activité humaine du langage qui produit le découpage du réel ; elle est une activité de classification, par abstraction de ce qu'il y a de commun entre les choses.

☐ À chaque langue correspond une organisation particulière des données de l'expérience : la division en sept couleurs que nous faisons de l'arc-en-ciel, qui est un continuum de lumière, ne se trouve pas dans toutes les langues. Dans d'autres langues, on distingue deux ou trois couleurs. C'est par l'apprentissage du langage que s'intériorisent les valeurs d'une culture. On comprend alors les difficultés spécifiques que posent les problèmes de traduction d'une langue à l'autre.

LE POUVOIR DES MOTS

■ La blessure des mots

Le langage comme faculté de symboliser rend présent ce qui est absent. En ce sens, il peut dire ce qui n'est pas. Grimaldi analyse ce pouvoir des mots dans la flatterie et la calomnie, quand la parole de l'autre peut être blessure.

« Cette puissance magique du langage, qui consiste à se substituer à la réalité en faisant exister ce qu'elle nomme, est également le fondement de toute calomnie comme de toute flatterie. La calomnie n'est en effet possible que parce que la parole est effectivement corrosive et subversive du réel : quoi que vous disiez, il en restera toujours quelque chose ; et il n'est pas jusqu'à celui qu'on calomnie qui ne puisse finir par croire le mal qu'on dit de lui. D'un mot, toute une vie peut être gangrenée, si vide et faux que soit le mot. La parole a jeté un sort sur la vie. De là vient aussi, mais pour des raisons inverses, la force de la flatterie. Comme irrésistiblement la calomnie défigurait, la flatterie transfigure celui qui en est l'objet. Par la parole flatteuse, tout le passé est métamorphosé. Le présent s'y trouve ainsi héritier d'un passé qui n'a jamais existé. La conscience flattée jouit ainsi de la flatterie comme d'une lecture de sa propre vie romancée, où elle découvrirait la signification passionnante des mornes signes que sa vie s'était passée à épeler. Sous cet envoûtement, elle éprouve que sa vie n'a été que le système des signes dont la parole est la signification. »

N. Grimaldi, *Le Désir et le Temps*, PUF, 1971, p. 426-427

■ Austin : Parler, c'est faire

John Langshaw Austin (1911-1960) est un des représentants importants de la philosophie analytique en Angleterre. Il a étudié le langage ordinaire sous l'angle de sa valeur performative, remettant en cause l'opposition entre parler et agir. Parler, c'est accomplir, dans certaines conditions, une action. S'intéressant moins à la dimension représentative du langage qu'à l'« acte de langage » *(speech act)*, sa théorie se rattache à la pragmatique.

« J'ai commencé par attirer votre attention, au moyen d'exemples, sur quelques énonciations bien simples, de l'espèce connue sous le nom de performatoires ou performatifs. Ces énonciations ont l'air, à première vue, d'"affirmations" – ou du moins en portent-elles le maquillage grammatical. On remarque toutefois, lorsqu'on les examine de plus près, qu'elles ne sont manifestement pas des énonciations susceptibles d'être "vraies" ou "fausses". Être "vraie" ou "fausse", c'est pourtant bien la caractéristique traditionnelle d'une affirmation. L'un de nos exemples était, on s'en souvient, l'énonciation "Oui (je prends cette femme comme épouse légitime)", telle qu'elle est formulée au cours d'une cérémonie de mariage. Ici, nous dirions qu'en prononçant ces paroles, nous *faisons* une chose (nous nous marions), plutôt que nous ne *rendons compte* d'une chose (*que* nous nous marions). Et l'acte de se marier, comme celui de parier, par exemple, serait décrit mieux (sinon encore *avec précision*) comme l'acte de *prononcer certains mots,* plutôt que comme l'exécution d'une action différente, intérieure et spirituelle, dont les mots en question ne seraient que le signe extérieur et audible. Il est peut-être difficile de prouver qu'il en est ainsi ; mais c'est – je voudrais l'affirmer – un fait. »

J.L. Austin, *Quand dire, c'est faire*, Seuil, 1970, p. 47-48

La vérité

La vérité exprime l'exigence intellectuelle de faire correspondre les pensées et les discours de l'être humain à la réalité. Le problème est cependant de déterminer la forme de la pensée et du discours véridiques. C'est la question des critères de la vérité.

L'idée de vérité

☐ « Être dans le vrai, c'est représenter fidèlement une réalité » : cette formule repose sur trois principes. D'abord, qu'il existe une réalité indépendante des représentations produites par l'esprit humain. Ensuite, qu'il est possible que notre esprit produise des représentations erronées. Enfin, que la représentation légitime est celle qui est conforme à son objet.

☐ L'idée de vérité contient à la fois la reconnaissance par l'esprit d'une séparation entre l'esprit et les choses, et la volonté néanmoins, mêlée de la crainte de n'y pas parvenir, de traverser cet écart pour arrimer la vie de l'esprit à la réalité des choses.

Évidence et cohérence

☐ La question des critères de la vérité est celle de savoir comment l'esprit est dans le vrai. Qu'est-ce qui permet à l'esprit de savoir ou d'affirmer qu'il est dans le vrai ?

☐ Une première réponse est l'évidence ou la certitude telles que les entend Descartes. L'évidence est une représentation intellectuelle inaccessible au doute. Elle signifie l'exigence de l'appropriation personnelle du vrai, qui doit accompagner tous les développements de la pensée. Mais l'évidence n'est pas immédiate, elle s'obtient au terme de l'opération critique de l'esprit sur lui-même, qui repousse les idées premières et les affirmations précipitées.

☐ Cependant, si puissants sont les pièges que l'esprit, même le plus attentif, peut se tendre à lui-même, que ce qui se donne comme évidence peut très bien n'être qu'un sortilège. Aussi éprouve-t-on le besoin, comme Leibniz, de préserver l'évidence elle-même en la fondant sur un critère objectif, qui se trouve dans les règles de la logique. La garantie de la certitude est dans la forme du raisonnement et, au premier chef, dans le respect du principe de non-contradiction. La vérité est, en ce cas, moins l'objet d'une adhésion personnelle que la conclusion d'un raisonnement effectué selon les règles générales d'un formalisme.

La voie de l'expérience

Mais le formalisme de la logique rencontre ses limites. Toutes les choses, en effet, ne répondent pas de la même manière aux exigences de la déduction. Ainsi, il faut distinguer les relations entre les idées et les relations entre les faits. La logique s'applique aux idées et produit ce qu'on appelle des « vérités de raison », mais les « vérités de fait » ne peuvent être établies de la même manière. Car le contraire d'un fait quelconque est toujours possible, dit Hume, or c'est ce que refuse la logique des idées. Le fait doit être constaté. La contingence des faits implique alors une autre voie pour l'établissement de la vérité : la voie de l'expérience. La vérité au sujet des faits doit se soumettre aux procédures de la preuve expérimentale.

LA PREMIÈRE DES VALEURS ?

■ L'erreur, l'illusion, le délire : trois notions à distinguer selon Freud

« Une illusion n'est pas la même chose qu'une erreur, une illusion n'est pas non plus nécessairement une erreur. L'opinion d'Aristote, d'après laquelle la vermine serait engendrée par l'ordure [...], était une erreur [...]. Il serait impropre d'appeler ces erreurs des illusions, alors que c'était une illusion de la part de Christophe Colomb, quand il croyait avoir trouvé une nouvelle route maritime des Indes. La part de désir que comportait cette erreur est manifeste [...]. Ce qui caractérise l'illusion, c'est d'être dérivée de désirs humains ; elle se rapproche par là de l'idée délirante en psychiatrie, mais se sépare aussi de celle-ci [...].

L'idée délirante est essentiellement [...] en contradiction avec la réalité ; l'illusion n'est pas nécessairement fausse, c'est-à-dire irréalisable ou en contradiction avec la réalité. Une jeune fille de condition modeste peut, par exemple, se créer l'illusion qu'un prince va venir la chercher pour l'épouser. Or ceci est possible ; quelques cas de ce genre se sont réellement présentés [...]. Ainsi, nous appelons illusion une croyance quand, dans la motivation de celle-ci, la réalisation d'un désir est prévalente, et nous ne tenons pas compte, ce faisant, des rapports de cette croyance à la réalité, tout comme l'illusion elle-même renonce à être confirmée par le réel. »

Freud, *L'Avenir d'une illusion*, PUF, 1991, p. 44-45

■ Dire la vérité est un devoir moral

« La véracité dans les déclarations qu'on ne peut éluder est le devoir formel de l'homme envers chacun, si grave soit le préjudice qui puisse en résulter pour lui ; et encore que je ne commette aucune injustice à l'égard de celui qui de façon injuste me force à faire des déclarations, en les falsifiant je n'en commets pas moins une injustice certaine à l'endroit de la partie la plus essentielle du devoir *en général* par une telle falsification qui, de ce fait, peut également être appelée mensonge [...] : c'est-à-dire que je fais [...] des déclarations de façon générale [qui] ne trouvent aucune créance et que par suite aussi tous les droits qui sont fondés sur des contrats deviennent caducs et perdent vigueur : ce qui est une injustice commise à l'égard de l'humanité en général. [...] [Le mensonge] nuit toujours à autrui : même si ce n'est pas à un autre homme, c'est à l'humanité en général, puisqu'il disqualifie la source du droit. »

Kant, *Sur un prétendu droit de mentir par humanité*, (1797), Vrin, 1967, p. 68-69

■ Mais pourquoi vouloir le vrai ?

« Qu'est-ce que cette volonté absolue de vérité ? Est-ce volonté de *ne pas se laisser tromper* ? Est-ce volonté de *ne pas tromper soi-même* ? [...] Mais pourquoi donc ne pas tromper ? Et pourquoi ne pas se laisser tromper ? [...] Que savez-vous *a priori* du caractère de l'existence pour pouvoir décider que la méfiance absolue présente plus d'avantages que l'absolue confiance ? [...] Qu'on se demande sérieurement en effet : "Pourquoi vouloir ne pas se tromper ?", surtout s'il semble [...] que la vie soit montée en vue de l'apparence, j'entends qu'elle vise à égarer, à duper, à dissimuler, à éblouir, à aveugler [...] ? "Vouloir le vrai", ce pourrait être, secrètement, vouloir la mort. [...] Sans aucun doute, qui veut le vrai, au sens intrépide et suprême que suppose la foi dans la science, *affirme par cette volonté même un autre monde* que celui de la vie, de la nature et de l'histoire [...]. »

Nietzsche, *Le Gai Savoir*, § 344, Gallimard, 1950

La nature

« Nature » désigne étymologiquement la naissance, le développement, l'état d'un être, se réalisant sans l'intervention d'une volonté réfléchie, selon un ordre intérieur nécessaire. Le mot nature contient l'idée d'une spontanéité et celle d'un enchaînement nécessaire.

La nature comme puissance, ressource et norme de l'être

☐ La nature a d'abord été comprise comme ce qui naît et renaît dans une sorte de cycle infatigable ; elle signifie ce qui croît, c'est-à-dire la réalisation d'un être ; elle signifie enfin « ce qui pousse », poussée de l'être vers son apparition et la manifestation de ses propriétés.

☐ Cette représentation de la nature comme ce de quoi proviennent les êtres et ce en quoi ils persistent conduit à l'idée de la nature comme *substance*, support des qualités de l'être et fondement des discours portant sur l'être. La nature est alors la dimension essentielle des êtres, par laquelle les êtres sont ce qu'ils sont ou bien ce qu'ils cherchent à devenir. Elle est la vérité interne des êtres, que le discours vise et cherche à expliciter.

☐ Chez Aristote, le mot nature contient l'idée d'un dynamisme orienté vers la réalisation d'une fin. Ce dynamisme conduit, de façon spontanée et en fonction d'une nécessité interne, à la réalisation des potentialités inscrites en tout être. Cela vaut pour tout être singulier ainsi que pour l'ensemble du cosmos. Tout être cherche à réaliser sa nature, et cette finalité maintient l'identité de l'être à travers les accidents dont il est affecté, donnant à la succession des événements la forme d'un devenir. La nature est, en outre, la norme, à la fois norme interne à réaliser et limite à ne pas dépasser. La finalité d'un être détermine la limite de son devenir, qui ne peut être dépassée sans que l'être ne perde son intégrité.

La nature comme système des phénomènes et réalité manipulable

☐ Depuis le XVIIe siècle, la nature est identifiée à la matière, elle-même réduite à l'étendue matérielle. Les lois de la nature expriment avant tout des propriétés de relation entre les phénomènes, déterminées à l'intérieur de systèmes de coordonnées méthodiquement constitués dans cette intention. La nature n'est plus une puissance cachée derrière des phénomènes et les guidant dans leur phénoménalisation, mais le système et la régularité de l'enchaînement des phénomènes.

☐ Galilée et Newton ont posé les fondements d'une science de la nature définie comme science des phénomènes. Il n'est pas nécessaire de connaître la vérité intime des êtres pour en étudier les comportements phénoménaux : il faut renoncer à la recherche des causes et s'orienter vers l'établissement des lois.

☐ La nature est explicable uniquement en vertu de considérations spatiales et structurales. Aucune finalité immanente dans ce qui n'est qu'un dispositif mécanique, aucune mise en œuvre d'un univers de valeurs. Les fins viennent à la nature de l'extérieur, c'est-à-dire du projet humain qui subordonne à lui-même les mécanismes naturels en fonction d'orientations que la nature ignore par principe. La notion d'une maîtrise de la nature (comme objet) ou d'une intégration de la nature (comme instrument) dans l'horizon de la technique a trouvé là sa légitimation.

LA NATURE SE DIT EN PLUSIEURS SENS

■ Nature et liberté selon Rousseau

Rousseau présente dans cette page la nature comme l'éternelle répétition du même, tandis que la liberté est la possibilité de s'écarter de la règle. La liberté est la puissance de l'imprévu, elle est initiative, elle est l'élément de la créativité humaine. Mais elle est aussi, comme l'indique Rousseau, possibilité de la dépravation et donc ouverture de l'horizon moral.

« Je ne vois dans tout animal qu'une machine ingénieuse, à qui la nature a donné des sens pour se remonter elle-même, et pour se garantir, jusqu'à un certain point, de tout ce qui tend à la détruire, ou à la déranger. J'aperçois précisément les mêmes choses dans la machine humaine, avec cette différence que la nature seule fait tout dans les opérations de la bête, au lieu que l'homme concourt aux siennes, en qualité d'agent libre. L'un choisit ou rejette par instinct, et l'autre par un acte de liberté ; ce qui fait que la bête ne peut s'écarter de la règle qui lui est prescrite, même quand il lui serait avantageux de le faire, et que l'homme s'en écarte souvent à son préjudice. C'est ainsi qu'un pigeon mourrait de faim près d'un bassin rempli des meilleures viandes, et un chat sur des tas de fruits, ou de grain, quoique l'un et l'autre pût très bien se nourrir de l'aliment qu'il dédaigne. C'est ainsi que les hommes dissolus se livrent à des excès, qui leur causent la fièvre et la mort ; parce que l'esprit déprave les sens, et que la volonté parle encore, quand la nature se tait. »

Rousseau, *Discours sur l'origine et les fondements de l'inégalité parmi les hommes* (1754), Garnier-Flammarion, 1971, p. 171

■ La nature n'est pas une simple chose

« Il y a nature partout où il y a une vie qui a un sens, mais où, cependant, il n'y a pas de pensée ; d'où la parenté avec le végétal : est nature ce qui a un sens, sans que ce sens ait été posé par la pensée. C'est l'autoproduction d'un sens. La Nature est donc différente d'une simple chose ; elle a un intérieur, se détermine du dedans ; d'où l'opposition de “naturel” à “accidentel”. Et cependant, la Nature est différente de l'homme ; elle n'est pas instituée par lui, elle s'oppose à la coutume, au discours. »

Merleau-Ponty, *La Nature. Notes. Cours du Collège de France*, Seuil, 1995, p. 19-20

■ Les merveilles de la nature

L'étude de la nature, dit Aristote, n'est pas coupée d'un sentiment d'admiration. La recherche des causes s'accompagne d'une forme de jouissance intellectuelle devant le spectacle de l'organisation du vivant.

« Même quand il s'agit d'êtres qui n'offrent pas un aspect agréable, la nature, qui en est l'architecte, réserve à qui les étudie de merveilleuses jouissances, pourvu qu'on soit capable de remonter aux causes et qu'on soit vraiment philosophe. [...] Aussi ne faut-il pas se laisser aller à une répugnance puérile pour l'étude des animaux moins nobles. Car dans toutes les œuvres de la nature réside quelque merveille. Il faut retenir le propos que tint [...] Héraclite à des visiteurs étrangers qui, au moment d'entrer, s'arrêtèrent en le voyant se chauffer devant son fourneau : il les invita, en effet, à entrer sans crainte en leur disant que là aussi il y avait des dieux. On doit, de même, aborder sans dégoût l'examen de chaque animal avec la conviction que chacun réalise sa part de nature et de beauté. Car dans les œuvres de la nature, ce n'est pas le hasard qui règne, mais c'est au plus haut degré la finalité. »

Aristote, *Les Parties des animaux*, Les Belles Lettres, 1957, p. 17

Le temps

« Qu'est-ce que le temps ? Si personne ne me le demande, je le sais ; mais si on me le demande et que je veuille l'expliquer, je ne le sais plus » (saint Augustin). Savoir ce qu'est le temps entraîne des problèmes insolubles, faute de n'y voir qu'un passage ou une fuite. Le temps est aussi ce par quoi la nouveauté du futur advient.

Le temps : subjectif ou objectif ?

□ L'expérience commune se rapporte au moins de deux façons au temps. Le temps est ce qui se mesure par des instruments appropriés : le cadran, l'horloge, le calendrier ; ce temps rythmé se répète dans la succession régulière des heures, des jours, des saisons et des années : il est d'abord cyclique. Mais la réalité du temps fait que les choses passent et meurent, qu'elles ne peuvent revenir : loin d'être retour au même, le temps est au contraire irréversibilité, la marque de la finitude de l'homme et de son impuissance devant la mort. Le temps est-il réversible ou irréversible ? Est-il dans les choses qui passent ou dans le sujet qui appréhende les choses ?

□ Comme l'a formulé Aristote en définissant le temps comme « le nombre du mouvement selon l'antérieur et le postérieur », il est certain que le temps a un rapport essentiel avec le changement. Cela ne veut pourtant pas dire que le temps ait une existence dans les choses en mouvement.

□ En une analyse célèbre, saint Augustin montre, dans les *Confessions,* que le passé, le présent et le futur dont nous parlons ne sont rien en eux-mêmes et qu'ils ne décrivent que trois modalités du présent de l'âme : « Il y a trois temps : le présent du passé, le présent du présent, le présent du futur ». Pour saint Augustin, notre expérience du temps nous révèle que le mode d'être du temps est de ne pas être. Le temps est une « distension » de l'âme, éloignée de la présence divine qui « est ». Car seul « est » ce qui demeure présent, l'éternité.

Le temps : ce qui passe ou ce qui advient ?

C'est une telle conception du temps, accordant un privilège à l'Être par rapport au devenir et à l'Éternité par rapport au temps, que refuse la philosophie contemporaine, en insistant sur le caractère créateur du temps. Le temps n'est plus considéré comme figure du passé, comme ce qui est advenu. Il est saisi en acte, comme ce par quoi adviennent les choses : il est « à venir ». Pour Bergson, la saisie du temps doit être celle de sa dimension créatrice, c'est-à-dire imprévisible : le temps comme « durée » est précisément ce par quoi le réel déborde le possible, dans l'expérience que nous pouvons faire de notre « moi » intérieur ou de la vie considérée dans son évolution.

Heidegger : « Le phénomène essentiel du temps est l'avenir »

« L'être-là est en propre auprès de lui-même, il est véritablement existant *(existent)* lorsqu'il se tient dans cette anticipation. Cette anticipation n'est rien d'autre que l'avenir authentique, unique de l'être-là en propre ; dans cette anticipation, l'être-là est son avenir de sorte qu'en effet c'est au sein de son anticipation qu'il revient à son passé et à son présent. L'être-là, saisi sous l'angle de sa possibilité d'être la plus extrême, est le temps lui-même et n'est pas simplement dans le temps. »

(in *Heidegger,* Cahiers de l'Herne, Biblio Essais, 1983, p. 44-45)

TEMPS ET ESPACE

Temps et espace : ni réalité ni concepts

Pour Kant, les objets de notre perception ne sont ni dans le temps ni dans l'espace. Temps et espace sont au contraire les conditions de possibilité de notre perception, ils sont des formes *a priori* de notre sensibilité.

« L'espace n'est pas un concept empirique qui ait été tiré d'expériences externes. En effet, pour que certaines sensations puissent être rapportées à quelque chose d'extérieur à moi (c'est-à-dire quelque chose situé dans un autre lieu de l'espace que celui dans lequel je me trouve), et de même, pour que je puisse me représenter les choses comme en dehors et à côté les unes des autres – par conséquent comme n'étant pas seulement distinctes, mais placées en des lieux différents –, il faut que la représentation de l'espace soit posée déjà comme fondement. Par suite, la représentation de l'espace ne peut pas être tirée de l'expérience des rapports des phénomènes extérieurs, mais l'expérience extérieure n'est elle-même possible avant tout qu'au moyen de cette représentation. »

Kant, *Critique de la raison pure*, PUF, 1980, p. 55-56

Emmanuel Kant

Le temps : réversible ou irréversible ?

Le temps n'est pas une donnée exclusivement anthropologique, il concerne la science. La réversibilité du temps, supposée par la physique classique des XVIIe et XVIIIe siècles, a été remise en cause par les développements plus récents de la science, notamment par le second principe de la thermodynamique (Boltzmann, 1844-1906) qui affirme que, dans un système isolé, l'énergie tend à se dégrader (l'entropie à s'accroître). De façon plus générale, la question de l'irréversibilité temporelle des processus physiques est au cœur des interrogations actuelles des scientifiques.

« La physique, aujourd'hui, ne nie plus le temps. Elle reconnaît le temps irréversible des évolutions vers l'équilibre, le temps rythmé des structures dont la pulsion se nourrit du monde qui les traverse, le temps bifurquant des évolutions par instabilité et amplification de fluctuations, et même ce temps microscopique [...] qui manifeste l'indétermination des évolutions physiques microscopiques. Chaque être complexe est constitué par une pluralité de temps, branchés les uns sur les autres selon des articulations subtiles et multiples. L'histoire, que ce soit celle d'un être vivant ou d'une société, ne pourra plus jamais être réduite à la simplicité monotone d'un temps unique, que ce temps monnaie une invariance, ou qu'il trace les chemins d'un progrès ou d'une dégradation. L'opposition entre Carnot et Darwin a fait place à une complémentarité qu'il nous reste à comprendre dans chacune de ses productions singulières. »

I. Prigogine et I. Stengers, *La Nouvelle Alliance*, Gallimard, 1979, p. 274-275

La raison

La raison est la faculté mentale qui relie les choses dispersées et les ordonne dans une progression qui va des principes vers les conséquences. Mais la raison est aussi une *attitude* : celle qui consiste à ne rien conclure tant que les raisons de conclure n'ont pas été présentées. Cela définit le rationalisme.

Juger

La raison est la faculté qu'a l'esprit d'instituer des rapports entre des choses (faits ou idées) vécues d'abord comme dispersées. Cette aptitude, proprement humaine, s'exprime dans l'activité du *jugement*. Mettre les choses en relation, c'est les transporter pour ainsi dire en pensée et les poser « l'une sur l'autre pour prononcer sur leur différence ou leur similitude » (Rousseau) : la comparaison est le premier acte du jugement. Le jugement s'exprime dans la proposition.

Raisonner

☐ Le raisonnement, dimension calculante de la raison, est l'activité mentale qui, un ensemble de propositions étant déjà donné, en tire une proposition nouvelle, par la vertu même de la combinaison et de l'enchaînement des propositions. Cette démarche de progression de la pensée est purement formelle, en ce qu'elle ne fait pas appel à l'expérience. La validité de cette démarche repose sur sa cohérence interne.

☐ La conduite rationnelle est celle qui reconnaît la valeur des conséquences établies à partir des propositions admises antérieurement, par la simple vertu du fait de leur connexion. De même, le discours rationnel est celui qui donne les raisons de ses affirmations, c'est-à-dire qui reconstruit l'enchaînement des propositions qui mène à de telles affirmations, posées alors comme conséquences. Le rationaliste est celui qui privilégie cette recherche des raisons dans la pensée et dans l'action.

Délibérer

☐ La raison est aussi l'aptitude à réfléchir, à délibérer. Cette aptitude se révèle dans les situations problématiques, alors que les connaissances acquises et les habitudes de comportement se trouvent en échec. La raison se présente en ce cas comme une démarche de résolution de problème, dans laquelle le sujet met en œuvre simultanément plusieurs compétences pour élaborer une solution inédite : analyse de la situation rencontrée, inventaire et évaluation des moyens d'action, élaboration d'une stratégie d'action, décision, contrôle de l'efficacité de l'action et rectification, etc. Délibérer, c'est donc à la fois « peser » la réalité et les moyens dont on dispose pour y faire face, et inventer une réponse adaptée à la situation.

☐ La délibération, en tant qu'elle est la pratique intellectuelle du retour évaluatif sur soi-même, est aussi la vertu de la conduite raisonnable. En cela, elle permet de contrôler les excès de la rationalité formelle qui, prise au piège de sa propre volonté de cohérence, en oublie le sens des réalités. La raison délibératrice (que les Anciens nommaient *prudence*) vient corriger les excès de la raison formelle, en lui rappelant à la fois les exigences du réel et celles de sa propre mesure.

LA NORME DE LA PENSÉE ?

Les principes de la raison

Ils sont au nombre de trois, fondateurs de la logique du discours :

– le *principe d'identité* affirme qu'une chose est elle-même. Formulé « A = A », ou « ce qui est, est », il exprime l'exigence de la pensée de se rapporter à quelque chose de stable ;

– le *principe de contradiction* dit qu'on ne peut soutenir deux propositions contradictoires ou qu'une même proposition ne peut être à la fois vraie et fausse ;

– le *principe du tiers exclu* pose qu'il n'y a pas de milieu entre le vrai et le faux. De deux propositions contradictoires, l'une est vraie et l'autre fausse.

À ces trois principes, qui réglementent la vie de la pensée, Leibniz veut en ajouter un quatrième, le *principe de raison suffisante*, qui dit que « rien n'arrive sans qu'il y ait une cause ou du moins une raison déterminante ». On dépasse, en ce cas, le plan des relations entre les idées, pour prendre position sur la rationalité du réel, y compris dans ce qu'il a de contingent.

Le concept

Le concept est une représentation générale des choses particulières, sur la base de caractères qui leur sont communs. Il est le résultat d'une opération de catégorisation effectuée par l'esprit, grâce à laquelle sont regroupées les choses particulières et grâce à laquelle l'esprit peut les envisager de manière abstraite.

Le concept est donc la condition de possibilité et le « milieu » de la pensée rationnelle, dans la mesure où il permet à la pensée de se détacher de la dépendance de la chose singulière qui se présente dans l'expérience pour envisager cette même chose sous l'angle de la généralité, comme exemplaire singulier d'une catégorie, voire pour considérer cette catégorie pour elle-même, indépendamment de toute relation précise à une expérience donnée.

Ainsi, dans un premier temps, lorsque je regarde une table placée devant moi, la possession intellectuelle du concept me permet de considérer cette table comme un exemple singulier du concept universel de table qui vaut pour toutes les tables possibles. Mais, en outre, je peux mettre entre parenthèses ma situation présente et me représenter le concept de table de façon purement intellectuelle, comme un élément simplement pensé, sans en envisager la relation à l'existence. Le concept ouvre à la pensée le domaine du possible.

Un concept possède une *compréhension* et une *extension*. La compréhension du concept est l'ensemble des caractères qui spécifient le concept. L'extension du concept correspond à l'ensemble des choses auxquelles s'applique le concept. Compréhension et extension varient en sens inverse : plus un concept comprend de caractéristiques, plus il se singularise, et il peut alors d'autant moins s'appliquer à diverses choses.

« Comparaison n'est pas raison » ? : le rôle de l'analogie dans la connaissance

« Il n'est jamais sans intérêt de rechercher si une loi, établie pour un ordre de faits, ne se retrouve pas ailleurs [...] ; ce rapprochement peut même servir à la confirmer et à en faire mieux comprendre la portée. En somme, l'analogie est une forme légitime de la comparaison et la comparaison est le seul moyen pratique dont nous disposions pour arriver à rendre les choses intelligibles. »

E. Durkheim, « Représentations individuelles et représentations collectives », in *Revue de métaphysique et de morale*, 1898

Théorie et expérience

Le concept d'expérience scientifique vise à définir le statut des procédures d'investigation qui rendent possible la découverte des résultats et des théories scientifiques. Les procédures sont le résultat de l'activité rationnelle de l'homme qui questionne la nature. Le fait scientifique n'est pas donné, il est construit.

L'expérience scientifique

Le concept d'expérience ne devient un concept fondamental de la pensée philosophique qu'au XVIIe siècle, avec l'émergence de la physique comme science de la nature. Cela signifie que la connaissance, pour se construire, doit pouvoir apprendre ou s'instruire de la nature, et que la théorie ne peut se concevoir indépendamment du travail qu'opère l'intelligence sur le réel.

Le raisonnement inductif

□ L'induction est un type de raisonnement consistant, à partir d'une série finie d'énoncés singuliers ou de faits d'observation, à légitimer un énoncé universel : « Si un grand nombre de cas A ont été observés dans des circonstances variées, et si tous les A observés ont sans exception la propriété B, alors *tous* les A (même ceux qui n'ont pas été observés) ont la propriété B. » C'est sur l'idée d'un tel raisonnement que repose la conception courante de la science, une conception qui suppose que les faits d'observations, singuliers, soient indépendants de la théorie ou de l'ensemble des énoncés universels de la science. Une telle conception de la science doit être remise en cause, au moins pour deux raisons.

□ Premièrement, le raisonnement de type inductif n'est pas un argument logique valide : de la vérité des prémisses (des premières propositions du raisonnement), on ne peut conclure nécessairement à la vérité de la conclusion. Hume, qui accepte l'idée que la science est basée sur l'induction, en conclut à juste titre qu'elle ne peut être alors fondée rationnellement. Selon lui, les lois scientifiques ne sont que des habitudes psychologiques acquises à l'issue d'observations répétées.

□ Deuxièmement, l'idée que les faits d'observations soient indépendants de la théorie et qu'ils puissent en constituer le point de départ doit être interrogée : tout énoncé d'observation présuppose déjà, au contraire, une théorie.

La construction du fait scientifique

□ « Nous n'allons jamais des faits aux lois, mais toujours des lois aux faits. Nous pensons lois parce que nous pensons. [...] Kant disait que l'entendement est par lui-même une législation de la nature » (Alain). Combattant l'empirisme et le scepticisme de Hume, Kant a montré que ce n'est pas notre connaissance qui se règle sur les objets, mais que c'est au contraire l'objet qui se règle sur notre pouvoir de connaître. Il n'y a pas de connaissance scientifique indépendamment de l'activité de l'homme qui questionne la nature et la soumet à ses hypothèses.

□ Résultat de l'activité rationnelle, le fait scientifique est construit ; il suppose une intention, des choix, le recours à des instruments. Il dépend lui-même d'une élaboration théorique. C'est, par exemple, en construisant l'expérience du plan incliné que Galilée a pu formuler la loi de la chute des corps, en une expérience sans commune mesure avec le fait observé.

LA RECHERCHE EXPÉRIMENTALE

Claude Bernard

■ La méthode expérimentale

Claude Bernard (1813 - 1878), dans son *Introduction à l'étude de la médecine expérimentale*, pose un certain nombre de concepts fondamentaux pour définir la méthode expérimentale. Dans ce texte, il insiste sur le caractère à la fois passif et actif de l'expérimentation.

« L'observateur, avons-nous dit, constate purement et simplement le phénomène qu'il a sous les yeux. Il ne doit avoir d'autre souci que de se prémunir contre les erreurs d'observation qui pourraient lui faire voir incomplètement ou mal définir un phénomène. [...] Mais une fois le fait constaté et le phénomène bien observé, l'idée arrive, le raisonnement intervient et l'expérimentateur apparaît pour interpréter le phénomène. [...] Pour cela, l'expérimentateur réfléchit, essaye, tâtonne, compare et combine pour trouver les conditions expérimentales les plus propres à atteindre le but qu'il se propose. L'esprit de l'expérimentateur doit être actif, c'est-à-dire qu'il doit interroger la nature et lui poser les questions dans tous les sens, suivant les diverses hypothèses qui lui sont suggérées. [...] Le savant complet est celui qui embrasse à la fois la théorie et la pratique expérimentales. 1° il constate un fait ; 2° à propos de ce fait, une idée naît dans son esprit ; 3° en vue de cette idée, il raisonne, institue une expérience, en imagine et en réalise les conditions matérielles ; 4° de cette expérience résultent de nouveaux phénomènes qu'il faut observer, et ainsi de suite. L'esprit du savant se trouve en quelque sorte toujours placé entre deux observations : l'une qui sert de point de départ au raisonnement, et l'autre qui lui sert de conclusion. »

C. Bernard, *Introduction à l'étude de la médecine expérimentale*, Garnier - Flammarion, p. 51 - 54

■ Le concept moderne de recherche expérimentale

C. Mazières, chimiste, insiste ici sur la dimension de la recherche inhérente à tout travail scientifique.

« S'agissant de recherche expérimentale, aucune science ne se prête aujourd'hui mieux que la chimie à l'illustration de ce qu'on pourrait appeler le comportement de la recherche expérimentale. Par comportement, il faut entendre ici un ensemble raisonné – et non purement instinctif – d'opérations guidées par une idée de recherche, correspondant à une stratégie arrêtée non pas définitivement, mais conditionnellement, et telle que la part de l'investigation l'emporte de beaucoup sur la part de déduction théorique. Ce qui ne signifie pas que le comportement expérimental soit un comportement aventureux, mais il n'est pas non plus une marche assurée. En ce sens, ce comportement est bien un comportement d'investigation progressive. Et expérimenter, c'est se conduire d'une certaine façon dans une situation de laboratoire donnée. Mais, à l'intérieur de ce comportement, la démarche intellectuelle est, elle, une démarche essentiellement déductive. »

Entretien radiophonique entre G. Canguilhem et C. Mazières, chimiste

Le travail, la technique

L'homme doit travailler pour vivre. Mais comment envisager cette activité : un asservissement ou une libération ? une contrainte ou un plaisir ? Le travail, comme activité humaine de transformation de la nature, est une activité sociale par laquelle les hommes entrent en rapport les uns avec les autres.

Le travail : une activité spécifiquement humaine

Si l'animal, gouverné par l'instinct, possède naturellement les moyens de vivre, en revanche l'homme doit « tout tirer de lui-même » (Kant). La nature ne pourvoit pas immédiatement à ses besoins : pour se nourrir, il doit cultiver la terre, pour se protéger du froid, fabriquer des vêtements et construire des abris… Le travail, cette activité spécifiquement humaine de transformation de la nature, est le signe de l'intelligence, capable d'inventer et de perfectionner les outils nécessaires. En transformant par les efforts de son travail le monde extérieur naturel, l'homme se transforme lui-même, il s'éduque. Kant et Hegel insistent sur la valeur formatrice du travail, par lequel l'homme se réalise en tant qu'homme.

La technique comme invention

Aucune activité animale, même celle qui semble présenter des affinités avec l'activité fabricatrice de l'homme, ne peut être qualifiée de « technique ». L'activité de l'araignée tissant sa toile ou celle de l'abeille construisant sa ruche est naturelle, et donc répétitive. La technique, liée à l'activité du travail, permet au contraire à l'homme d'entreprendre des actions dont le but n'est pas déterminé par la nature : la technique est « une disposition tournée vers la création et accompagnée de raison » (Aristote).

La division du travail et l'échange

☐ Le travail est un des aspects du lien social, il suppose une organisation de la société dans laquelle les hommes, se distinguant dans leur fonction, échangent leurs produits du travail.

☐ Aristote, le premier, a distingué la valeur d'usage d'un produit (ce à quoi il sert en particulier) et sa valeur d'échange (en tant qu'il permet d'acquérir un autre bien). Pour garantir la réciprocité des intérêts et la justice de l'échange, il faut selon lui pouvoir rétablir l'égalité proportionnelle entre des biens dissemblables : la monnaie est cet équivalent général permettant de comparer des produits différents. La « chrématistique » est condamnée par Aristote quand la monnaie devient « le principe et la fin de l'échange ».

L'aliénation du travail

Le travail : libération ou servitude ? Comme Marx l'a montré en développant le thème de l'exploitation de l'homme, il faut aussi réfléchir aux conditions matérielles de l'activité du travail. Il y a « aliénation » quand l'homme, loin de trouver une satisfaction personnelle dans son travail, devient « étranger à lui-même ». Est posée la question du sens et de la signification du travail humain. Si le travail doit garantir le bien-être de l'individu, il ne peut à lui seul lui procurer le bonheur.

TRAVAIL ET ŒUVRE

Hannah Arendt

Hannah Arendt : la distinction entre « travail » et « œuvre »

Le terme, unique en français, de « travail » renvoie, pour Hannah Arendt, à deux types d'activité qu'il convient de distinguer. Le « travail » désigne l'activité qui est imposée par les processus biologiques de l'organisme vivant et qui a pour objectif la production d'objets destinés à être consommés, détruits. Cette activité est prise dans le mouvement cyclique du processus vital corporel et n'a ni commencement ni fin, elle est au contraire sans cesse répétée. Dans l'Antiquité, les Grecs méprisaient cette activité qui pourvoyait aux besoins de la vie. Elle était réservée aux esclaves qui, par le travail de leur corps, étaient les serviteurs de la nature et de la vie (l'esclave est *animal laborans*). L'« œuvre » désigne l'activité fabricatrice de l'homme, par l'intermédiaire de laquelle il produit des objets qui, au contraire des produits du travail, ont une permanence et une stabilité. Ces objets survivent à leur usage et forment ainsi un monde durable que l'homme peut habiter. L'activité de l'œuvre se comprend à partir des catégories de la « fin » (l'objet que l'on veut réaliser) et des « moyens » (l'activité que l'on déploie pour parvenir au résultat).

La machine et l'avènement de la technologie

C'est à partir de sa distinction entre « travail » et « œuvre » que Hannah Arendt, dans ce texte, aborde le problème de la technologie. L'approche courante, consistant à se demander si les machines rendent ou non de « bons services » à l'homme, est en conséquence récusée.

« La discussion du problème de la technologie dans son ensemble, c'est-à-dire la transformation de la vie et du monde par l'introduction de la machine, s'est étrangement égarée parce que l'on s'est concentré trop exclusivement sur les bons et les mauvais services que les machines rendent aux hommes. On a admis que les outils, les instruments étaient conçus principalement pour rendre plus facile la vie humaine et moins pénible le travail humain. C'est en ce sens anthropocentrique que l'on a compris exclusivement l'instrumentalité. Mais l'instrumentalité des outils est liée beaucoup plus étroitement à l'objet qu'elle doit produire, et la “valeur humaine” des outils se borne à l'usage qu'en fait l'*animal laborans*. En d'autres termes, l'*homo faber*, le fabricant d'outils, inventa les outils pour édifier un monde et non pas – non pas principalement du moins – pour aider le processus vital. Il ne s'agit donc pas tellement de savoir si nous sommes les esclaves ou les maîtres de nos machines, mais si les machines servent encore le monde et ses objets ou si, au contraire, avec le mouvement automatique de leurs processus, elles n'ont pas commencé à dominer, voire à détruire le monde et ses objets. »

H. Arendt, *La Condition de l'homme moderne*, Calmann-Lévy, 1961, p. 165 et p. 169-170

L'art

L'art est une activité productrice d'objets, inutiles pour la satisfaction de nos besoins quotidiens et pourtant nécessaires. Que serait une société sans art ? On peut réfléchir à l'art en se plaçant du point de vue de celui qui crée, de celui qui perçoit, enfin de l'objet considéré dans ses propriétés formelles.

L'art : « un faire »

☐ À l'origine, le mot « art » signifie un savoir-faire efficace et spécialisé, nécessitant un apprentissage et des règles de réussite pour la production d'objets. Mais le terme n'est pas séparable, aujourd'hui, de son sens esthétique. L'art est un terme générique désignant un certain nombre d'activités créatrices d'objets qui ont en commun d'être « beaux » : la poésie, la peinture, la musique, la sculpture, etc.

☐ « Si l'on s'inquiète de ce que j'ai voulu dire dans tel poème, je réponds que je n'ai pas voulu dire mais voulu faire, et que c'est l'intention de faire qui voulut ce que j'ai dit », rapporte Valéry à propos de son poème « Le cimetière marin ». Pour être artiste, il ne suffit pas d'« imaginer », pas plus qu'il ne suffit d'avoir l'intention de dire quelque chose. L'activité artistique est « poïétique » : elle est un « faire » *(poïein)* qui « s'achève en quelque œuvre de l'esprit » (Alain).

L'originalité de l'œuvre d'art

☐ Quelle est la règle de la production des œuvres d'art ? Dans l'art, l'idée ne préexiste pas à sa réalisation, comme le plan d'une maison qui serait conçu avant la construction. « La règle du beau n'apparaît que dans l'œuvre, et y reste prise » (Alain). L'œuvre d'art est unique, elle est « originale ». L'œuvre d'art n'est pas le résultat de l'imitation, et l'habileté qui permet de bien imiter ou de bien reproduire ne suffit pas pour être artiste. Il faut du « génie », qui est le « don naturel qui donne ses règles à l'art » (Kant).

☐ Il ne faut pas confondre « génie » et « inspiration ». L'idée d'une intuition soudaine, ou d'une grâce, à l'origine de l'œuvre d'art correspond à une vision erronée de l'activité artistique. Celle-ci suppose au contraire travail, effort, ratures, une activité critique qui est celle d'un « jugement extrêmement aiguisé » (Nietzsche).

Le jugement esthétique

☐ Contrairement au relativisme de l'opinion courante : « Des goûts et des couleurs, on ne discute pas », Kant construit l'idée d'une universalité du jugement esthétique. Cela ne signifie pas que l'œuvre d'art puisse être objet de connaissance ni qu'il y ait des critères objectifs pour la juger. Il s'agit en effet d'une universalité « subjective ».

☐ « C'est beau » : dans le jugement esthétique, on juge comme si le beau était une qualité ou une propriété de l'objet, c'est-à-dire comme si, en droit, tous les hommes jugeaient de la même manière. Pourtant, la beauté attribuée à l'objet est en réalité un sentiment lié à l'activité du sujet percevant.

☐ Pour Kant, la beauté est l'objet d'une satisfaction « désintéressée », indépendante de l'existence de l'objet. Dans l'expérience de la beauté, le plaisir esthétique renvoie au libre jeu des facultés représentatives que sont l'imagination et l'entendement, sollicités par la forme de l'objet.

À QUOI SERT L'ART ?

Une voie vers l'intuition du réel

Pour Bergson, nous percevons les choses dans la stricte mesure où nous agissons sur elles. Ainsi appréhendons-nous le réel non pas en lui-même, mais en fonction de nos besoins. L'artiste, par son activité, vise au contraire la complexité et l'originalité du réel, nous indiquant la voie de l'intuition, la seule pour Bergson à pouvoir atteindre l'être des choses.

« À quoi vise l'art, sinon à nous montrer, dans la nature et dans l'esprit, hors de nous et en nous, des choses qui ne frappaient pas explicitement nos sens et notre conscience ? Le poète et le romancier qui expriment un état d'âme ne le créent pas de toutes pièces ; ils ne seraient pas compris de nous si nous n'observions pas en nous, jusqu'à un certain point, ce qu'ils nous disent d'autrui. Au fur et à mesure qu'ils nous parlent, des nuances d'émotions et de pensée nous apparaissent qui pouvaient être représentées en nous depuis longtemps, mais qui demeuraient invisibles ; telle l'image photographique qui n'a pas encore été plongée dans le bain où elle se révélera. Le poète est ce révélateur. Mais nulle part la fonction de l'artiste ne se montre aussi clairement que dans celui des arts qui fait la plus large place à l'imitation, je veux dire la peinture. Les grands peintres sont des hommes auxquels remonte une certaine vision des choses qui est devenue ou qui deviendra la vision de tous les hommes. Un Corot, un Turner, pour ne citer que ceux-là, ont perçu dans la nature bien des aspects que nous ne remarquions pas. [...] Remarquons que l'artiste a toujours passé pour un "idéaliste". On entend par là qu'il est moins préoccupé que nous du côté positif et matériel de la vie. C'est, au sens propre du mot, un "distrait". Pourquoi, étant plus détaché de la réalité, arrive-t-il à y voir plus de choses ? On ne le comprendrait pas, si la vision que nous avons ordinairement des objets extérieurs et de nous-mêmes n'était une vision que notre propre attachement à la réalité, notre besoin de vivre et d'agir, nous a amenés à rétrécir et à vider. De fait, il serait aisé de montrer que, plus nous sommes préoccupés de vivre, moins nous sommes enclins à contempler, et que les nécessités de l'action tendent à limiter le champ de la vision. »

Bergson, *La Pensée et le Mouvant*, PUF, 1938, p. 150-152

L'expression des sentiments ?

Pour Stravinsky (1882-1971), le compositeur est un architecte des sons. Le pouvoir émotionnel de la musique vient de la puissance des formes qu'elle fait surgir.

« Je considère la musique, par son essence, impuissante à exprimer quoi que ce soit : un sentiment, une attitude, un état psychologique, un phénomène de la nature, etc. La musique est le seul domaine où l'homme réalise le présent. Par l'imperfection de sa nature, l'homme est voué à subir l'écoulement du temps – de ses catégories de passé et d'avenir – sans jamais pouvoir rendre réelle, donc stable, celle du présent. Le phénomène de la musique nous est donné à seule fin de pouvoir instituer un ordre des choses, y compris et surtout un ordre dans le temps entre l'homme et le temps. Pour être réalisé, il exige donc nécessairement et uniquement une construction. La construction faite, l'ordre atteint, tout est dit. Il serait vain d'y chercher ou d'y attendre autre chose. C'est précisément cette construction, cet ordre atteint qui produit en nous une émotion d'un caractère tout à fait spécial, qui n'a rien de commun avec nos sensations courantes et nos impressions de la vie quotidienne. »

Stravinsky, *Chroniques de ma vie*, Denoël, 1962, p. 86-87

Autrui

Autrui, c'est d'abord l'autre, à la fois le même que moi et différent de moi. Si autrui ne peut se poser comme objet de connaissance pour moi, comment penser mon rapport à lui ? Par l'idée de « reconnaissance », on signifie que le rapport aux autres est constitutif de la conscience comme conscience de soi.

La reconnaissance

☐ Dans la philosophie classique (Descartes, Kant), l'analyse de la conscience n'accorde aucune place ni aucun statut particulier aux autres consciences. Chez Descartes, la certitude du « cogito » ou du « Je pense » est certitude de soi comme existence pensante, se posant à l'exclusion des autres consciences : celles-ci sont rejetées dans l'extériorité du monde dont il faut radicalement douter.

☐ C'est à Hegel, dans la *Phénoménologie de l'esprit*, que l'on doit d'avoir montré que la conscience de soi, loin d'être première, est le résultat d'un rapport conflictuel qui engage l'autre. La conscience ne se saisit pas dans l'immédiateté d'un rapport à soi, mais elle se conquiert, elle doit lutter afin d'obtenir de l'autre la « reconnaissance » de soi, comme l'illustre la « dialectique du maître et de l'esclave ». Autrui n'est donc ni objet ni sujet dans un rapport d'extériorité à moi, l'être pour l'autre est au contraire un moment ou un stade de la conscience de soi.

L'intersubjectivité

☐ Pour Sartre, « l'autre est indispensable à mon existence aussi bien qu'à la connaissance que j'ai de moi ». En se posant, la conscience découvre en même temps l'autre, en un monde qui est appelé celui de « l'intersubjectivité » ; l'homme n'y existe jamais seul, même au plus profond de la solitude.

☐ Moi et Autrui ne sont pas deux êtres séparés : la liaison à autrui est constitutive de la conscience dans sa relation au monde. Autrui n'est donc pas l'autre que je rencontre dans mon expérience, car c'est par lui que le monde existe pour moi. J'ai une expérience des objets en tant qu'ils ont une signification pour d'autres : « C'est sur la table, sur le mur qu'autrui se découvre à moi comme ce à quoi se réfère perpétuellement l'objet considéré » (Sartre).

Autrui, une liberté

☐ Autrui est une conscience, non pas objet dans le monde, mais sujet : une « liberté posée en face, qui ne pense et ne veut que pour ou contre moi » (Sartre). Par son regard, autrui se dévoile à moi comme sujet pour qui je suis objet, sa présence même me dépouille de ma liberté : le conflit est, pour Sartre, le sens originel de l'être pour autrui, et les relations concrètes avec autrui décrivent des rapports d'emprise réciproque, comme dans le désir.

☐ Pourtant, le rapport à autrui exige, d'un point de vue moral, que l'on puisse reconnaître en lui un être digne de « respect » (Kant) : l'autre ne doit jamais être un moyen pour moi, comme les objets peuvent l'être, mais toujours une fin. En ce sens, le « respect », qui s'applique uniquement aux personnes, jamais aux choses, n'est pas seulement une limite à l'amour de soi. Il fonde un rapport de réciprocité entre les hommes : il est respect de soi en même temps que respect des autres.

L'ABSENCE DE L'AUTRE

Autrui-expression d'un monde possible

Partant du cas particulier de Robinson Crusoé, Gilles Deleuze, dans son commentaire du livre de Tournier, *Vendredi ou les Limbes du Pacifique*, s'interroge sur autrui, sur sa présence et son absence.

« En comparant les premiers effets de sa présence et de son absence, nous pouvons dire ce qu'est autrui. Le tort des théories philosophiques, c'est de le réduire tantôt à un objet particulier, tantôt à un autre sujet. [...] Mais autrui n'est ni un objet dans le champ de ma perception, ni un sujet qui me perçoit : c'est d'abord une structure du champ perceptif, sans laquelle ce champ dans son ensemble ne fonctionnerait pas comme il le fait. Que cette structure soit effectuée par des personnages réels, par des sujets variables, moi pour vous, et vous pour moi, n'empêche pas qu'elle préexiste, comme condition d'organisation en général, aux termes qui l'actualisent dans chaque champ perceptif organisé – le vôtre, le mien. Ainsi *Autrui-a priori* comme structure absolue fonde la relativité des autruis comme termes effectuant la structure dans chaque champ. Mais quelle est cette structure ? C'est celle du possible. Un visage effrayé, c'est l'expression d'un monde possible effrayant, ou de quelque chose d'effrayant dans le monde, que je ne vois pas encore. Comprenons que le possible n'est pas ici une catégorie abstraite désignant quelque chose qui n'existe pas : le monde possible exprimé existe parfaitement, mais il n'existe pas (actuellement) hors de ce qui l'exprime. »

Gilles Deleuze, *Logique du sens*, éd. de Minuit, 1969, p. 356-357

De l'autre : femme

La question de l'autre, telle qu'elle a été posée et élaborée dans la tradition philosophique, ne souffre-t-elle pas d'abstraction ? Par leurs écrits, Sarah Kofman, Geneviève Fraisse ou Luce Irigaray tentent, diversement, de conférer une place à la subjectivité féminine au sein du discours philosophique.

« L'autre – *De l'autre femme*, sous-titre de *Speculum* – doit être entendu comme un substantif. Celui-ci est supposé désigner en français, mais également dans d'autres langues, tels l'italien et l'anglais, l'homme et la femme. Dans ce sous-titre, j'ai voulu indiquer que l'autre n'est, en fait, pas neutre, ni grammaticalement, ni sémantiquement, et qu'il n'est pas ou plus possible d'utiliser indifféremment la même parole pour le masculin et le féminin. Or cette pratique est courante en philosophie, en religion, en politique. On y parle de l'existence de l'autre, de l'amour de l'autre, du souci de l'autre, etc., sans se poser la question de qui ou quoi représente cet autre. Ce manque de définition de l'altérité de l'autre a paralysé la pensée, y compris la méthode dialectique, dans un rêve idéaliste approprié à un seul sujet (masculin), dans le leurre d'un absolu unique, et a laissé la religion et la politique dans un empirisme qui manque fondamentalement d'éthique en ce qui concerne le respect entre les personnes. En effet, si l'autre n'est pas défini dans sa réalité effective, il n'est qu'un autre moi, pas un réel autrui ; il peut alors être ou *plus* ou *moins* que moi, il peut avoir *plus* ou *moins* que moi. Ainsi, il peut représenter le/ma grandeur ou perfection absolues, l'Autre : Dieu, Maître, logos ; il peut désigner le plus petit ou le plus démuni : l'enfant, le malade, le pauvre, l'étranger ; il peut nommer celui que je crois mon égal. Il n'y a pas là vraiment de l'autre mais du même : plus petit, plus grand, égal à moi. »

Luce Irigaray, *J'aime à toi*, Grasset, 1992, p. 103-104

La violence

Il faut distinguer la spécificité de la violence comme situation humaine. La violence n'est pas l'agressivité, même si elle y trouve parfois ses racines. Elle est démesure, dans les relations que l'être humain entretient avec lui-même et avec autrui. Mais si la violence règne, quelle est sa signification pour la vie humaine ?

L'agressivité naturelle

Agresser, c'est attaquer, mais aussi entreprendre, voire progresser (du latin *gradi*, qui signifie « marcher »). L'agressivité désigne cette part ou cette poussée d'énergie psychique, qui possède sans doute elle-même une base physiologique naturelle, que l'individu met, en dehors de toute réflexion, en œuvre dans ses initiatives.

La démesure de la violence

□ Mais la violence est démesure, elle est synonyme d'excès, de dépassement des limites. La tempête (violente par métaphore), le désir qui ne se contrôle pas, la brutalité d'une parole ou d'une conduite vis-à-vis d'autrui, sont des exemples de la démesure, dans des registres divers. Ils ont en commun de marquer l'irruption brusque d'une force irrépressible dans une situation acceptée comme normale, réglée, prévisible. La violence est un dérèglement où l'on sent que « tout peut arriver », car les repères habituels ont été rompus. En cela, pour celui qui la subit, la violence est génératrice d'angoisse, mais aussi de colère.

□ C'est l'expérience qu'a vécue Léontios, fils d'Aglaïon, comme le raconte Platon dans sa *République* (IV, 439e). Remontant du Pirée, Léontios, « s'étant aperçu qu'il y avait des cadavres étendus dans le lieu des supplices, sentit à la fois le désir de les voir et un mouvement de répugnance qui l'en détournait. Pendant quelques instants, il lutta contre lui-même ; mais à la fin, vaincu par le désir, il ouvrit les yeux tout grands et, courant vers les morts, il s'écria : "Tenez, malheureux, jouissez de ce beau spectacle". »

Violence et profanation de la personne

□ La violence est plus que le simple pouvoir. Le pouvoir peut être défini comme la capacité de faire accomplir à autrui ce qu'autrui n'aurait pas entrepris de son plein gré. Le pouvoir est donc une contrainte qui s'exerce à l'encontre de la volonté d'autrui. Ce pouvoir, cependant, peut être légitime, s'il est celui du droit.

□ Mais la violence est l'abus de la contrainte. Elle se désigne dans la brutalité des moyens que la force mobilise (jusqu'à la torture et jusqu'au crime) et par la crainte qu'elle contribue à installer dans l'esprit de ceux qui y sont soumis. La violence est la force extrême, qui fait régner la peur dans les corps et les esprits, parce qu'elle se veut sans limites, absolue, sans réponse ni échappatoire possibles. La folie de la violence, qui engendre la terreur, se manifeste dans cette rage que met la force à faire disparaître toute extériorité, tout (hommes et choses) ce qui s'oppose à son déploiement, et jusqu'aux traces de l'existence de ses victimes.

□ Ainsi, dans la violence, il y a profanation. Ne pas oublier que dans violence il y a viol, c'est-à-dire forçage de l'intégrité physique et spirituelle, de ce qui constitue le centre intime de la personnalité. La violence est destruction de l'humain.

LA PART OBSCURE DE L'HUMAIN

■ La violence des désirs

Platon, au livre IX (571c) de *La République*, examine la vie de l'homme tyrannique. La vie tyrannique est celle qui ne recule devant « l'horreur d'aucun meurtre, d'aucun aliment, d'aucun forfait », c'est-à-dire celle où domine le dérèglement des désirs, jusqu'à la violation des lois les plus sacrées.

« Mais enfin, demanda-t-il, quels sont ces désirs dont tu parles ?
Ceux qui s'éveillent pendant le sommeil, répondis-je, quand la partie de l'âme qui est raisonnable, douce et faite pour commander à l'autre est endormie, et que la partie bestiale et sauvage, gorgée d'aliments ou de boissons se démène et, repoussant le sommeil, cherche à se donner carrière et à satisfaire ses appétits. Tu sais qu'en cet état elle ose tout, comme si elle était détachée et débarrassée de toute pudeur et de toute raison ; elle n'hésite pas à essayer en pensée de violer sa mère ou tout autre, quel qu'il soit, homme, dieu, animal ; il n'est ni meurtre dont elle ne se souille, ni aliment dont elle s'abstienne ; bref, il n'est pas de folie ni d'impudeur qu'elle s'interdise.
[...] Il y a dans chacun de nous une espèce de désirs terribles, sauvages, sans frein, qu'on trouve même dans le petit nombre de gens qui paraissent être tout à fait réglés, et c'est ce que les songes mettent en évidence. »

Platon, *La République*, trad. E. Chambry, Les Belles Lettres, 1948

■ Qu'est-ce qu'être pacifique ?

Le philosophe français Alain (1868-1951), réfléchissant sur les conditions de l'établissement de la paix, montre ici en quoi celle-ci est l'effet d'une résolution intérieure à la non-violence avant d'être la satisfaction d'une revendication.

« Ce qui est juste, c'est d'accepter d'avance l'arbitrage ; non pas l'arbitrage juste, mais l'arbitrage. L'acte juridique essentiel consiste en ceci que l'on renonce solennellement à soutenir son droit par la force. Ainsi, ce n'est pas la paix qui est par le droit. [...] Au contraire, c'est le droit qui sera par la paix, attendu que l'ordre du droit suppose une déclaration préalable de paix, avant l'arbitrage, pendant l'arbitrage et après l'arbitrage, et que l'on soit content ou non. Voilà ce qu'est un homme pacifique. »

Alain, Propos du 18 avril 1923, in *Propos I*, Gallimard, Pléiade, 1957, p. 484

■ La cruauté : une donnée première de la vie humaine ?

Nietzsche (1844-1990), loin d'opposer violence et humanité, veut voir dans la cruauté l'élément conducteur de l'histoire de la moralité humaine.

« Il répugne [...] à la délicatesse [...] de se représenter, avec toute l'énergie voulue, jusqu'à quel point la *cruauté* était la réjouissance préférée de l'humanité primitive et entrait comme ingrédient dans presque tous ses plaisirs ; combien naïf, d'autre part, combien innocent apparaît son besoin de cruauté, combien justement la “méchanceté gratuite” [...] apparaît chez elle, par principe, comme un attribut *normal* de l'homme [...]. Un œil pénétrant reconnaîtrait peut-être encore aujourd'hui chez l'homme des traces de cette réjouissance primordiale et profonde ; dans *Par-delà le bien et le mal*, § 188 [...], j'ai indiqué d'une façon circonspecte la spiritualisation et la “déification” toujours croissantes de la cruauté dans toute l'histoire de la culture supérieure [...]. Voir souffrir fait du bien, faire souffrir plus de bien encore – voilà une vérité, mais une vieille et puissante vérité capitale, humaine, trop humaine [...]. »

Nietzsche, *Généalogie de la morale,* Deuxième dissertation, § 6, trad. H. Albert, Le Livre de poche, p. 117-118

L'histoire

Le terme histoire a deux sens. Il désigne la connaissance du passé humain, c'est-à-dire la recherche que mènent les historiens, eux-mêmes immergés dans leur présent. Mais il désigne aussi la réalité historique en tant que telle, c'est-à-dire l'évolution des hommes conduisant à l'actualité du présent.

L'objectivité du discours historique

☐ Dans quelle mesure l'histoire nous dit-elle la vérité sur le passé des hommes ? La question soulève le problème de la méthode historique. Interrogeant les documents du passé, l'historien effectue des choix, formule des hypothèses. Son activité ne consiste pas simplement à enregistrer des faits mais, par un travail d'abstraction, à expliquer et à comprendre le passé en constituant des schèmes de causalité. Reconstituer l'intégralité du passé reste pour lui une idée régulatrice – à l'horizon de son travail – qu'il ne peut atteindre.

☐ La subjectivité de l'historien est le corrélat de l'objectivité historique, non seulement parce que la recherche historique met en jeu des choix et des valeurs, mais également parce que l'historien n'est pas lui-même en dehors de l'histoire, le passé qu'il étudie étant le passé de son propre présent. L'histoire est « une des manières dont les hommes répètent leur appartenance à une même humanité » (P. Ricœur).

Les philosophies de l'histoire

C'est à la fin du XVIIIe siècle, époque où l'on reconnaît le temps comme constitutif de la réalité humaine, qu'apparaissent les « philosophies de l'histoire ». Celles-ci, s'élaborant indépendamment ou non des recherches des historiens, ont en commun de vouloir considérer la réalité du devenir humain comme un tout ou une unité. Englobante, leur approche ne porte donc pas exclusivement sur les faits passés, elle propose une interprétation d'ensemble qui inclut le possible, c'est-à-dire l'avenir.

Le sens de l'histoire

Les événements doivent trouver un sens au regard d'une telle interprétation d'ensemble : au-delà de l'incohérence et de l'irrégularité du cours des événements, il s'agit alors de retrouver un ordre supérieur qui préside au déroulement de l'histoire. Celle-ci est envisagée comme un processus s'accomplissant, au-delà des intérêts particuliers, vers une fin ou un but inconnu des hommes eux-mêmes. Pour Hegel, les grands hommes historiques, César ou Alexandre, sont précisément ceux dont l'intérêt particulier se révèle servir, de manière tragique, une fin plus haute : l'histoire qui est la « réalisation de l'Esprit universel ».

Le matérialisme historique

Pour Marx, l'histoire n'est ni le mouvement ni l'accomplissement de l'Esprit. C'est l'activité matérielle des hommes, par laquelle ils produisent les moyens de leur existence, qui est à la base de toute pensée de l'histoire. « L'histoire de toute société jusqu'à présent est l'histoire de la lutte des classes. » Le moteur de l'histoire est, selon lui, le rapport conflictuel que les hommes entretiennent entre eux, dans la production matérielle.

L'HISTOIRE EN DÉBAT

Fernand Braudel

L'École des Annales

En réaction à l'école positiviste ou méthodique de la fin du XIXe siècle, les historiens français de l'École des Annales, qui est fondée en 1929 autour de la revue *Les Annales*, affirment leur refus d'une histoire exclusivement événementielle et politique. Pour Lucien Febvre (1878-1956), Marc Bloch (1886-1944) ou Fernand Braudel (1902-1985), l'histoire doit pouvoir aborder tous les aspects de l'activité humaine et s'enrichir des apports des autres sciences humaines. De cette époque date l'émergence d'une histoire économique, illustrée par les travaux de Pierre Labrousse sur le XVIIIe siècle. Mais d'autres savoirs sont désormais requis, la géographie, voire la linguistique ou l'ethnologie, pour saisir la complexité de l'histoire. Dans *La Méditerranée à l'époque de Philippe II*, Fernand Braudel étudie non pas un homme d'État mais un espace maritime, en une approche qui se veut globale. Il distingue pour cela une pluralité de durées : le temps géographique qui est celui, extrêmement long, du cadre naturel ; le temps social et économique qui définit l'histoire, lentement rythmée, des groupements humains ; enfin, le temps court de l'individu, la couche brillante et superficielle de l'histoire.

Le refus de l'idée du progrès et d'un sens de l'histoire

Un certain nombre de philosophes du XXe siècle comme Popper, Raymond Aron ou Merleau-Ponty remettent en cause l'idée, dominante au XIXe siècle, d'un sens de l'histoire. Dans ce texte, Alain réfute l'idée du progrès.

« La route en lacet qui monte. Belle image du progrès. Mais pourtant elle ne me semble pas bonnc. Cc quc jc vois de faux, dans cette image, c'est cette route tracée d'avance et qui monte toujours ; cela veut dire que l'empire des sots et des violents nous pousse encore vers une plus grande perfection, quelles que soient les apparences ; et qu'en bref l'humanité marche à son destin par tous moyens, et souvent fouettée et humiliée, mais avançant toujours. Le bon et le méchant, le sage et le fou poussent dans le même sens, qu'ils le veuillent ou non, qu'ils le sachent ou non. Je reconnais ici le grand jeu des dieux supérieurs, qui font que tout serve leurs desseins. Mais grand merci. Je n'aimerais point cette mécanique, si j'y croyais. Tolstoï aime aussi à se connaître lui-même comme un faible atome en de grands tourbillons. Et Pangloss, avant ceux-là, louait la Providence, de ce qu'elle fait sortir un petit bien de tant de maux. Pour moi, je ne puis croire à un progrès fatal ; je ne m'y fierais point. »

Alain

AUTEURS
COURANTS
NOTIONS
QUESTIONS ACTUELLES
DOMAINES
ÉPREUVES D'EXAMEN

Le droit

Le droit réglemente les rapports humains dans les domaines les plus divers de la vie sociale. Il suppose l'existence de sujets libres aspirant à la coordination harmonieuse de leurs libertés personnelles. Il traduit le mouvement de la société, en donnant leur forme aux conflits d'intérêts et aux solutions de ces conflits.

Le domaine du droit

☐ Le droit organise l'exercice des libertés, et il sanctionne à la fois tout ce qui est abus de liberté et atteinte à la liberté. Il n'y a donc pas de droit sans sujet libre, sans un être doté de volonté, à qui l'on peut imputer l'action, c'est-à-dire responsable.
☐ Le droit définit l'ensemble des règles qui organisent les relations publiques entre les membres (individus, groupes, institutions) d'une société. Il concerne, dit Kant, « la relation extérieure [...] d'une personne à une autre, pour autant que leurs actions, en tant que faits, peuvent avoir [...] de l'influence les unes sur les autres ». Le droit ne prend pas nécessairement en compte la moralité de ceux qui agissent, même si l'on peut penser une relation entre une intention et sa manifestation extérieure. Il considère les actions sous l'angle de leurs effets, de leur portée publique, c'est-à-dire de leur pouvoir. Le droit réglemente les rapports de pouvoir dans la société.

Droit et fait

Le droit ne dit pas tant ce qui est que ce qui doit être. Il suppose donc une prise de distance vis-à-vis du fait et une appréciation du fait au nom de normes ou de valeurs considérées comme premières par rapport au fait. Tout ce qui est n'est pas également acceptable : les délits, les crimes, dans la mesure où ils sont des atteintes à l'ordre social et à la personne humaine, doivent être rejetés. Le droit implique donc que la vie sociale n'est pas possible sans normes de régulation.

La fin du droit : la justice

Le droit a pour objectif de réaliser l'équilibre entre les membres de la société. Dans la mesure où les interactions sociales révèlent des situations de concurrence, voire de conflits, le droit a pour but essentiel de veiller à ce que les intérêts et les libertés qui entrent ainsi en concurrence ne soient pas lésés. Le droit préserve la coexistence des libertés, ainsi que celle des intérêts, en dénonçant ceux qui y font obstacle. En cela, le droit est animé par un idéal de justice.

Les moyens du droit

Le droit s'exprime par l'intermédiaire de la *loi*. En tant que telle, la loi définit la *forme* que doit prendre l'action de l'individu, ou la relation entre son action et celle d'autrui. N'entre pas en ligne de compte la fin visée dans l'action. De même, le contenu particulier de l'action et l'identité personnelle de ceux qui agissent ne sont pas pris en compte dans la loi : la loi définit un cadre formel qui réglemente toute action possible pour tout acteur possible. Ce formalisme de la loi est la condition de son universalité. Cependant, il n'y a pas de droit sans pouvoir de contraindre. La loi ne peut pas être qu'une simple idée. Il s'agit d'organiser une société selon l'idée de la justice. Le droit se donne alors des institutions préventives et punitives, fondées sur la loi.

LA CONDITION DE LA VIE SOCIALE

Le droit et les forces

Le philosophe français Jean Lacroix présente le droit comme l'effort pour introduire la morale dans le domaine de la vie sociale.

« On pourrait distinguer schématiquement et grossièrement trois plans : le plan moral, qui est philosophique, le plan des forces sociales de fait, qui est sociologique, le plan du droit, qui est un “intermédiaire” [...]. Le juriste [...] est celui qui s'efforce de moraliser toujours davantage les faits : les yeux fixés sur le monde des idées morales, il essaie d'appliquer à notre monde social l'ordre et l'harmonie qui règnent entre ces idées morales, du moins autant que le comporte la nature des choses sociales. La justice ainsi n'est ni un idéal strictement philosophique ni un pur fait sociologique, mais la morale *en tant que s'appliquant à la réalité sociale*. En un temps et en un lieu donnés, les forces sont ce qu'elles sont. Il est vain de vouloir les supprimer. Mais toute force tend à dominer les autres, c'est-à-dire à devenir le pouvoir. Le rôle du droit, c'est d'ordonner ces forces et de les équilibrer les unes par les autres. Or, *le démocrate, c'est l'homme du droit*. La démocratie, dans son application juridique, c'est le lent et patient effort, toujours à refaire, pour subordonner toutes les forces au droit. »

J. Lacroix, in *Esprit*, mars 1935

Droit positif et droit naturel

Ce qu'on appelle le « droit positif » correspond à l'ensemble des lois écrites à une époque et en un lieu donnés, réunies dans des codes. Le droit positif se subdivise en plusieurs domaines : droit civil et droit commercial (droit privé), droit pénal, droit administratif et droit constitutionnel (droit public). La distinction du droit privé et du droit public se retrouve dans le droit international, ou droit des gens.

La conception moderne d'un « droit naturel » postule l'existence d'un ensemble, non écrit, de valeurs, d'obligations, de normes, qui sont attachées à la « nature humaine » en tant que telle, indépendamment de son insertion dans un contexte social-historique donné. La personne humaine dispose d'un « droit naturel », parce qu'elle est par nature libre et dotée de la raison. C'est au nom de cette « nature » que le droit positif établi (le légal) peut être contesté (au nom de ce qui est considéré comme légitime).

La loi et la réalité

La loi, parce qu'elle est universelle, ne peut envisager les cas particuliers. En même temps, la justice doit pouvoir pénétrer dans la réalité, qui n'offre au fond que des situations particulières, à propos desquelles il faut « dire le droit ». Aussi la loi est-elle accompagnée, dans le cas du gouvernement, du *décret* qui permet son application en en spécifiant les conditions, la portée et les contextes. De même, le rôle du juge consiste à adapter les prescriptions générales du code aux situations particulières dans lesquelles il doit trancher. Aristote a désigné cette vertu qui consiste à aller plus loin que la loi pour faire vivre l'esprit de la loi là où elle fait défaut : il la nomme *équité*.

« Quand la loi pose une règle générale, et que là-dessus survient un cas en dehors de la règle générale, on est alors en droit, là où le législateur a omis de prévoir le cas et a péché par excès de simplification, de corriger l'omission et de se faire l'interprète de ce qu'eût dit le législateur lui-même s'il avait été présent à ce moment. »

Aristote, *Éthique à Nicomaque*, V, 14, Vrin

L'État

L'État désigne l'organisation politique d'un groupement humain historiquement déterminé. Il n'y a pas d'État sans appareil de contrainte. Quelle est la fonction de l'État ? Garantir la sécurité des individus et la liberté de chacun, ou au contraire être un instrument de domination ?

L'État : le monopole de la violence légitime

L'État définit une forme de pouvoir institutionnalisé et rationalisé, qui détache les rapports d'autorité à obéissance des relations personnelles de chef à sujets, telles qu'elles pouvaient, par exemple, organiser les sociétés primitives qui sont des « sociétés sans État ». L'État ne se confond ni avec les gouvernants, ceux-ci n'étant que les agents d'exercice passagers du pouvoir politique, ni avec l'ensemble des hommes gouvernés. Il faut distinguer « État » et « nation », celle-ci représentant la communauté naturelle ou historique d'un peuple vivant sur un territoire. L'État, comme organisation-institution d'un groupe historique, est doté d'organes juridiques et administratifs ainsi que d'une armée pour le défendre contre les ennemis extérieurs. Mais il constitue aussi un appareil de contrainte envers ceux qui, à l'intérieur, enfreignent sa loi. L'État est seul détenteur du « monopole de la violence légitime ».

Hobbes : le Léviathan

□ Comme la plupart des théoriciens politiques des XVIIe et XVIIIe siècles, Hobbes (1588-1679) pense l'état social à partir d'un « contrat » passé entre les membres de la collectivité. Selon lui, ce contrat a pour but de mettre un terme à l'état de violence dans lequel les hommes se trouvent naturellement. L'homme possède en effet le droit naturel de faire tout ce qui est en son pouvoir pour maintenir sa vie, y compris d'acquérir du pouvoir sur les autres quand ceux-ci constituent un obstacle pour lui : « L'homme est un loup pour l'homme. » Par crainte de la mort et suivant un précepte de la raison enjoignant d'éviter tout ce qui est destructeur de la vie, les hommes décidèrent, selon Hobbes, de renoncer ensemble à leur droit de nature afin de le transférer à une autorité souveraine. Celle-ci, à laquelle ils se soumettent, doit leur assurer en échange la sécurité et la protection. C'est cette puissance souveraine, issue du contrat, qui est appelée par Hobbes le « Léviathan », en référence au *Livre de Job*.

□ Rousseau s'est opposé à Hobbes, lui reprochant de projeter, dans l'état naturel, ce qui provient en réalité de l'établissement de la société, à savoir l'injustice et la violence des rapports humains.

Le dépérissement de l'État

Marx (1818-1883), Engels (1820-1895), mais aussi Lénine (1870-1924), insistent sur la dimension répressive de l'État, considéré comme l'instrument de la domination d'une classe sociale sur une autre. L'État est, pour eux, l'expression idéologique d'une société réellement antagoniste. C'est pourquoi l'établissement, par la violence, d'une société sans classes doit conduire à la disparition progressive de l'État. À l'idée d'un dépérissement de l'État, les théoriciens anarchistes comme Proudhon (1809-1865) ou Bakounine (1814-1876) opposent l'idée d'une abolition de l'État. Cela signifie un rejet de tout principe étatique, formulé au nom de l'individu et de sa valeur propre.

RÉPUBLIQUE ET DÉMOCRATIE

Rousseau : Tout gouvernement légitime est républicain

Étymologiquement, « démocratie » signifie « pouvoir du peuple ». Aristote voit dans la démocratie la forme déviée ou corrompue de la République, en ce qu'elle vise non pas l'intérêt commun mais l'intérêt particulier de ceux qui gouvernent. Pour Rousseau, le « peuple », c'est-à-dire l'ensemble des individus unis par le contrat social, doit détenir le pouvoir législatif. Dans un État juste, la volonté du peuple, à laquelle correspond l'intérêt général, est souveraine.

« Mais quand tout le peuple statue sur tout le peuple, il ne considère que lui-même ; et s'il se forme alors un rapport, c'est de l'objet entier sous un point de vue à l'objet entier sous un autre point de vue, sans aucune division du tout. Alors la matière sur laquelle on statue est générale comme la volonté qui statue. C'est cet acte que j'appelle loi. [...] Sur cette idée, on voit à l'instant qu'il ne faut plus demander à qui il appartient de faire des lois, puisqu'elles sont des actes de la volonté générale ; ni si le prince est au-dessus des lois, puisqu'il est membre de l'État ; ni si la loi peut être injuste, puisque nul n'est injuste envers soi-même ; ni comment on est libre et soumis aux lois, puisqu'elles ne sont que des registres de nos volontés. [...] J'appelle donc république tout État régi par des lois, sous quelque forme d'administration que ce puisse être : car alors seulement l'intérêt public gouverne, et la chose publique est quelque chose. Tout gouvernement légitime est républicain. »

Rousseau, *Du contrat social,* 10-18, p. 98-99

Montesquieu : Il faut que le pouvoir arrête le pouvoir

L'autorité unique constitue toujours un risque d'arbitraire. Montesquieu (1689-1755) défend l'idée d'une répartition des compétences au sein de l'État, afin de garantir l'impartialité de ses décisions. Cette répartition est effectuée à partir d'une distinction tripartite des fonctions de l'État, législative, exécutive et judiciaire.

« La démocratie et l'aristocratie ne sont point des états libres par leur nature. La liberté politique ne se trouve que dans les gouvernements modérés. Mais elle n'est pas toujours dans les États modérés ; elle n'y est que lorsqu'on n'abuse pas du pouvoir ; mais c'est une expérience éternelle, que tout homme qui a du pouvoir est porté à en abuser ; il va jusqu'à ce qu'il trouve des limites. Qui le dirait ! la vertu même a besoin de limites. Pour qu'on ne puisse abuser du pouvoir, il faut que, par la disposition des choses, le pouvoir arrête le pouvoir. Une constitution peut être telle que personne ne sera contraint de faire les choses auxquelles la loi ne l'oblige pas, et à ne point faire celles que la loi lui permet. »

Montesquieu, *De l'esprit des lois,* livre XI, chap. IV, Gallimard, coll. Idées, 1970

Montesquieu

AUTEURS
COURANTS
NOTIONS
QUESTIONS ACTUELLES
DOMAINES
ÉPREUVES D'EXAMEN

Le désir, les passions

Toute conception du désir et des passions sous-tend une représentation déterminée de la nature humaine. Dans la tradition classique, la problématique de la maîtrise des passions présuppose une valorisation de la raison. Mais il convient aussi d'envisager le désir comme constitutif de l'homme et de sa personnalité.

La maîtrise des passions

☐ Étymologiquement, « passion » signifie supporter, souffrir. La passion n'est pas voulue, elle est « ce qui est plus fort que moi ». Comment maîtriser la passion ? Pour les stoïciens, la passion est « un mouvement de l'âme qui s'écarte de la droite raison et qui est contraire à la nature ». Elle procède d'un jugement erroné dont l'homme est totalement responsable. Il faut éradiquer les passions afin de vivre sans aucun trouble de l'âme : tel est l'idéal de la sagesse.

☐ Chez Descartes, l'analyse des passions renvoie au problème de l'union de l'âme et du corps. Dans la morale par provision, il reprend le précepte stoïcien : « Changer ses désirs plutôt que l'ordre du monde », mais ce n'est pas dans la perspective d'une ascèse qui éliminerait les passions, considérées comme mauvaises en tant que telles. C'est en savant qu'il veut considérer le mécanisme des passions, et leur maîtrise ressortit pour lui à une technique : pour empêcher une passion, on peut susciter une contre-passion, jouer par exemple la honte de la fuite contre la peur. Descartes n'en confère pas moins à la « générosité » l'ultime moyen pour l'homme d'être entièrement maître de ses passions : celle-ci consiste en ce que l'homme « connaît qu'il n'y a rien qui véritablement lui appartienne que cette libre disposition de ses volontés ».

Le désir, l'essence de l'homme

☐ Avec Spinoza, la question de savoir si la raison peut ou non contraindre le désir, et comment elle peut y parvenir, ne se pose plus. Pour lui, le désir est l'essence de l'homme, il est l'effort par lequel l'homme persévère dans son être *(conatus)*, comme tout être dans la nature qui existe et agit de façon déterminée. Le désir est « un appétit dont on a conscience ». Mais que l'homme soit conscient de son désir ne signifie pas qu'il soit doué d'une volonté qui serait cause d'elle-même. Que l'homme ait conscience de son désir n'implique pas non plus qu'il en connaisse la vraie cause.

☐ Pour Spinoza, le désir est premier par rapport à l'objet désiré : ce n'est pas parce que je juge un objet bon que je le désire, mais c'est parce que je le désire que je le juge bon. Le désir ne peut être ni supprimé ni refoulé : la libération de l'homme, qui est alors « actif », passe par une connaissance des causes de son désir. L'homme est en revanche « passif » lorsqu'il est dans l'ignorance de ce déterminisme.

Désirs inconscients et pulsions

La psychanalyse refuse la problématique des passions au bénéfice d'une définition des « pulsions » et de leur « destin », qui est déterminé par l'histoire infantile du sujet. La dynamique des pulsions, dont Freud nous dit qu'elles sont à la limite du somatique et du psychique, s'organise à partir des désirs inconscients et de l'imaginaire du sujet.

L'AMOUR, UNE PASSION ?

Amour de soi et amour-propre

Pour Rousseau, l'amour de soi est un sentiment humain naturel qui permet la conservation de soi et qui ne peut nuire en aucune façon aux autres. L'amour-propre, qui est une des causes de rivalité entre les hommes, naît avec la vie en société.

« Il ne faut pas confondre l'amour-propre et l'amour de soi-même ; deux passions très différentes par leur nature et par leurs effets. L'amour de soi-même est un sentiment naturel qui porte tout animal à veiller à sa propre conservation et qui, dirigé dans l'homme et modifié par la pitié, produit l'humanité et la vertu. L'amour-propre n'est qu'un sentiment relatif, factice et né dans la société, qui porte chaque individu à faire plus de cas de soi que de tout autre, qui inspire aux hommes tous les maux qu'ils se font mutuellement et qui est la véritable source de l'honneur. »

Rousseau, *Discours sur l'origine et les fondements de l'inégalité parmi les hommes*

Comment des passions fort différentes conviennent en ce qu'elles participent de l'amour

Dans *Les Passions de l'âme,* Descartes pose que l'amour, qu'il oppose à la haine, est une des six passions fondamentales :

« Il n'est pas besoin aussi de distinguer autant d'espèces d'amour qu'il y a de divers objets qu'on peut aimer ; car, par exemple, encore que les passions qu'un ambitieux a pour la gloire, un avaricieux pour l'argent, un ivrogne pour le vin, un brutal pour la femme qu'il veut violer, un homme d'honneur pour son ami ou pour sa maîtresse, et un bon père pour ses enfants, soient bien différentes entre elles, toutefois en ce qu'elles participent de l'amour elles sont semblables. Mais les quatre premiers n'ont de l'amour que pour la possession des objets auxquels se rapporte leur passion, et n'en ont point pour les objets eux-mêmes... au lieu que l'amour qu'un bon père a pour ses enfants est si pur qu'il ne désire rien avoir d'eux, et ne veut point les posséder autrement qu'il fait, ni être joint à eux plus étroitement qu'il est déjà ; mais les considérant comme d'autres soi-même, il recherche leur bien comme le sien propre, ou même avec plus de soin, parce que, se représentant que lui et eux font un tout dont il n'est pas la meilleure partie, il préfère souvent leurs intérêts aux siens et ne craint pas de se perdre pour les sauver. L'affection que les gens d'honneur ont pour leurs amis est de cette nature, bien qu'elle soit rarement si parfaite. »

Descartes, *Les Passions de l'âme,* article 82, Gallimard, Pléiade, p. 733

Éros philosophe

L'amour est, pour Platon, intermédiaire entre le savoir et l'ignorance. Inspiré, délire d'origine divine, Éros est condition du savoir philosophique.

« – Quels sont donc alors, Diotime, m'écriais-je, ceux qui s'emploient à philosopher si ce ne sont ni les sages ni les ignorants ? – La chose est claire, dit-elle, et même déjà pour un enfant. Ce sont ceux qui sont intermédiaires entre ces deux extrêmes, et au nombre desquels doit aussi se trouver Amour. La sagesse en effet est évidemment parmi les plus belles choses, et c'est au beau qu'Amour rapporte son amour ; d'où il suit que, forcément, Amour est philosophe, et étant philosophe, qu'il est intermédiaire entre le savant et l'ignorant. »

Platon, *Le Banquet,* 203 b, Gallimard, Pléiade, 1950, vol. 2, p. 737

La mort

La mort est un fait spécifiquement humain, parce qu'elle n'est pas un pur fait, justement, mais parce qu'elle oppose à la pensée, à l'œuvre et à l'action humaines la question de leur précarité, de leur durée, de leur finitude. La mort pose le problème du sens de la vie.

Mourir et périr

☐ L'homme *existe* alors que les animaux *vivent.* De même, l'être humain *meurt,* les animaux *périssent.* La mort, pour l'homme, n'est pas simplement un événement biologique. La mort n'est pas un pur fait, mais elle ouvre la question du sens et de la valeur de l'existence. La pensée de sa *mortalité* pose à l'être humain le problème de sa *finitude*.

☐ Kierkegaard en tire la conclusion que la mort, si elle est envisagée avec sérieux, est un stimulant de la vie. La mort est une source d'énergie, « à l'homme animé de sérieux, la pensée de la mort donne l'exacte vitesse à observer dans la vie, et elle lui indique le but où diriger sa course ».

L'expérience de la mort

☐ Le philosophe Vladimir Jankélévitch (1903-1980) montre qu'il faut distinguer entre trois points de vue sur la mort.

☐ La mort en troisième personne (« on meurt ») est la « mort-en-général », envisagée de façon abstraite ou anonyme. La mort est considérée en ce cas comme un phénomène, un objet, que l'on peut décrire et analyser, ou dont on peut parler, dans une sorte d'extériorité indifférente.

☐ À l'extrémité opposée, la mort en première personne est la tragédie du sujet. C'est ma mort, c'est de moi qu'il s'agit, sans échappatoire ni alibi. Ma mort est une expérience non transitive, et dont je ne peux parler. En cela, elle est source d'angoisse, et chacun affronte seul cette mort personnelle.

☐ Entre l'impersonnalité des morts lointaines et la pensée tragique de la mort propre, il y a la proximité de la mort en deuxième personne, qui est la mort du proche. Dans cette situation, où la proximité ne signifie pas coïncidence, où l'irrévocable a traversé l'intime et y a inscrit sa déchirure, la mort se présente au vivant sous la forme de l'imminence et de la perte. Ajoutons que cette mort en deuxième personne se prolonge en deuil et qu'elle survit dans une parole qui est en même temps invocation.

Mort et philosophie

La tradition philosophique, depuis Platon, définit la philosophie comme une pensée de la mort. Cette pensée n'est pas l'expression d'un esprit malade, elle est l'expression d'une démarche spirituelle qui veut conduire l'être humain à découvrir qu'il n'est pas ce qu'il croyait être et qu'il ne se réduit pas aux objets auxquels il se croyait attaché. La pensée de la mort est donc une épreuve de prise de conscience de soi et de détachement, vis-à-vis des fausses valeurs et des pensées qui conduisent à la vie malheureuse.

UNE DIMENSION DE LA VIE ?

La mort n'est rien pour nous

Dans cette page célèbre, le philosophe grec Épicure se propose de délivrer l'homme de la crainte de la mort, en montrant qu'elle n'est rien pour lui, qu'on ne peut pas à proprement parler en faire l'expérience. La mort n'est ni un bien ni un mal, elle n'est rien.

« Habitue-toi à penser que la mort n'est rien par rapport à nous ; car tout bien – et tout mal – est dans la sensation : or la mort est privation de sensation. Par suite, la droite connaissance que la mort n'est rien par rapport à nous rend joyeuse la condition mortelle de la vie, non en ajoutant un temps infini, mais en ôtant le désir de l'immortalité. Car il n'y a rien de redoutable dans la vie pour qui a vraiment compris qu'il n'y a rien de redoutable dans la non-vie. Sot est donc celui qui dit craindre la mort, non parce qu'il souffrira lorsqu'elle sera là, mais parce qu'il souffre de ce qu'elle doit arriver. Car ce dont la présence ne nous cause aucun trouble, à l'attendre fait souffrir pour rien. Ainsi, le plus terrifiant des maux, la mort, n'est rien par rapport à nous, puisque, quand nous sommes, la mort n'est pas là, et, quand la mort est là, nous ne sommes plus. Elle n'est donc en rapport ni avec les vivants ni avec les morts, puisque, pour les uns, elle n'est pas et que les autres ne sont plus. »

Épicure, « Lettre à Ménécée », § 124, trad. M. Conche, in *Lettres et Maximes,* PUF, 1987

L'immortalité et le culte des morts

Auguste Comte, au cœur d'une réflexion sur la religion de l'humanité, identifie l'immortalité avec la culture que construisent et transmettent les hommes dans l'histoire. L'immortalité est dans le souvenir et dans le culte.

« Ce n'est pas seulement aujourd'hui que chaque homme, en s'efforçant d'apprécier ce qu'il doit aux autres, reconnaît une participation beaucoup plus grande chez l'ensemble de ses prédécesseurs que chez celui de ses contemporains. Une telle supériorité se manifeste, à de moindres degrés, aux époques les plus lointaines, comme l'indique le culte qu'on y rendit toujours aux morts [...].

Ainsi, la vraie sociabilité consiste davantage dans la continuité successive que dans la solidarité actuelle. Les vivants sont toujours, et de plus en plus, gouvernés nécessairement par les morts : telle est la loi fondamentale de l'ordre humain.

Pour la mieux concevoir, il faut distinguer, chez chaque vrai serviteur de l'Humanité, deux existences successives : l'une, temporaire mais directe, constitue la vie proprement dite, l'autre, indirecte mais permanente, ne commence qu'après la mort. La première étant toujours corporelle, elle peut être qualifiée d'*objective* ; surtout par contraste envers la seconde, qui, ne laissant subsister chacun que dans le cœur et l'esprit d'autrui, mérite le nom de *subjective*. Telle est la noble immortalité, nécessairement immatérielle, que le positivisme reconnaît à notre âme [...]. »

A. Comte, *Catéchisme positiviste,* deuxième entretien (1862), Garnier-Flammarion, p. 79-80

« Mais il était une unique pensée,/Un seul songe effrayant/Qui s'avançait terrible aux tables de la joie/Et couvrait des esprits des ombres de l'effroi.../C'était la Mort, jetant aux festins du bonheur/Angoisse et larmes de douleur. »

Novalis, *Hymnes à la nuit,* trad. fr. A. Guerne, Falaize, 1950, p. 42-43

La liberté, la volonté

Faire ce que l'on veut : telle est la conception courante de la liberté. Mais le problème est alors de savoir ce qu'est une volonté libre. Si, pour Descartes, la volonté n'est véritablement libre que lorsqu'elle est éclairée par l'entendement, en revanche pour Spinoza, une telle volonté, comme pouvoir humain de choix, n'existe pas.

Liberté, déterminisme et destin

□ Déterminisme et destin désignent deux types de nécessité qu'il faut distinguer. L'idée d'un « déterminisme » s'applique avant tout aux événements de la nature et désigne la causalité qui relie chaque événement à un autre ; c'est cette causalité que le scientifique veut connaître en établissant des lois. Cette idée n'est pas incompatible avec celle de la liberté humaine.

□ À la différence du déterminisme qui désigne une nécessité en droit connaissable, le destin, qui s'applique au cours de la vie humaine, désigne une loi aveugle qui échappe à l'homme. Le héros de la tragédie grecque, Œdipe par exemple, accomplit un destin fixé à l'avance, qu'il ne connaît pourtant pas. Invoquer le destin ou la fatalité, c'est affirmer que l'homme n'est pas maître de sa vie. Tel événement arrive ? Ce qui arrive devait arriver : la nécessité renvoie ici à l'impuissance humaine et signifie un refus de la liberté.

Contrainte et obligation

L'idée de devoir n'exclut pas l'idée de liberté. Rousseau distingue deux formes de devoir : la contrainte et l'obligation. L'homme agit par contrainte lorsqu'il obéit ou doit faire quelque chose par force, sous la menace. La contrainte porte atteinte à la liberté humaine. L'obligation désigne au contraire un devoir, de type moral, que l'homme s'impose à lui-même. En ce sens, Rousseau peut définir la liberté civile comme « l'obéissance à la loi qu'on s'est prescrite ».

Liberté et raison

À la différence des animaux gouvernés par l'instinct, l'homme est doué de « volonté » : il a le « pouvoir de faire ou de ne pas faire » (Descartes). Ce choix pourtant n'implique aucun arbitraire, et il est d'autant plus libre qu'il manifeste le pouvoir de la raison. L'« indifférence », qui fait osciller d'un côté ou de l'autre, sans que l'on penche pourtant vers l'un plutôt que vers l'autre, est pour Descartes « le plus bas degré de la liberté ». La véritable liberté est éclairée par l'entendement, quand la décision est prise en parfaite connaissance de cause.

La liberté comme libre arbitre : une illusion

« Je ne situe pas la liberté dans un libre décret mais dans une libre nécessité » : pour Spinoza, l'homme n'a pas la volonté de « faire ou de ne pas faire » et il ne peut être dit libre en ce sens. L'idée que l'homme puisse être au-dessus des lois de la nature, comme un « empire dans un empire », participe selon lui d'un préjugé « finaliste » poussant l'homme à croire, mais à tort, que tout est fait pour lui dans la nature. L'homme est libre quand il connaît qu'il existe et agit de façon déterminée comme tout être fini dans la nature.

LIBERTÉ ET RESPONSABILITÉ

La double causalité des actions humaines

Ce texte de Kant présuppose le double caractère de l'homme. Si, par son caractère sensible, l'homme est subordonné au déterminisme naturel, par son caractère intelligible il est entièrement libre et imputable de ses actions.

« Prenons un acte volontaire, par exemple un mensonge pernicieux, par lequel un homme a introduit un certain désordre dans la société, dont on recherche d'abord les raisons déterminantes qui lui ont donné naissance, pour juger ensuite comment il peut lui être imputé avec toutes ses conséquences. Sous le premier point de vue, on pénètre le caractère empirique de cet homme jusque dans ses sources que l'on recherche dans la mauvaise éducation, dans les mauvaises fréquentations, en partie aussi dans la méchanceté d'un naturel insensible à la honte, qu'on attribue en partie à la légèreté et à l'inconsidération, sans négliger les circonstances tout à fait occasionnelles qui ont pu influer. Dans tout cela, on procède comme on le fait, en général, dans la recherche de la série des causes déterminantes d'un effet naturel donné. Or, bien que l'on croie que l'action soit déterminée par là, on n'en blâme pas moins l'auteur, et cela non pas à cause de son mauvais naturel, non pas à cause des circonstances qui ont influé sur lui, et non pas même à cause de sa conduite passée. […] Ce blâme se fonde sur une loi de la raison où l'on regarde celle-ci comme une cause qui a pu et a dû déterminer autrement la conduite de l'homme, indépendamment de toutes les conditions empiriques nommées. […] L'action est attribuée au caractère intelligible de l'auteur : il est entièrement coupable à l'instant où il ment ; par conséquent, malgré toutes les conditions empiriques de l'action, la raison était pleinement libre, et cet acte doit être attribué entièrement à sa négligence. »

Kant, *Critique de la raison pure*, PUF, 8e éd. 1975, p. 405-406

Une morale de l'engagement

Pour Sartre, l'homme est « condamné » à être libre. En tant qu'il est le « projet premier » de lui-même, l'homme choisit entièrement sa vie : il n'existe aucune valeur *a priori* susceptible de justifier ses actes. De cette liberté sans fondement, l'homme ne peut prendre conscience que dans l'« angoisse ».

« Pour le reste, il y a concrètement des réveils, des écriteaux, des feuilles d'impôts, des agents de police, autant de garde-fous contre l'angoisse. Mais dès que l'entreprise s'éloigne de moi, dès que je suis renvoyé à moi-même parce que je dois m'attendre dans l'avenir, je me découvre tout à coup comme celui qui donne sens au réveil, celui qui s'interdit, à partir d'un écriteau, de marcher sur une plate-bande ou sur une pelouse, celui qui prête son urgence à l'ordre du chef, celui qui décide de l'intérêt du livre qu'il écrit, celui qui fait, enfin, que des valeurs existent pour déterminer son action par leurs exigences. J'émerge seul et dans l'angoisse en face du projet unique et premier qui constitue mon être, toutes les barrières, tous les garde-fous s'écroulent, néantisés par la conscience de ma liberté : je n'ai ni ne puis avoir recours à aucune valeur contre le fait que c'est moi qui maintiens à l'être les valeurs ; rien ne peut m'assurer contre moi-même, coupé du monde et de mon essence par ce néant que je *suis*, j'ai à réaliser le sens du monde et de mon essence : j'en décide, seul, injustifiable et sans excuse. »

Sartre, *L'Être et le Néant*, Gallimard, 1943

Le vivant

Les êtres vivants sont organisés, doués d'un projet. Comment en rendre compte scientifiquement, sans introduire des causes finales ? À cette difficulté est confrontée la connaissance du vivant, discipline plus tardive que les autres sciences de la nature. Le concept de hasard est devenu central pour la biologie moderne.

Vitalisme et mécanisme

□ Pour Aristote, la vie est ce par quoi le corps animé diffère du corps inanimé : par « vie », il faut entendre « le fait de se nourrir, de croître et de dépérir par soi-même ». Selon lui, l'« âme » est au principe de la vie : âme végétative ou nutritive pour les plantes, âme animale ou sensitive qui donne aux animaux la faculté de sentir et de se mouvoir, enfin l'âme raisonnable ou pensante pour les êtres humains. Une telle conception de la vie comme « animation » de la matière suppose l'idée de causes finales dans la nature, seules susceptibles de rendre compte de ce principe par lequel certains êtres naturels se forment et existent par eux-mêmes.

□ Cette conception, vivace jusqu'au XVIIe siècle, et même plus tard sous forme d'idéologie « médico-philosophique », est directement attaquée par l'approche scientifique et mécaniste de la nature. En rejetant le postulat des causes finales, celle-ci refuse d'accorder une quelconque spécificité au vivant. La biologie est réduite à la physique. Ainsi, Descartes ne reconnaît « aucune différence entre les machines que font les artisans et les divers corps que la nature seule compose ». Mais en adoptant le modèle d'une machine pour expliquer le fonctionnement de l'être vivant, on ne peut rendre compte de la construction en elle-même de la machine, ce qui pourtant caractérise le vivant qui peut se reproduire et se former de façon autonome.

La vie comme organisation

Kant introduit le concept d'« organisation » pour définir la spécificité de l'être vivant. Celui-ci n'est pas simplement, comme la machine, doué d'une force motrice, il possède en soi une « force formatrice » : la causalité qui relie les parties entre elles dans le tout obéit à une finalité, qui permet d'expliquer l'aptitude des êtres vivants à se reproduire et à s'autoréparer. L'être vivant est un « système ».

Le hasard

□ En suivant Jacques Monod, on peut s'accorder à retenir trois critères pour définir l'être vivant :
– la « téléonomie » : un système vivant, dans son ensemble ou dans chacune de ses parties, répond à une fonction ou à une fin ;
– la « morphogenèse autonome » : un être vivant est régi par une programmation interne (son programme génétique) pour sa formation et sa constitution ;
– l'« invariance reproductive » : l'être vivant a le pouvoir de se reproduire et de transmettre, sans aucune variation, l'information correspondant à sa propre structure.

□ Les progrès de la génétique moléculaire, au XXe siècle, ont permis de préciser la nature des mécanismes de l'hérédité, notamment l'idée de la reproduction comme processus de réplication absolue (en 1953, Watson et Crick découvrent la structure de l'ADN). Les variations du code génétique ou les « mutations », qui doivent expliquer l'évolution des êtres vivants, sont donc des erreurs et relèvent du « hasard ».

LE PROBLÈME DE L'ÉVOLUTION

■ Le transformisme de Lamarck

Pour Aristote, les espèces ont une forme fixe, elles sont immuables. L'idée d'une fixité des espèces domine jusqu'au XVIIIe siècle, et il faut attendre Lamarck (1744-1829) pour voir s'affirmer l'idée d'une évolution des espèces. Celui-ci insiste sur la continuité des êtres vivants selon une tendance allant se complexifiant. Selon lui, c'est l'adaptation au milieu par l'usage ou le non-usage des parties qui peut expliquer cette transformation. En soulignant la causalité du milieu sur les êtres vivants, Lamarck rompt avec une conception finaliste de la nature. Il n'en présuppose pas moins une idée scientifiquement contestable, celle de l'hérédité des caractères acquis.

■ La théorie de l'évolution selon Darwin

Influencé par les travaux de l'économiste anglais Malthus (1766-1834), Darwin (1809-1882) avance, dans son principal ouvrage *L'Origine des espèces* (1859), le principe de la « sélection naturelle » pour expliquer l'évolution des êtres vivants. L'hypothèse est double : premièrement, il s'agit de mettre en évidence l'idée de variations ou de modifications très faibles qui distinguent, à sa naissance, chaque individu des autres individus de l'espèce ; deuxièmement, de montrer que, dans la concurrence incessante existant entre les individus d'une même espèce (la lutte pour l'existence), seuls les plus aptes, c'est-à-dire les mieux équipés par rapport au milieu, survivent. Ainsi, la sélection naturelle fixe la « bonne » variation et assure, par l'addition des variations, la direction de l'évolution. Il s'agit donc là d'une loi naturelle conçue non pas comme progrès, mais comme automatisme sans finalité.

■ Hasard et nécessité

Pour Jacques Monod, prix Nobel de médecine en 1965, le « hasard » est la notion centrale de la biologie moderne ; selon lui, elle est la seule concevable même si elle nous paraît inacceptable.

« La biologie moderne reconnaît, au contraire, que toutes les propriétés des êtres vivants reposent sur un mécanisme fondamental de conservation moléculaire. Pour la théorie moderne, l'évolution n'est nullement une propriété des êtres vivants, puisqu'elle a sa racine dans les imperfections mêmes du mécanisme conservateur qui, lui, constitue bien leur unique privilège. Il faut donc dire que la même source de perturbations, de "bruit" qui, dans un système non vivant, c'est-à-dire réplicatif, abolirait peu à peu toute structure, est à l'origine de l'évolution dans la biosphère, et rend compte de sa totale liberté créatrice, grâce à ce conservatoire du hasard, sourd au bruit autant qu'à la musique : la structure réplicative de l'ADN. »

J. Monod, *Le Hasard et la Nécessité*, Seuil, 1970, coll. Points, p. 151-152

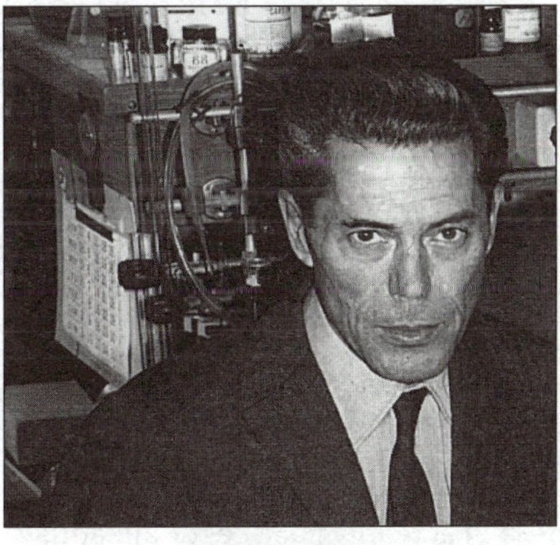

Jacques Monod

L'imagination

L'imagination, source d'erreurs ou puissance d'invention ? Dans la tradition classique, l'imagination est, en général, dévalorisée au profit de la raison. En insistant sur le pouvoir constructif de l'imagination, Kant inaugure une voie nouvelle : l'imagination n'est pas seulement reproductrice, elle est productrice du réel, créatrice.

La dévaluation de l'imagination

□ La conception que les philosophes se font de l'imagination est indissociable du statut qu'ils accordent à l'image. Que l'image soit conçue comme redoublement du réel, alors l'imagination (comprise comme faculté de former des images) est dévalorisée en tant qu'elle ne peut, en elle-même, atteindre le réel.
□ Une telle approche est celle de Platon. L'image, en tant qu'elle est pensée comme *mimesis*, ou imitation du réel, n'est selon lui qu'un simulacre dont il faut se méfier. L'artiste et le sophiste, accusés d'être des imitateurs, sont pour cette raison condamnés. Platon leur reproche de manquer l'être en se complaisant dans le paraître.
□ Une telle condamnation n'est pourtant pas sans ambiguïté, car c'est le pouvoir de l'image qu'il faut pouvoir aussi comprendre : pourquoi la séduction et le plaisir qu'elle procure, la croyance qu'elle suscite ?
□ Une telle ambiguïté se retrouve chez Pascal qui, voyant dans l'imagination une « maîtresse d'erreur et de fausseté » et une « superbe puissance ennemie de la raison », lui reconnaît en même temps un pouvoir irréductible : « Le plus grand philosophe du monde sur une planche plus large qu'il ne le faut, s'il y a au-dessous un précipice, quoique sa raison le convainc de sa sûreté, son imagination prévaudra » *(Pensées)*.

Le schématisme

□ Kant renverse la conception classique de l'imagination en montrant que l'imagination, loin de donner à l'homme un savoir imparfait voire illusoire du réel, est au contraire ce qui rend possible la connaissance des objets. L'imagination comme faculté *a priori* (qui rend possible l'expérience) est selon lui un pouvoir de synthèse qui permet de construire les objets. C'est elle qui rend possible l'application des catégories de l'entendement aux objets de l'expérience. L'imagination ainsi conçue est productive. Le *schème* désigne un « procédé général de l'imagination pour procurer à un concept son image ».
□ À propos de l'expérience esthétique, Kant insiste sur le libre jeu de l'imagination qui « schématise sans concept ». Affranchie de la règle du concept, l'imagination découvre sa liberté.

L'irréel

Pour Sartre, l'image n'est pas comme une chose dans la conscience. C'est la conscience elle-même qui est « imageante ». Cela signifie que la conscience, qui est positionnelle de l'objet, me donne alors l'objet comme étant irréel, comme n'étant pas là : l'acte imaginatif est « anéantissant ». « Toute situation concrète et réelle de la conscience dans le monde est grosse d'imaginaire en tant qu'elle se présente toujours comme un dépassement du réel » *(L'Imaginaire)*.

LA RAISON ET LA FOI SELON PASCAL

L'apologie du christianisme

Grand mathématicien et physicien, Pascal (1623-1670) se veut avant tout un apologiste de la religion chrétienne. Par apologie du christianisme, il faut entendre l'ensemble des moyens rhétoriques qui sont déployés par Pascal, non seulement pour défendre une religion socialement mise à mal, mais pour conduire l'incroyant à la conversion. Si la conversion et la foi dépendent selon lui de l'unique grâce de Dieu et ne peuvent en ce sens relever de la simple décision de l'homme, on peut tout au moins convaincre ce dernier de l'urgence d'une réflexion sur la précarité de l'existence, sur sa condition d'être « misérable » sans Dieu. Pour Pascal, la nature humaine est, selon le dogme du péché originel, une nature déchue que seule la résurrection du Christ peut racheter.

Pascal n'invalide pas la raison humaine, mais il s'attache à en montrer les limites. Celle-ci doit reconnaître qu'une infinité de choses la dépasse. De l'ordre de la chair à l'ordre de l'esprit, et de l'ordre de l'esprit à l'ordre de la charité (qui est l'amour en Dieu), il existe une discontinuité radicale ou une distance infinie, devant laquelle l'humilité de la raison doit s'abaisser.

Le cœur et la raison

Pour Pascal, Dieu est une vérité inaccessible à la raison humaine, seul le cœur peut la connaître ou la sentir.

« [423-277]. Le cœur a ses raisons que la raison ne connaît point ; on le sait en mille choses.

Je dis que le cœur aime l'être universel naturellement et soi-même naturellement, selon qu'il s'y adonne, et il se durcit contre l'un ou l'autre à son choix. Vous avez rejeté l'un et conservé l'autre ; est-ce par raison que vous vous aimez ?

[424-278] C'est le cœur qui sent Dieu et non la raison. Voilà ce que c'est que la foi. Dieu sensible au cœur, non à la raison.

[427-194] Il ne faut pas avoir l'âme fort élevée pour comprendre qu'il n'y a point ici de satisfaction véritable et solide, que tous nos plaisirs ne sont que vanité, que nos maux sont infinis, et qu'enfin la mort, qui nous menace à chaque instant, doit infailliblement nous mettre, dans peu d'années, dans l'horrible nécessité d'être éternellement ou anéantis ou malheureux. Il n'y a rien de plus réel que cela, ni de plus terrible. Faisons tant que nous voudrons les braves : voilà la fin qui attend la plus belle vie du monde. Qu'on fasse réflexion là-dessus, et qu'on dise ensuite s'il n'est pas indubitable qu'il n'y a de bien en cette vie qu'en l'espérance d'une autre vie, qu'on n'est heureux qu'à mesure qu'on s'en approche, et que, comme il n'y aura plus de malheurs pour ceux qui avaient une entière assurance de l'éternité, il n'y a point aussi de bonheur pour ceux qui n'en ont aucune lumière. »

Pascal, *Pensées*, Lafuma

Blaise Pascal

La cosmologie

La cosmologie est la science du monde considéré comme une totalité. Sous ce terme, on regroupe un grand nombre de sciences, dont certaines mobilisent un outillage sophistiqué. Mais la cosmologie fait aussi partie intégrante de l'interrogation philosophique.

L'objet de la cosmologie

☐ L'objet de la cosmologie est originellement le tout de la réalité. La cosmologie reflète la volonté de penser et de représenter l'unité de la totalité englobante de la réalité physique, dans le temps et dans l'espace.

☐ Le mot grec *cosmos* exprime l'idée d'un ordre universel, celle d'« un ensemble bien ordonné constitué de parties symétriquement disposées où viennent s'équilibrer les éléments opposés selon un jeu de combinaisons systématiques périodiquement alternées » (J. Seidengart). Les Latins le traduisent par *mundus*, qui ajoute à l'idée de l'*ordre* celle de la *beauté*. La science du monde est aussi sa contemplation.

La cosmologie, des Grecs à Newton

☐ Aristote et Ptolémée présentent un modèle cosmologique géocentrique et géostatique, qui va s'imposer en Occident jusqu'à la Renaissance. Ce modèle est celui d'un monde clos, hiérarchisé, finalisé, parfait et unique. Le monde est conçu comme un organisme vivant. Ce modèle, remanié pour le faire correspondre aux textes bibliques, sera adopté par le christianisme.

☐ Les XVIe et XVIIe siècles vont remettre en cause ce modèle. De Copernic (*Des révolutions des orbes célestes,* 1543) à Newton (*Principes mathématiques de la philosophie naturelle,* 1687) se met en place une cosmologie nouvelle. L'univers de la science moderne est héliocentrique, infini, homogène et isotrope, régi par des lois universelles qui s'appliquent uniformément à toutes ses parties.

La cosmologie d'après Einstein

☐ La cosmologie newtonienne supposait un espace et un temps *absolus,* dont les propriétés étaient conçues par Newton comme totalement indépendantes de leur contenu matériel. Cette conception est remise en cause par la théorie de la relativité générale, développée par Einstein (1879-1955) au début du XXe siècle. La relativité générale montre que les propriétés formelles de l'espace-temps, c'est-à-dire la géométrie et la structure de l'univers, sont déterminées par son contenu réel, c'est-à-dire par l'état et la distribution de la matière-énergie qui compose l'univers. « Le problème cosmologique consiste donc à déterminer quelle est l'enveloppe *globale* de toutes les déformations *locales* produites par les systèmes matériels que sont les galaxies, les amas galactiques, [...] etc. » (J. Seidengart). Ce qui implique l'utilisation de géométries non euclidiennes.

☐ La cosmologie contemporaine est basée sur la relativité générale, la physique quantique ainsi que sur les observations réalisées au sol ou en orbite. Une préoccupation des recherches actuelles est de retracer l'histoire de l'univers depuis ses tout premiers instants.

LA SCIENCE DU MONDE

Cosmologie et sagesse dans l'Antiquité

Les sagesses philosophiques antiques mettent en valeur la portée pacifiante, pour la pensée et les passions, de la contemplation du monde. Un des principaux exercices spirituels, dans les écoles de philosophie antique, consiste à développer la « conscience cosmique » chez le philosophe, pour lui permettre d'atteindre, d'une part, une forme de tranquillité d'esprit et de joie grâce à la contemplation de l'immensité et de l'ordre du cosmos et, d'autre part, un jugement objectif, car détaché, proprement éloigné des passions terrestres, sur les choses humaines ramenées à leur juste valeur, qui est petite par rapport à la grandeur du monde.

La cosmologie dans le vocabulaire philosophique

Si la cosmologie, comme pratique intellectuelle et attitude face au réel, est très ancienne, le mot « cosmologie » lui-même n'est introduit en philosophie qu'au XVIIIe siècle. Le philosophe allemand Christian Wolff en fait, en 1728, une des branches de la connaissance philosophique :

« On appelle *Cosmologie* la partie de la physique qui examine et enseigne l'étude de tous les corps du monde, ainsi que la manière dont ils constituent ce dernier. Par conséquent, la *Cosmologie* est la science du monde en tant que tel » (*Discours préliminaire sur la philosophie en général*, chap. III, § 27).

Le terme est repris dans la *Cosmologia generalis* en 1731 : « La cosmologie générale est la science du monde ou de l'univers en général, dans la mesure où il est un être composé et modifiable » (§ I).

Le passage du cosmos antique à l'univers moderne

L'historien des sciences Alexandre Koyré résume ici les éléments de la rupture dans la représentation du monde opérée par la science moderne.

« Les changements produits par la révolution [scientifique] du XVIIe siècle [...] me semblent pouvoir être ramenés à deux éléments principaux, d'ailleurs étroitement liés entre eux, à savoir la destruction du Cosmos et la géométrisation de l'espace, c'est-à-dire : *a*) la destruction du monde conçu comme un tout fini et bien ordonné, dans lequel la structure spatiale incarnait une hiérarchie de valeur et de perfection, monde dans lequel "au-dessus" de la Terre lourde et opaque, centre de la région sublunaire du changement et de la corruption, s'"élevaient" les sphères célestes des astres impondérables, incorruptibles et lumineux, et la substitution à celui-ci d'un Univers indéfini, et même infini, ne comportant plus aucune hiérarchie naturelle et uni seulement par l'identité des lois qui le régissent dans toutes ses parties, ainsi que par celle de ses composants ultimes placés, tous, au même niveau ontologique ; et *b*) le remplacement de la conception aristotélicienne de l'espace, ensemble différencié de lieux intramondains, par celle de la géométrie euclidienne – extension homogène et nécessairement infinie – désormais considéré comme identique, en sa structure, avec l'espace réel de l'Univers. Ce qui, à son tour, impliqua le rejet par la pensée scientifique de toutes considérations basées sur les notions de valeur, de perfection, d'harmonie, de sens ou de fin, et finalement, la dévalorisation complète de l'Être, le divorce total entre le monde des valeurs et le monde des faits. »

A. Koyré, *Du monde clos à l'univers infini*, Gallimard, 1962, p. 11-12

La science de l'homme

La volonté de rendre compte rationnellement du monde humain apparaît dès l'Antiquité. Cependant, la spécificité des phénomènes humains rend problématique l'application à l'étude de l'homme des démarches usuelles de la science.

L'ancienneté des sciences de l'homme

☐ La volonté de fournir aux hommes l'intelligence rationnelle de la réalité humaine dans ses multiples dimensions est déjà présente dans l'Antiquité. La médecine d'Hippocrate, l'histoire naturelle d'Aristote, les enquêtes « ethnographiques » d'Hérodote, la géographie de Strabon, toutes ces œuvres expriment le souci de faire apparaître les éléments caractéristiques d'une « nature humaine », aussi diverse soit-elle dans ses manifestations extérieures.

☐ Cependant, dans cette perspective issue de l'Antiquité (et qui se prolongera jusqu'à la Renaissance), l'homme est susceptible d'être expliqué parce qu'il est compris fondamentalement comme membre d'une totalité cosmique au sein de laquelle tous les aspects du réel sont en correspondance et liés par une même loi fondamentale.

Les difficultés d'une science de l'homme

☐ Un tel projet explicatif est cependant remis en cause dans son principe dès lors que l'on affirme la spécificité « ontologique » de l'être humain par rapport à la nature, c'est-à-dire la coupure entre l'homme et la nature. Définir l'homme comme être libre, conscient de lui-même, à l'origine de ses pensées et de ses actes, créateur des significations et des valeurs, plus généralement responsable de la vie qu'il s'est choisie, tout ceci, qui correspond à la vision que l'humanité moderne s'est donnée d'elle-même, rend problématique, sinon impossible, le projet d'expliquer l'homme.

☐ En effet, une explication de l'homme suppose plusieurs opérations : aborder les faits humains comme si on y était étranger, y repérer des chaînes de causes et d'effets, reconstruire (sous la forme d'un modèle explicatif) les faits humains selon ces enchaînements causals.

☐ Ces opérations, qui sont la condition de l'objectivité de l'explication, mettent en cause le sentiment commun que l'homme a de lui-même comme être libre, original dans ses pensées et ses initiatives, créateur de sa vie.

L'objet d'une science de l'homme

☐ La difficulté de principe qui vient d'être évoquée n'empêche pas, cependant, la formulation d'un projet scientifique orienté vers le monde humain. Mais elle en déplace le véritable objet. Une science de l'homme est possible dans la mesure où elle vise en l'homme l'ensemble des structures, des régularités, des lois, qui organisent (de façon consciente et inconsciente) le rapport que l'être humain entretient avec lui-même, avec autrui, avec la nature, avec l'au-delà.

☐ Ainsi, l'objet d'une science de l'homme, ce n'est pas « l'homme » mais, entre autres exemples, le système des valeurs auxquelles il adhère, la langue qu'il parle, son organisation économique, etc. Chacun de ces objets est pris en charge par une discipline spécifique.

COMMENT RENDRE COMPTE DES FAITS HUMAINS ?

Jean Ladrière, philosophe contemporain, réfléchissant sur les conditions de possibilité d'une étude scientifique des phénomènes sociaux, pose le problème de l'applicabilité des méthodes utilisées dans les sciences de la nature au domaine humain.

« Peut-on recourir, dans ce domaine, aux méthodes qui ont fait leurs preuves dans le domaine des sciences de la nature ? L'idée même d'une connaissance scientifique est-elle applicable lorsqu'on a affaire à un ordre de réalité où l'homme intervient à titre essentiel en tant qu'agent ? Dès le moment où l'action joue un rôle, il y a inévitablement référence à des motivations, à des buts et à des valeurs. Or, peut-on traiter ces composantes de l'action à la manière des propriétés d'un objet physique, peut-on les "objectiver" ? Ne se trouve-t-on pas, au contraire, en présence ici d'un ordre de réalité qui échappe radicalement, et cela pour des raisons de principe, à toute tentative d'objectivation ? »

J. Ladrière, préface à : De Bruyne, Herman, de Schoutheete, *Dynamique de la recherche en sciences sociales,* PUF, 1974

Comprendre

La question posée par Ladrière renvoie historiquement à une alternative rigoureuse, développée par W. Dilthey (1833-1911) dans des analyses destinées à fonder l'autonomie méthodologique des sciences de l'esprit (ce que l'on appelle aujourd'hui les sciences humaines). C'est ce que résume la formule célèbre : « Nous expliquons la nature, nous comprenons la vie psychique », commentée en ces termes par le philosophe Paul Ricœur :

« Toute *science de l'esprit* [...] présuppose une capacité primordiale, celle de se transposer dans la vie psychique d'autrui. Dans la connaissance naturelle, en effet, l'homme n'atteint que des phénomènes distincts de lui dont la choséité fondamentale lui échappe. Dans l'ordre humain, au contraire, l'homme connaît l'homme ; aussi étranger que l'autre homme nous soit, il n'est pas un étranger au sens où la chose physique inconnaissable peut l'être. La différence de statut entre la chose naturelle et l'esprit commande donc la différence de statut entre expliquer et comprendre. L'homme n'est pas radicalement un étranger pour l'homme, parce qu'il donne des signes de sa propre existence. Comprendre ces signes, c'est comprendre l'homme. »

P. Ricœur, *Du texte à l'action*, Seuil, 1986, p. 83

Expliquer

Tout autre est la position d'Émile Durkheim (1858-1917), dans ses *Règles de la méthode sociologique* (1895), concernant la connaissance des faits sociaux. Ayant défini les faits sociaux comme « des manières d'agir, de penser et de sentir, extérieures à l'individu » et dotées d'un « pouvoir de coercition en vertu duquel ils s'imposent à lui », Durkheim formule le principe de sa méthode sociologique : « considérer les faits sociaux comme des choses ». Certes, il ne s'agit pas, pour lui, de dire que les faits sociaux sont des choses matérielles, mais qu'elles « sont des choses au même titre que les choses matérielles, quoique d'une autre manière ». Ce que réclame Durkheim, « c'est que le sociologue se mette dans l'état d'esprit où sont physiciens, chimistes, physiologistes ». Il faut « qu'il ait conscience qu'il pénètre dans l'inconnu ». L'extériorité du fait social par rapport à la conscience, extériorité récusée par Dilthey, est ici le fondement d'une sociologie objectiviste.

Le totalitarisme

Le totalitarisme, nazi ou stalinien, doit être distingué, selon Hannah Arendt, des autres formes de régime autoritaire. Il n'est pas seulement une dictature, un despotisme, une tyrannie. Sa logique est d'une nouveauté radicale. Ce qui la résume, c'est : « Tout est possible ».

Les conditions du totalitarisme selon Hannah Arendt

☐ Le totalitarisme est, selon l'expression d'Hannah Arendt, la cristallisation d'éléments présents dans l'histoire européenne comme des cours d'eaux souterrains : l'antisémitisme, l'impérialisme, l'apparition des masses. Il représente la systématisation et l'aboutissement d'un processus de *désolation*, au sein duquel les hommes en nombre de plus en plus grand apparaissent comme détachés du monde, jusqu'au point où les hommes eux-mêmes sont rendus superflus.

☐ Selon Hannah Arendt, l'antisémitisme est le signe qu'on refuse aux Juifs une place dans le monde commun des hommes. Arendt pose le problème de l'antisémitisme sur un plan politique. Il doit être envisagé en relation avec le déclin d'une Europe organisée en nations.

☐ Le déclin de l'État-nation (forme d'organisation politique caractéristique de l'histoire européenne du XIXe siècle), déclin qui culmine après la Première Guerre mondiale, rend possible le développement des mouvements totalitaires. Ce déclin, corrélatif des logiques d'expansion impérialiste et de la domination du pouvoir économique sur le politique, a provoqué, en particulier, l'apparition de sans-patrie et de minorités privées de représentation politique et du sentiment de l'appartenance politique : groupes d'habitants « qui se considéraient en permanence comme étrangers à l'organisation générale du pays », dit Arendt.

Le pouvoir totalitaire

☐ L'apparition de masses sans feu ni lieu, déracinées, *dé*-solées, est le troisième facteur décisif pour la compréhension du totalitarisme. Ces masses se caractérisent, selon Arendt, par leur désintéressement et par leur indifférence, c'est-à-dire par la disparition de l'attachement à quelque chose comme un intérêt personnel (y compris à leur propre vie) ou un intérêt commun. Ce qui caractérise ces masses, c'est la perte de l'autonomie du jugement et de l'action (tout devient possible), la disparition des rapports sociaux normaux, enfin « la tendance passionnée à prendre les notions les plus abstraites comme règles de vie ».

☐ À ces masses, l'organisation totalitaire fournit alors un chef, un mouvement et un encadrement. L'organisation prétend dominer de façon permanente les individus « dans toutes les sphères de leur vie », dans la perspective de la réalisation d'un homme entièrement nouveau. C'est l'administration de la terreur. Le système totalitaire manipule l'humanité en prétendant obéir aux lois de l'histoire (stalinisme) ou de la nature (nazisme).

☐ Le système totalitaire se caractérise enfin par le recours à l'idéologie, c'est-à-dire par une logique des idées qui prétend tout expliquer. La propagande installe un monde fictif, cohérent, à la place de la réalité plurielle et imparfaite du monde commun. Le totalitarisme signifie qu'on ne croit plus à sa propre expérience, à laquelle on préfère la fiction cohérente de l'idéologie. C'est la perte du sens commun.

HANNAH ARENDT : COMPRENDRE L'INEXPLICABLE

■ Une jeunesse allemande

Hannah Arendt est née le 14 octobre 1906 à Hanovre. Elle étudie la philosophie à Marbourg, Fribourg et Heidelberg, où elle est l'élève de Husserl, Heidegger et Jaspers. Docteur en 1929, avec une thèse sur *Le Concept d'amour chez saint Augustin,* elle obtient une bourse qui lui permet de travailler jusqu'en 1933 à un livre intitulé *Rahel Varnhagen, la vie d'une juive allemande*. Arrêtée par la Gestapo en 1933 alors qu'elle tentait de réunir des témoignages de la propagande antisémite, elle s'exile à Paris, où elle s'engage dans des organisations juives sionistes tout en fréquentant les cercles philosophiques parisiens.

■ La condition d'exilée

Arrêtée en tant qu'« étranger ennemi » en 1940, Hannah Arendt est internée au camp de Gurs, dont elle parvient à sortir. Elle prend le chemin des États-Unis en 1941. Elle deviendra citoyenne américaine en 1951. La même année, elle publie *Les Origines du totalitarisme*. Elle enseigne la philosophie et donne de nombreuses conférences dans les universités américaines. En 1958, *La Condition de l'homme moderne* lui assure la notoriété. En 1960, elle publie *La Crise de la culture.*

■ Le procès Eichmann

En 1961, Arendt suit le procès Eichmann pour le compte du *New Yorker*. Elle en tire un livre qui fera scandale, *Eichmann à Jérusalem. Rapport sur la banalité du mal.* Suit, en 1963 : *Essai sur la révolution*. Elle est nommée professeur de philosophie politique à la New School for Social Research en 1968. Elle travaille, dans les années 70, à un ouvrage intitulé *La Vie de l'esprit*, qui restera inachevé. Hannah Arendt meurt le 4 décembre 1975.

■ Le totalitarisme et la méthode de l'histoire

S'interrogeant sur la possibilité de comprendre le phénomène totalitaire, Hannah Arendt montre, de façon plus générale, comment l'événement historique radicalement nouveau déjoue les catégories usuelles de l'historien et invalide, en particulier, le recours à la catégorie de la causalité.

« Pour ceux qui se soucient de sens et de compréhension, l'effrayant dans la montée du totalitarisme n'est pas la nouveauté du phénomène, mais le fait qu'il a mis en évidence la ruine de nos catégories de pensée et de nos critères de jugement. La nouveauté est le domaine de l'historien qui, à la différence du scientifique préoccupé par les faits récurrents de la nature, étudie ce qui jamais n'advient qu'une fois. Cette nouveauté peut être défigurée si l'historien, insistant sur la causalité, prétend pouvoir expliquer les événements par un enchaînement causal qui les aurait en dernier ressort provoqués. [...] À vrai dire, la causalité est une catégorie aussi trompeuse qu'étrangère dans le cadre des études historiques. Non seulement le sens réel de tout événement transcende toujours les "causes" passées qu'on peut lui assigner (qu'on songe seulement à l'absurde disparité entre les "causes" et les "effets" de la Première Guerre mondiale), mais, qui plus est, ce passé lui-même n'émerge qu'à la faveur de l'événement. C'est seulement lorsque quelque chose d'irrévocable s'est produit qu'on peut s'efforcer de déterminer à rebours son histoire. L'événement éclaire son propre passé ; il ne peut jamais en être déduit. »

H. Arendt, « Compréhension et politique » (1953), trad. fr. dans *Esprit*, juin 1985, p. 97

La culture ou les cultures ?

La réflexion contemporaine sur la culture semble être placée devant l'alternative suivante : *la* culture ou *les* cultures, l'universel humain ou l'affirmation des différences. La question est de parvenir à déterminer un ordre de coexistence à l'intérieur d'une situation marquée par la pluralité.

La signification de la communauté

La notion de communauté est prise aujourd'hui en deux sens :
– comme communauté de contrat, définie de façon politico-juridique comme communauté d'adhésion, sur la base d'une déclaration explicite de la volonté. Dans cette perspective, elle est envisagée comme le résultat de l'association volontaire des individus, qui s'élèvent par là au-dessus de leur condition native et parviennent à se reconnaître en tant que représentants abstraits d'une idée qui est celle de l'humanité.
– comme communauté d'enracinement, définie par l'origine, les mœurs, l'« esprit ». La communauté est comprise ici comme ce dont on provient, le réservoir spontané des références, des règles, des valeurs qui guident et justifient l'action. La communauté est alors considérée comme naturelle, en ce sens qu'elle précède l'individu, pénétrant ses choix, sa pensée, de façon inconsciente. La pensée, dans un tel univers communautaire, n'est jamais neutre, elle exprime des lignes tracées depuis toujours. C'est un monde sans auteur, mais avec des traditions et des valeurs.

La culture ou les cultures ?

Ces deux modèles se retrouvent lorsqu'on aborde la notion de culture.

☐ Soit la culture est entendue comme formation progressive à la rationalité et à l'universalité. C'est le modèle de l'humanisme moderne, qui développe un idéal de la participation égale de tous aux mêmes règles de vie, considérées comme rationnelles, par dépassement des particularités liées aux conditions naturelles de l'existence.

☐ Soit elle est entendue comme coutume, tradition, expression non critiquée des formes de vie. On y retrouve l'affirmation des droits de la « localité » contre l'abstraction de l'universalité. On revendique, en ce cas, la pluralité des valeurs et des règles de vie du point de vue culturel.

L'idée du monde commun, pour sortir de l'alternative ?

☐ Le monde commun selon Hannah Arendt n'est pas une donnée naturelle, c'est un espace public construit par la parole et par l'action, qui surgit entre les hommes comme le monde qu'ils habitent. Le monde commun est un espace politique. En ce sens, il n'y a pas de monde commun qui ne soit pluriel, qui ne soit ouvert sur la pluralité des perspectives. La suppression de cette condition de pluralité est la disparition du monde humain comme tel.

☐ Il n'y a pas, dans cet espace public, de vérité supérieure et définitive. L'existence d'une sphère publique est inséparable de l'échange judicieux des opinions. La question des significations à donner à la communauté et à la culture est donc inséparable d'une réflexion sur la possibilité d'une pensée authentique du politique comme espace de la rencontre dans la pluralité.

QUELLE UNIVERSALITÉ ? QUELLE IDENTITÉ ?

■ L'identité culturelle et la reconnaissance du dialogue

Principal représentant du « multiculturalisme » aujourd'hui, le philosophe canadien Charles Taylor cherche à redéfinir la notion d'identité dans la culture contemporaine. Il montre ici comment cette question de l'*identité* doit être posée dans les termes du *dialogue*.

« Le trait essentiel de la vie humaine est son caractère fondamentalement "dialogique". Nous devenons des agents humains à part entière, capables de nous comprendre nous-mêmes – donc de définir notre identité – grâce à notre acquisition de langages humains riches d'expérience. Pour le présent propos, je souhaite prendre le mot *langage* en un sens large, couvrant non seulement la langue et les mots que nous utilisons, mais aussi les autres modes d'expression par lesquels nous nous définissons nous-mêmes, y compris les "langages" de l'art, de la gestuelle, de l'amour, etc. Il reste que nous apprenons ces modes d'expression par des échanges avec les autres. Nous n'acquérons pas les langages requis pour l'auto-définition de notre moi. Nous y sommes plutôt amenés par l'interaction avec ceux des autres qui nous touchent – [...] les autres donneurs de sens. La genèse de la pensée humaine, en ce sens, n'est pas "monologique" – quelque chose que chaque personne accomplirait de son propre chef – mais bien "dialogique". »

Ch. Taylor, *Multiculturalisme. Différence et démocratie,* Aubier, 1994, p. 49-50

■ La France, l'Europe et la culture universelle

Le philosophe français Alain Finkielkraut dénonce, pour sa part, l'extension de la conception ethnologique de la culture dans les débats contemporains. Il plaide, à partir d'une réflexion sur l'identité de la France, pour une réaffirmation de l'« esprit » des *Temps modernes*, et développe une conception universaliste de *la* culture, qu'il oppose à la pluralité et à la relativité *des* cultures.

« Ne parler de culture qu'au pluriel, en effet, c'est refuser aux hommes d'époques diverses ou de civilisations éloignées la possibilité de communiquer autour de significations pensables et de valeurs qui s'exhaussent du périmètre où elles ont surgi. [...] Au siècle des nationalismes, la France – ce fut son mérite et son originalité – refusa l'enracinement de l'esprit. [...] *La France ne se réduit pas à la francité,* son patrimoine n'est pas composé, pour l'essentiel, de déterminations inconscientes ou de modes d'être typiques et héréditaires mais de valeurs offertes à l'intelligence des hommes [...]. Cet idéal est aujourd'hui en voie de disparition. L'humilité achève la tâche que l'arrogance nationaliste n'avait jamais su mener à son terme, et les partisans de la société pluriculturelle réussissent là où avait échoué la doctrine de "la Terre et les Morts" : pour permettre à l'Autre de déployer son être sans entraves, ils replient leur nation sur son génie singulier, ils définissent la France (et par extension l'Europe) par *sa* culture, et non plus par la place centrale que *la* culture est censée y tenir [...].
Répondre [...] : "Nous ne sommes qu'une culture", à l'affirmation glorieuse et vindicative de l'identité culturelle, ce n'est pas une riposte, c'est une capitulation. »

A. Finkielkraut, *La Défaite de la pensée*, Gallimard, 1987, p. 123-126

La bioéthique

Par bioéthique, on désigne l'ensemble des questions morales, sociales, juridiques, voire économiques, que soulèvent aujourd'hui dans la société les progrès techniques et scientifiques de la biologie et de la médecine. Sur quels principes et quelles valeurs légiférer face aux possibles ouverts par la science ?

« Garder le sens de la mesure »

☐ La bioéthique définit avant tout l'urgence d'une interrogation, liée à la maîtrise de la vie aujourd'hui rendue possible par les développements récents de la biologie et de la médecine. La maîtrise de la reproduction (contraception, interruption volontaire de grossesse, procréation médicalement assistée) et la maîtrise de l'hérédité (diagnostic prénatal, génie génétique permettant de modifier le patrimoine héréditaire d'un être vivant) marquent une révolution biologique qui bouleverse les représentations traditionnelles, suscitant un certain nombre de problèmes de nature non seulement juridique, mais morale et philosophique.

☐ Reconnaissant que l'être humain est une valeur et qu'il ne peut être simple objet pour la science, la bioéthique n'a cependant pas pour tâche d'imposer *a priori* les principes au nom desquels il faudrait agir dans ce domaine. Ici, le terme « éthique » suppose que l'on s'interroge sur les principes et que l'on en discute, il définit « l'ensemble des normes que s'assigne un groupe ou une société qui veut garder le sens de la mesure » (Jean Bernard).

Quelques problèmes liés à la procréation médicale assistée

La fécondation *in vitro* est une technique permettant la fertilisation de l'ovule par le sperme en milieu artificiel, l'œuf fécondé étant ensuite réimplanté dans l'utérus de la femme pour pouvoir se développer. Que faire des embryons surnuméraires ? Les congeler ou au contraire les détruire ? Se posent les questions de la définition de l'embryon – doit-on reconnaître en lui une personne humaine potentielle ? –, et du rapport de l'homme à son propre corps : l'homme dispose-t-il ou non d'un droit de propriété sur son corps et ses composantes ? En cas de stérilité du conjoint, un don de sperme est possible : faut-il ou non défendre la thèse de l'anonymat du donneur ? L'insémination *post mortem* est-elle moralement acceptable ?

Les grandes orientations

Les réponses à ces questions varient selon les principes du droit en vigueur et dépendent de la diversité des appartenances religieuses, philosophiques, politiques et sociales des individus. Jean Bernard, qui a été le président du premier Comité national d'éthique créé en France en 1983, définit quatre orientations principales pour la réflexion : le respect de la personne, qui oblige à une certaine dignité envers l'embryon et la potentialité biologique qu'il révèle ; le refus du lucre et l'affirmation selon laquelle le corps humain ne peut être objet de commerce ni en partie ni en totalité (l'indisponibilité du corps) ; la responsabilité du chercheur ; enfin, « le respect de la connaissance » posant que, si l'on ne doit pas empêcher le progrès de la science, tout ce qui est scientifique n'en est pas pour autant éthique.

LA PROCRÉATION ARTIFICIELLE

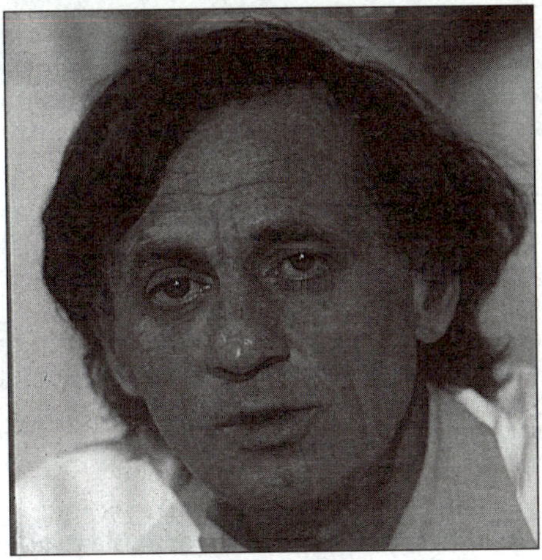

Jacques Testart

Une éthique de la non-recherche

Jacques Testart défend courageusement l'idée d'un moratoire pour la recherche, afin de prendre la mesure des implications éthiques des progrès effectués dans ce domaine.

« La recherche scientifique a sa propre logique, qui ne doit pas se confondre avec la dynamique aveugle du progrès. Je revendique aussi une logique de la non-découverte, une éthique de la non-recherche. Qu'on cesse de faire semblant de croire que la recherche serait neutre, seules ses applications étant qualifiées de bonnes ou de mauvaises. Qu'on démontre qu'une seule fois une découverte n'a pas été appliquée alors qu'elle correspondait à un besoin préexistant ou créé par elle-même. C'est bien en amont de la découverte qu'il faut opérer les choix éthiques [...] Prétendre à une éthique de la non-recherche, c'est refuser la conception simpliste du bien-fondé d'un enchaînement automatique des recettes. C'est aussi le projet ambitieux de comprendre ce qu'on a déjà fait et une tentative pour théoriser ce qu'on doit faire encore. C'est donc ressentir la nécessité comme charnelle de participer à une réflexion multidisciplinaire sur le sens de la production scientifique. »

J. Testart, *L'Œuf transparent*, Flammarion, coll. Champs, 1986, p. 34-35

Un questionnement possible, celui de la psychanalyse

Confrontée aux problèmes de la bioéthique, la psychanalyse poursuit un questionnement spécifique. Il s'agit non pas de prescrire des normes, mais de réfléchir aux « enjeux inconscients » que révèlent ces nouvelles pratiques sociales.

« S'il n'y a pas de procréation naturelle, au sens où l'on entendrait par là une forme de conjonction sexuelle sauvage, assurant la transmission de la vie et la fameuse perpétuation de l'espèce, il faut bien poser la question de la procréation dite artificielle tout autrement qu'on ne le fait dans la perspective qui suppose, d'une façon ou d'une autre, un naturalisme. Il ne peut s'agir d'analyser les "effets" d'un développement de la biologie sur ce "noyau de nature" qui serait la procréation. La procréation artificielle est un phénomène global. Elle représente un dispositif particulier des rapports sociaux de procréation, qui entre en concurrence avec d'autres formes de ces rapports sociaux, dans des conditions qu'il y a lieu de restituer. Elle met en œuvre des éléments de savoir positif, des stratégies sociales de reproduction, des politiques de la population, des formes du droit et de la filiation et du droit des personnes. Mettre en évidence les enjeux inconscients de ces pratiques sociales, représenter le sujet et la possibilité de sa parole, tel peut être l'objectif, ici, de la psychanalyse : ce qui est bien différent de dire le vrai sur le vrai de la procréation. »

M. Tort, *Le Désir froid. Procréation artificielle et crise des repères symboliques*, La Découverte, 1992, p. 52

L'art contemporain

L'art n'est pas mort aujourd'hui ? Il est cependant désacralisé : la séparation traditionnelle entre art et non-art a été remise en question, et la fonction sociale du musée est interrogée. Si l'art continue à bien vivre, il aspire, sous des formes diverses, à « rendre visible l'invisible » (Paul Klee).

Moderne et contemporain

☐ Étymologiquement, « contemporain » qualifie ce qui appartient à l'époque. Ce qui est « contemporain » n'en est pas pour autant « moderne ». L'idée de modernité inclut celle de nouveauté, et peut tout à fait se rapporter à des œuvres du passé : on parlera à juste titre de la « modernité » des derniers quatuors de Beethoven (1770-1827).

☐ L'« art contemporain » désigne, de façon très générale, la production artistique qui s'est imposée au cours du XXe siècle, marquée, dans le domaine des arts plastiques, par la naissance de l'abstraction (Kandinsky, 1866-1944).

☐ L'« avant-garde » constitue un moment fort de son histoire. Appartenant au vocabulaire militaire, la notion traduit la volonté militante de certains groupes d'artistes désireux de voir l'art servir une cause politique. Mais l'idée que l'art puisse directement contribuer à une transformation sociale semble aujourd'hui dépassée. La tendance « postmoderne » insiste sur l'impasse de la situation que connaît tout art aujourd'hui.

L'abstraction de l'art

☐ Dans la peinture, l'abstraction marque le moment d'une autonomie de l'art qui s'affranchit de l'imitation du réel. Pour Mondrian (1872-1944), l'art abstrait est « pure représentation de l'esprit humain ».

☐ Mais, à moins de considérer la peinture comme une simple et vaine doublure du réel, ne doit-on pas tenir que la peinture apparemment la plus figurative est déjà, comme « réalité spirituelle » (Hegel), en elle-même abstraite ?

L'ouverture de l'art

☐ Les artistes remettent en question la séparation traditionnelle entre art et non-art, et rompent avec l'idée selon laquelle seule l'œuvre réussie, c'est-à-dire harmonieuse et belle, participerait de l'art.

☐ On assiste à un mouvement d'ouverture de l'œuvre : ce qui était autrefois exclu fait désormais irruption dans l'art. Avec le « ready-made » de Marcel Duchamp (1887-1968), l'objet banal devient œuvre d'art : un urinoir ou un vélo. Les artistes valorisent le geste d'un art « se faisant », et le processus de l'œuvre devient pour eux plus important que le produit achevé qui efface toute trace d'effort et de travail. L'inachèvement de l'œuvre est possible et parfois même souhaitable.

☐ Pour les artistes, il s'agit de démystifier la prétendue « autonomie » de l'œuvre. L'art sort des musées et fait irruption dans la vie quotidienne avec les « happenings », manifestations artistiques se déroulant en dehors des lieux traditionnellement consacrés. La vie quotidienne peut être ainsi transformée par l'art, comme Christo emballant le Pont-Neuf à Paris.

AUJOURD'HUI, LA MUSIQUE N'EST-ELLE PLUS QUE DU BRUIT ?

■ Musique et technique

En Occident, le développement des sciences et des techniques n'a pas été sans répercussions sur l'art. L'évolution de la musique dans la seconde moitié du XXe siècle s'explique en grande partie par les progrès effectués dans les domaines de la physique et de l'informatique, qui ont permis une connaissance plus précise des lois acoustiques et une nouvelle maîtrise du matériau sonore.

■ Bruit et musique : une différence de degré

« Entre le son et le bruit, il y a une différence de degré dans la complexité et non une différence de nature. Le son musical est un bruit domestiqué, purifié, mais incomplètement puisqu'il conserve toujours une certaine part de bruit. Il est précédé d'une attaque (un ensemble très complexe de fréquences en régime transitoire) qui est un bruit. Or, le timbre musical n'est pas seulement déterminé par le spectre des partiels dans l'état stationnaire, mais aussi par l'attaque, au point que si on coupe les sons de différents instruments de leurs attaques, on ne reconnaît plus la nature de l'instrument. Par ailleurs, tous les instruments ont un "grain" de sonorité, sorte de bruit de fond qui en est indissociable. En fait, la musique, loin d'éliminer le bruit, le cultive. »

G. Brelet, Article « Bruit », in *Dictionnaire de la musique*, dir. M. Honneger, Bordas, p. 121

■ John Cage : *4'43 de silence*

En un geste analogue à celui de Marcel Duchamp en peinture (1887-1968), l'Américain John Cage (1912-1992) refuse en musique la conception classique de l'œuvre comme composition « subjective » des sons. Il abandonne les procédures de contrôle de l'œuvre, livrant de façon polémique la musique au hasard. Dans *4'43 de silence*, l'auditeur se trouve confronté au hasard des bruits que la musique traditionnelle excluait de l'écoute. Avec Cage, la musique s'ouvre sur les « rumeurs » du monde.

■ L'industrie culturelle

La musique « contemporaine », aujourd'hui marginalisée, ne répond pas aux attentes de la majorité des auditeurs, qui sont conditionnés par une musique d'un autre type, précisément programmée sur une vaste échelle pour leur plaire. Cette musique, dite « industrielle », obéit à une logique de type économique et sert avant tout des intérêts financiers. Se pose la question de la finalité de l'art : être agréable et conforter nos habitudes ou au contraire introduire l'étrangeté en un geste subversif ?

John Cage

Les sciences cognitives

Les sciences cognitives constituent un programme de recherche interdisciplinaire étudiant les principales dispositions de l'intelligence humaine. S'appuyant sur les découvertes de l'informatique, elles ont pour parti pris théorique l'idée d'une homologie fonctionnelle entre l'esprit humain et l'ordinateur.

Un champ récent de recherche interdisciplinaire

☐ La découverte de l'ordinateur, et notamment les travaux du logicien Alan Turing sur les machines électroniques programmables (dans les années 40), ainsi que le développement de la cybernétique, définie comme l'étude des systèmes complexes, de leur évolution et de leur régulation (après la Seconde Guerre mondiale), ont joué un rôle décisif dans l'émergence progressive d'un champ nouveau du savoir, celui que l'on a qualifié, vers 1985, de « cognitiviste ».

☐ Étymologiquement, « cognitif » signifie « qui concerne la connaissance ». Les sciences cognitives étudient l'intelligence humaine et ses différentes aptitudes ou compétences : le langage, le raisonnement, la perception (la vision, par exemple) ou encore l'action comme activité motrice d'adaptation et de planification… Elles constituent donc un ensemble de recherches issues de disciplines très différentes, dont le concours est pourtant pensé comme nécessaire pour parvenir à comprendre les mécanismes de l'intelligence.

La fonction cognitive

☐ Les sciences cognitives ont surtout en commun un certain nombre d'options théoriques et méthodologiques convergentes, qui les distinguent précisément des savoirs traditionnels. Leur hypothèse est que, dans la description et l'explication des phénomènes cognitifs, le niveau physique (ou biochimique), bien que nécessaire, reste toutefois insuffisant. Il doit être relayé par une approche « fonctionnelle » qui caractérise précisément les états physiques comme des états « cognitifs ».

☐ Partant d'une homologie fonctionnelle entre l'esprit et l'ordinateur, une telle approche appréhende l'activité cognitive, à ses différents niveaux, comme le produit d'une multitude de fonctions qui mettent chacune en œuvre un grand nombre de mécanismes complémentaires. Les fonctions cognitives sont analysées comme des processus de traitement de l'information, dont les transformations doivent être soumises au calcul. Les progrès de l'informatique, la mise au point de langages et de logiciels de traitement de données extrêmement performants, ont largement contribué à l'essor des sciences cognitives ces trente dernières années.

Les principales disciplines

☐ La psychologie, la linguistique, la philosophie, l'intelligence artificielle (qui a pour objectif de constituer une science des systèmes de traitement de l'information capables d'intelligence) ainsi que les neurosciences (dont l'objet particulier est de caractériser le système nerveux d'un point de vue biologique) constituent les principales disciplines de la recherche cognitive, comprise en son sens large.

☐ Mais d'autres champs du savoir sont concernés : l'anthropologie, la sociologie, la psychologie sociale, l'économie, qui s'ouvrent également à ce type de recherche.

ESPRIT, CERVEAU, MACHINE

■ Un projet d'explication matérialiste du mental ?

Le cognitivisme, dont le projet est une science du mental, ne ruine pas toute interrogation philosophique, bien au contraire. Les problèmes traditionnels concernant le rapport de l'âme et du corps, de l'esprit et du cerveau, sont reformulés et déplacés dans de nouvelles perspectives.

« À la logique pure qu'ont appelée de leurs vœux Frege et Husserl au début du siècle, les philosophes de l'esprit* ont opposé un empirisme logique qui aspire à un fondement expérimental des lois de la pensée ; à la question initiale du "quoi ?" ils ont substitué celle du "comment ?" [...] De nos jours, tous en conviennent, l'esprit a sa demeure dans le monde des choses physiques. Pour la plupart, l'âme, prise comme un souffle primordial, n'a plus d'action propre et indépendante de la matière qui animerait les corps pour insuffler vie. Les philosophes contemporains de l'esprit considèrent que l'organisation des organes matériels commande totalement à l'exercice de l'esprit. Ils estiment que les principes de toute pensée et de toute connaissance se réduisent donc aux principes matériels. Au demeurant, ils se trouvent toujours en demeure à son égard, car ce qui distingue l'esprit des autres choses matérielles reste indécis. Le dessein de ces philosophes n'est point de se dissimuler derrière les mots, cela serait indigne d'eux, mais, en de telles matières, ils ont dû avoir recours à des termes techniques : volonté, conscience, intentionnalité, représentation. » [...]

Jean-Gabriel Ganascia, *Les Sciences cognitives*, Flammarion, 1996, p. 42 à 47

* Philosophie de l'esprit : née dans la seconde moitié de ce siècle, la philosophie de l'esprit se propose d'aborder l'esprit et ce qui fait le propre de l'esprit, à savoir les états mentaux, à l'aide de concepts et de théories fondés sur les résultats de la science contemporaine.

(*op. cit.*, p. 118, glossaire)

■ Une « carte » des sciences cognitives

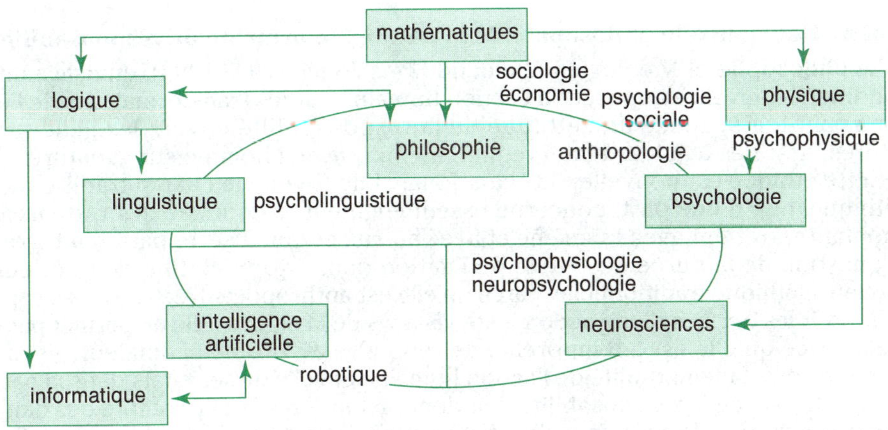

Source : D. Andler, « Sciences cognitives », in *Encyclopedia Universalis,* 1992

L'écologie

L'écologie est un mot formé au XIXe siècle pour désigner la science qui étudie les milieux naturels des êtres vivants. Il exprime aussi la prise de conscience des effets de l'activité humaine sur l'environnement naturel des sociétés humaines. L'écologie revendique une éthique de la responsabilité envers l'environnement.

Les sens de l'environnement

Au sens restreint, la notion d'environnement désigne l'ensemble des éléments naturels avec lesquels les êtres vivants en général entrent en interaction, en cherchant à y établir un équilibre. Le mot a reçu cependant le sens plus général de « cadre de vie » et désigne l'ensemble des conditions naturelles et culturelles de la vie humaine.

La préservation de l'environnement

☐ L'écologie insiste sur les transformations *radicales*, c'est-à-dire globales et irréversibles, des grands équilibres naturels de la planète que l'activité humaine a provoquées. L'existence de pollutions globales (sans frontières, planétaires) ainsi que l'épuisement des ressources naturelles ont provoqué la prise de conscience des *limites* de l'environnement naturel, de la fragilité ou de la vulnérabilité de la nature qui nous entoure.

☐ L'écologie révèle, en outre, que le développement économique, industriel, urbain, des sociétés orientées vers la consommation marchande ne se réalise pas impunément, et qu'il n'est pas sans effets durables et sans répercussions considérables sur les conditions naturelles qui en ont constitué la ressource initiale.

☐ Elle exprime, enfin, la reconnaissance du fait que la technique, autant que *libératrice* vis-à-vis des conditions naturelles de l'existence humaine, est *destructrice* de ces conditions. C'est l'épuisement de la nature comme ressource de la vie humaine qu'il faudrait désormais penser.

Une nouvelle philosophie de la nature : le principe de responsabilité

☐ Le philosophe et théologien allemand Hans Jonas (1903-1993), envisageant les conditions nouvelles imposées à l'action humaine par les transformations de l'environnement, a proposé une éthique de la responsabilité envers les générations futures, destinée à guider l'intervention technique de l'homme sur la nature.

☐ Cette éthique est nouvelle, dit Hans Jonas. Elle excède le champ traditionnel de l'éthique, qui, d'une part, concerne essentiellement le domaine des rapports que l'homme entretient avec lui-même et avec autrui, et qui, d'autre part, n'intègre pas la question de la durée des effets de l'action dans l'appréciation de la valeur de l'action. L'éthique traditionnelle, parce qu'elle est anthropocentrée, n'est pas capable de fournir les normes d'une action juste vis-à-vis de la nature. Elle ne permet pas non plus, parce qu'elle est a-temporelle, de répondre au problème, majeur, de la disjonction entre la temporalité de l'action humaine et celle de ses effets dans la nature.

☐ Une éthique de la responsabilité doit donc, selon Jonas, tenir compte des dangers potentiels que l'action d'aujourd'hui fait courir à l'humanité de demain. Elle doit intégrer à sa délibération la maxime morale suivante : « Agis de façon que les effets de ton action soient compatibles avec la préservation d'une vie humaine authentique. »

ANTI-HUMANISME OU PENSÉE GLOBALE ?

Les enjeux de la protection de l'environnement donnent lieu aujourd'hui à de vives controverses parmi les philosophes. La question, en particulier, est de savoir si les revendications en faveur d'un « droit » de la nature doivent être considérées comme une remise en cause des idéaux humanistes de la modernité. En d'autres termes, l'écologie est-elle anti-humaniste ?

■ L'écologie : une vision archaïque du monde ?

C'est la position que défend le philosophe Luc Ferry dans son livre *Le Nouvel Ordre écologique* (Grasset, 1992). À ses yeux, l'idée d'un « droit de la nature » non seulement n'est pas cohérente du point de vue philosophique, mais elle est dangereuse du point de vue politique. Un sujet de droit, en effet, est un être qui peut émettre des revendications vis-à-vis d'autrui, dans le cadre d'une réciprocité des droits et des obligations. Or, la nature n'a pas d'obligations vis-à-vis de l'être humain, ce n'est pas une personne.

L'époque moderne est caractérisée par l'idée que les normes juridiques et les valeurs morales sont produites par l'être humain, sans référence à une quelconque extériorité. L'humanité moderne, loin de s'insérer dans un ordre cosmique ou naturel, se considère comme l'origine et la fin de toutes les valeurs, qu'elles soient morales ou politiques.

Dans cette perspective, une position « environnementaliste » doit être dénoncée comme archaïque, anti-humaniste. L'« écologie profonde », dit Luc Ferry, entend renouer avec l'antique projet d'une « morale objective », c'est-à-dire déduite d'impératifs inscrits dans la nature elle-même, ce qui signifie une rupture « avec la tradition politique libérale issue de l'idéologie des droits de l'homme ». La pensée écologiste serait la tentative illusoire de retrouver des repères *objectifs* dans un univers qui désormais n'a pas de repères sinon ceux que l'être humain y a inscrits.

■ Pensée globale et « contrat naturel »

À l'inverse, Michel Serres préconise d'ajouter au contrat social un « contrat naturel » de symbiose, d'armistice et de réciprocité avec les choses. Mais ce contrat signifie surtout, à ses yeux, la reconnaissance de la réalité du monde global dans lequel vivent et agissent les hommes d'aujourd'hui. La question de l'environnement exige le développement d'une pensée globale, tant dans la science que dans la vie publique :

« J'entends désormais par contrat naturel d'abord la reconnaissance, exactement métaphysique, par chaque collectivité, qu'elle vit et travaille dans le même monde global que toutes les autres ; non seulement chaque collectivité politique associée par un contrat social, mais aussi chaque collectif quelconque, militaire, commercial, religieux, industriel…, associé par un contrat de droit […]. J'appelle ce contrat naturel métaphysique, parce qu'il va au-delà des limitations ordinaires des diverses spécialités locales […]. Il est aussi global que le contrat social et fait entrer celui-ci, en quelque sorte, dans le monde. […]
Le contrat naturel reconnaît d'abord l'égalité nouvelle entre la force de nos interventions globales et la globalité du monde. […] Le contrat naturel nous amène à considérer le point de vue du monde en sa totalité. »

M. Serres, *Le Contrat naturel*, éd. François Bourin, 1990, p. 78-79

La postmodernité

Qu'est devenue la réalité matérielle ? Y a-t-il encore un horizon historique ? Est-il possible de constituer un espace public ? La postmodernité est définie comme l'époque de la crise du réel, de l'histoire et de la communauté. Mais cette crise signifie-t-elle leur disparition ?

La crise du réel

□ L'époque postmoderne est celle de la déstabilisation des grandes distinctions et des grandes régularités qui structuraient jusqu'alors le rapport *sensible* de l'homme au monde.
□ Difficile par exemple de déterminer le temps, alors que le jour astronomique est progressivement remplacé par un jour technique, artificiel, indépendant des conditions du milieu naturel. De même, l'instantanéité des transmissions et le développement de la « distance-vitesse » provoquent contraction de l'espace, perte du sentiment du lieu et confusion des échelles de grandeur.
□ Cette crise du réel s'exprime par la promotion des signes et de leur circulation, c'est-à-dire par la sémiotisation généralisée des données de l'existence. Car « l'immatérialisation » se réalise en un lieu privilégié : l'écran vidéo. Faut-il alors parler de *téléprésence au monde* ?

La crise du sens de l'histoire

□ Nous serions à l'époque de la « fin des Grands Récits », selon le philosophe français Jean-François Lyotard.
□ L'époque contemporaine vit une « crise du futur ». Le progrès est devenu « routine du progrès », et la nouveauté, « tradition du nouveau ». L'avant-garde, qui voulait rompre avec tout passé, devient elle-même un élément historique et un objet de mémoire. Le nouveau s'use, il n'est pas hors du temps. Le passé est devenu citation : il se donne comme passé utilisable sous la forme de représentations explicites.
□ De même, la contemporanéité des différents passés dans le même lieu, induite par la médiatisation d'une vie sociale qui réduit les événements à une simultanéité sans profondeur, pose un problème spécifique. La page n'est plus blanche, et l'action se trouve devant un contexte, un palimpseste dont elle doit tenir compte.
□ L'époque postmoderne est moins celle de la disparition du sens que celle de la profusion et de la dispersion des significations disponibles.

La crise de la communauté

□ La dispersion des significations et des valeurs, mais aussi l'accumulation des moyens de communication, ont créé plus d'opacité que de transparence. Lourdeurs de la gestion des données et inégalités d'accès à l'information ont rendu, paradoxalement, plus incertain l'idéal d'une entente entre les hommes. L'idée de la communauté est devenue problématique.
□ Le pouvoir d'individualisation augmente. Des « micro-groupes » se constituent en fonction d'une éthique spécifique, dans le cadre d'un réseau de communication étroitement défini dans son extension et dans son codage. Le problème de la possibilité d'un espace public est posé.

UNE NOTION DISCUTÉE

Qu'est-ce qu'être moderne ?

La modernité s'est constituée, depuis le XVIIIe siècle, autour de trois thèmes : *la primauté du futur*, qui affirme le sens de l'histoire et le progrès vers le mieux ; *la résolution du commencement*, qui pose que toute nouveauté décisive est une rupture, parfois violente, avec ce qui était donné avant, selon l'image de la « table rase » constitutive de toute avant-garde (politique et esthétique) ; *la tendance à la sécularisation*, c'est-à-dire le processus d'abolition progressive des références aux traditions et à la transcendance, dans la définition des valeurs.

Le projet de la modernité peut-il être conservé ?

Contestant les perspectives du postmodernisme, le philosophe allemand Jürgen Habermas veut poser le problème de la survie du projet d'émancipation constitutif de la modernité.

« Le projet de modernité formulé au XVIIIe siècle par les philosophes des Lumières se définissait par l'effort de développement d'une science objective, d'une morale et d'un droit universels, et d'un art autonome, existant chacun en fonction de sa propre logique interne. En même temps, ce projet visait à libérer chacun de ces domaines pour les tirer du carcan de leurs formes ésotériques. Les philosophes des Lumières voulaient employer cette accumulation de richesses culturelles spécifiques pour l'enrichissement de la vie de tous les jours, autrement dit, pour une organisation plus rationnelle de la vie sociale de tous les jours.

Des penseurs comme Condorcet nourrissaient encore l'espoir assez fou que les arts et les sciences non seulement permettraient de parvenir un jour au contrôle des forces de la nature, mais amélioreraient notre compréhension du monde et de nous-mêmes, et feraient progresser la morale, la justice des institutions et même le bonheur de l'humanité. Le XXe a ruiné cet optimisme. La différenciation entre science, moralité et art s'est transformée aujourd'hui en autonomie de ces différents secteurs traités par des spécialistes [...]. Cette séparation des problèmes est à l'origine de toutes les tentatives de "renier" la culture des experts. Mais le problème reste entier : faut-il s'en tenir aux *intentions* des philosophes des Lumières, si faibles que puissent paraître leurs espoirs, ou bien faut-il considérer tout le projet de la modernité comme une cause perdue ? »

J. Habermas, « Le moderne et le postmoderne », in *Lettre internationale*, automne 1987, p. 42

Les non-lieux d'aujourd'hui

L'anthropologue Marc Augé, parlant de surmodernité, regroupe sous le terme de « non-lieu » quelques usages contemporains de l'espace.

« Un monde où l'on naît en clinique et où l'on meurt à l'hôpital, où se multiplient [...] les points de transit et les occupations provisoires (les chaînes d'hôtels et les squats, les clubs de vacances, les camps de réfugiés, les bidonvilles [...]), où se développe un réseau serré de moyens de transport qui sont aussi des espaces habités, où l'habitué des grandes surfaces, des distributeurs automatiques et des cartes de crédit renoue avec les gestes du commerce "à la muette", un monde ainsi promis à l'individualité solitaire, au passage, au provisoire et à l'éphémère, propose à l'anthropologue [...] un objet nouveau [...]. »

M. Augé, *Non-lieux. Introduction à une anthropologie de la surmodernité*, Hachette, 1992, p. 100-101

L'anthropologie

Étymologiquement, le terme « anthropologie » signifie « savoir de l'homme ». Pour Kant, ce savoir est philosophique et il ne peut être dissocié d'une recherche de la sagesse. Au sens courant, l'anthropologie désigne un savoir positif qui étudie l'homme globalement, dans toutes les sociétés et à toutes les époques.

L'anthropologie philosophique

☐ Qu'est-ce que l'homme ? Cette question est celle de l'anthropologie, dans son acception philosophique, c'est-à-dire kantienne. À la différence de l'approche morale, l'anthropologie n'envisage pas l'homme comme pur être raisonnable, mais elle l'étudie tel qu'il apparaît dans l'expérience et dans l'histoire. L'anthropologie, qui se fonde sur des connaissances empiriques, a toujours affaire à des circonstances contingentes. Kant distingue une anthropologie théorique (psychologie empirique, étudiant les facultés humaines), une anthropologie pragmatique (connaissance de l'homme appliquée au développement de son habileté) et une anthropologie morale (étude des conditions d'exercice de la moralité pure).

☐ En 1798, il publie, sous le titre *L'Anthropologie du point de vue pragmatique*, des leçons dispensées pendant trente ans. La connaissance pragmatique de l'homme étudie la manière dont celui-ci dispose de lui-même et de ce qui l'entoure ; elle s'intéresse à la manière dont l'homme fait usage de lui-même dans le monde. Pour Kant, cette connaissance suppose que l'homme soit « à lui-même sa fin dernière ». Elle est, de ce fait, inséparable de la reconnaissance de l'homme comme être moral, capable d'éducation et de progrès au cours du développement de l'espèce. L'anthropologie requiert la recherche d'une sagesse, qui est la tâche spécifique de la philosophie.

L'anthropologie sociale et culturelle

☐ L'anthropologie, encore désignée sous le terme d'ethnologie, s'est constituée comme savoir autonome à partir de la deuxième moitié du XIXe siècle. C'est par l'observation directe de sociétés lointaines, les sociétés dites « primitives », que sa méthode s'est progressivement affirmée. Ces sociétés, alors préservées de tout contact avec la civilisation occidentale, se caractérisaient par leur petite dimension, leur fonctionnement quasi autarcique, une technologie peu développée par rapport à la nôtre. Mais cet objet d'étude, culturellement et historiquement déterminé, ne circonscrit plus à lui seul le champ d'investigation de cette discipline.

☐ L'anthropologie sociale ou culturelle se veut une étude globale, qui vise l'homme en son entier, dans toutes les sociétés et à toutes les époques. Ce n'est pourtant pas à un concept abstrait d'homme que se réfère l'anthropologue : celui-ci étudie l'homme dans sa diversité. Selon lui, ce qui fait l'unité de l'homme est « son aptitude pratiquement infinie à inventer des modes de vie et des formes d'organisation sociale extrêmement diversifiés » (Laplantine). En découvrant et en connaissant d'autres cultures, l'anthropologue apprend à reconnaître les modalités d'existence, qui sont culturelles, des groupements sociaux vivant au sein de la civilisation occidentale. Ceux-ci constituent désormais aussi l'objet de son investigation spécifique.

ANTHROPOLOGIE ET PHILOSOPHIE

■ L'anthropologie du point de vue pragmatique

Pour Kant, l'anthropologie est un savoir systématique de l'homme, en tant qu'on le considère comme un être doué de raison et pouvant donc appliquer des connaissances acquises à l'usage du monde.

« Une doctrine de la connaissance de l'homme, systématiquement traitée (Anthropologie), peut l'être du point de vue physiologique, ou du point de vue pragmatique. La connaissance physiologique de l'homme tend à l'exploration de ce que la nature fait de l'homme ; la connaissance pragmatique de ce que l'homme en tant qu'être de libre activité, fait ou peut et doit faire de lui-même. [...]
Parmi les moyens d'élargir le champ de l'Anthropologie, il y a les voyages. [...]
Pourtant, il faut au préalable, et chez soi, en fréquentant ses concitoyens et ses compatriotes, avoir acquis une connaissance de l'homme, si l'on veut savoir à quel pays étranger on doit s'adresser pour agrandir le champ de ses connaissances. En l'absence d'un tel plan (qui présuppose déjà la connaissance de l'homme), le citoyen du monde demeure, sous le rapport de son anthropologie, enfermé toujours dans de très étroites limites. La connaissance générale doit précéder toujours la connaissance locale, s'il faut que la philosophie l'ordonne et la dirige : sans elle, toute connaissance acquise ne peut former qu'un tâtonnement fragmentaire, et non pas une science. »

Kant, *Anthropologie du point de vue pragmatique*, trad. M. Foucault, Vrin, 1979, p. 11-12

■ Porter sa vue au loin

Lévi-Strauss insiste sur le dépaysement que connaît l'anthropologue lorsqu'il est confronté aux sociétés éloignées de la sienne.

« Chaque fois qu'il est sur le terrain, l'ethnologue se voit livré à un monde où tout lui est étranger, souvent hostile. Il n'a que ce moi, dont il dispose encore, pour lui permettre de survivre et de faire sa recherche ; mais un moi physiquement et moralement meurtri par la fatigue, la faim, l'inconfort, le heurt des habitudes acquises, le surgissement de préjugés dont il n'avait pas le soupçon ; [...] Dans l'expérience ethnographique, par conséquent, l'observateur se saisit comme son propre instrument d'observation ; [...]
Car, pour parvenir à s'accepter dans les autres, but que l'ethnologue assigne à la connaissance de l'homme, il faut d'abord se refuser en soi.
C'est à Rousseau qu'on doit la découverte de ce principe, le seul sur lequel peuvent se fonder les sciences humaines, mais qui devait rester inaccessible et incompréhensible tant que régnait une philosophie qui, prenant son point de départ dans le Cogito, était la prisonnière des prétendues évidences du moi [...] »

C. Lévi-Strauss, « Jean-Jacques Rousseau, fondateur des sciences de l'homme », in *Anthropologie structurale, II*, Plon, 1973, p. 47-48

Claude Lévi-Strauss

La théologie

« Quoi de commun entre Athènes et Jérusalem, entre l'Académie et l'Église ? » demandait Tertullien. La théologie est la science de la foi. Elle veut éclairer la foi religieuse de l'intérieur. Mais, parce qu'elle a mobilisé les méthodes et les concepts issus de la pensée grecque, la théologie s'est développée en relation avec la philosophie.

Théologie et christianisme

□ La théologie est le discours ou la doctrine sur Dieu. C'est un mot grec. Platon l'utilise dans *La République* pour désigner l'approche rationnelle de Dieu, par opposition aux discours mythiques des poètes (Hésiode, Homère). Chez Aristote, la théologie est désignée comme philosophie première, pensée de l'être en tant qu'être. Son origine grecque fait de la théologie un discours sur le principe suprême de l'univers. Le problème sera d'articuler cette approche rationnelle et la révélation religieuse d'un Dieu personnel.

□ Ce n'est que très progressivement que les auteurs chrétiens adoptent le mot, en lui donnant le sens de doctrine inspirée par le Christ. On utilisera longtemps, après saint Augustin, l'expression *doctrina christiana.* Ce n'est qu'au XIIe siècle que la théologie est devenue une discipline dogmatique.

La théologie comme intelligence de la foi

□ La théologie ne fait pas partie des sciences de la religion, c'est-à-dire de ces sciences humaines qui proposent une explication extrinsèque des discours, des pratiques et des vécus religieux. Même si elle s'y confronte, et peut s'en inspirer parfois, la théologie se distingue des sciences humaines dans la mesure, essentielle, où elle est l'attestation de la révélation et l'expression de la foi. La théologie consiste à *rendre raison de la foi.* Elle accompagne, sur un mode rationnel, à la fois le dévoilement du mystère divin et l'appropriation de ce mystère par une subjectivité humaine.

□ La théologie tente de rendre plus intelligible le mystère divin, elle enseigne la foi et la justifie auprès des incrédules. En ce sens, elle ne peut se contenter d'un rappel à l'autorité. Comme le dit Thomas d'Aquin, « il importe que ceux qui cherchent les racines de la vérité s'appuient sur des raisons et qu'ils s'efforcent de faire savoir de quelle façon est vrai ce qu'ils affirment ». Dans cette perspective, la théologie scolastique, à côté de la lecture suivie de la Bible, fait référence aux interprétations proposées par les Pères de l'Église, et fait appel au corpus philosophique et scientifique d'origine aristotélicienne et arabe.

Théologie et herméneutique

La théologie ne peut être réduite à l'exposé dogmatique de la doctrine de l'Église. Elle effectue un travail d'interprétation et d'explicitation des textes et des traditions dans lesquels la parole de Dieu s'est déposée. En outre, elle entretient avec l'histoire de la culture un rapport privilégié, qui la conduit à poser de façon répétée le problème de l'actualité du message chrétien, c'est-à-dire de l'application du contenu de la foi chrétienne aux données de la culture contemporaine. Cette double fonction herméneutique de la théologie est la garantie de sa vitalité.

LE DIEU DES PHILOSOPHES ET LE DIEU D'ABRAHAM

La théologie rationnelle/naturelle

On désigne par ces expressions les tentatives philosophiques, surtout à partir des XVIe et XVIIe siècles, pour développer un discours sur Dieu indépendamment de la Révélation. Il s'agit, dans cette perspective, de s'opposer avant tout à la superstition. La connaissance de Dieu doit pouvoir s'appuyer uniquement sur l'expérience ou sur la raison. Il n'est donc pas besoin de mobiliser des moyens surnaturels (par exemple, le miracle) pour prouver l'existence de Dieu.

Kant, dans la *Critique de la raison pure*, va ruiner les efforts de la théologie rationnelle en démontrant l'impossibilité des preuves rationnelles de l'existence de Dieu. Ces preuves sont au nombre de trois : la preuve ontologique (qui affirme que l'existence de Dieu est contenue dans son essence), la preuve cosmologique (qui pose Dieu comme cause du monde), la preuve physico-théologique (qui veut remonter de la considération de l'ordre du monde à l'affirmation de Dieu comme auteur de cet ordre).

La théologie comme *sacra doctrina* selon Thomas d'Aquin

La théologie est une science, selon Thomas d'Aquin, parce qu'elle est discours, c'est-à-dire mise en relation raisonnée de deux vérités dont l'une est principe et l'autre conclusion. Dans le cas de la théologie, les principes sont les articles de foi. La théologie est une science qui reçoit ses principes de la foi.

« La *sacra doctrina* est une science. Mais il faut savoir qu'il y a deux sortes de science. Certaines procèdent à partir de principes connus à la lumière naturelle de l'intelligence : telles l'arithmétique, la géométrie et autres semblables, d'autres procèdent à partir de principes qui sont connus à la lumière d'une science supérieure : ainsi la perspective, qui part de principes communiqués par la géométrie, ou la musique, qui part de principes connus par l'arithmétique. C'est de cette dernière façon que la *sacra doctrina* est science, car elle procède à partir de principes connus à la lumière d'une science supérieure, la science de Dieu et des bienheureux. Ainsi, de la même façon que la musique se fie aux principes qu'elle reçoit de l'arithmétique, ainsi la *sacra doctrina* se fie aux principes qui lui sont révélés par Dieu. »

Thomas d'Aquin, *Somme théologique*, la q. 1 a. 2

Moïse Maïmonide : la synthèse de l'hébraïsme et de l'hellénisme

Faut-il rappeler que la théologie n'est pas une affaire chrétienne seulement ? La redécouverte, grâce aux penseurs arabes, à partir du IXe siècle, de l'œuvre d'Aristote, fait accéder juifs et chrétiens à la science et à la métaphysique grecques. La question qui se pose alors est celle de la confrontation et de l'harmonisation de la foi biblique et de la raison aristotélicienne.

Médecin, grand connaisseur de la pensée biblique et talmudique, de la philosophie grecque et de la pensée arabe, le philosophe juif Moïse Maïmonide (1135-1204) tente d'élaborer une synthèse théologique entre la foi d'Israël et la raison grecque. Maïmonide développe une position rationaliste : la philosophie est le seul chemin qui mène à la révélation. Mais le terme de ce chemin discursif est l'illumination, l'intuition de la gloire de Dieu. Philosophie grecque et mystique hébraïque ne se contredisent pas, mais constituent les deux degrés de la théologie.

L'épistémologie

L'épistémologie est l'étude de la connaissance scientique. Ce mot désigne des recherches de nature différente, mais qui tentent toutes de répondre à la question : « Qu'est-ce que la science ? » L'épistémologie se pose, en particulier, la question des relations entre la science et les formes non scientifiques du savoir.

Philosophie et science

☐ Traditionnellement, la philosophie a cherché à établir les *droits* d'une connaissance quelconque à se présenter comme science, du point de vue de ses concepts, de ses méthodes et de ses résultats. La philosophie a donc été amenée à définir un concept de science pouvant valoir comme norme de tout discours orienté vers la connaissance du réel. Dans cette perspective, la science est essentiellement envisagée comme discours théorique, objectif et universel.

☐ La réflexion philosophique sur la science est donc traditionnellement *fondationnelle* (quels sont les discours qui peuvent être légitimement considérés comme scientifiques ?) et *normative* (par exemple : qu'est-ce que *la* méthode scientifique, et jusqu'à quel point telle ou telle connaissance y est-elle conforme ?). Plus encore, elle figure comme un des modèles principaux de la rationalité.

L'objet de l'épistémologie

☐ Il ne faut pas confondre l'objet de l'épistémologie et l'objet de la science. La science constitue ses objets en découpant dans le réel le domaine de ses investigations et en élaborant une méthode permettant d'aboutir à une théorie explicative des phénomènes considérés. L'épistémologie se donne justement pour objet de dégager l'ensemble des démarches mises en œuvre par la science.

☐ La science, dans ses conclusions, efface les traces de son activité constructive, tout comme l'édifice une fois achevé laisse dans l'ombre les efforts, les savoirs, les outils qui ont permis sa réalisation. La théorie scientifique se présente sans passé, et cette impersonnalité revendiquée constitue la garantie de son objectivité. Mais l'épistémologie fait son objet de ces traces, de ces efforts, de ce passé. Elle restitue à la science son origine humaine.

☐ En procédant à l'inventaire et à l'analyse critique des textes publiés ou non par le savant, des instruments et des procédures logiques et techniques ainsi que des concepts mis en œuvre dans l'acte de la science, elle replace les conclusions de la science dans les perspectives et la dynamique qui y ont mené.

L'élargissement des études épistémologiques

Aujourd'hui, la science n'est plus seulement considérée sous l'angle de la philosophie. La sociologie, la psychologie, l'histoire ont fait de l'activité scientifique un objet de recherche. La science y est envisagée avant tout comme un fait humain, même si ce fait est d'un genre spécial. Les théories, les méthodes, les concepts, les résultats de la science sont reliés au monde humain où ils sont apparus, et d'où ils émergent. La science comme fait culturel, comme instrument économique et politique, comme événement historique, comme expérience psychologique : ce sont autant d'objets nouveaux que se donne aujourd'hui l'épistémologie, qui est dès lors conduite à varier ses approches et ses méthodes d'investigation.

LE PROJET DE LA SCIENCE

■ Une question de mots

Le mot *épistémologie* est d'un usage relativement récent. Il est introduit une première fois en 1901 pour traduire le mot *epistemology*, formé par le philosophe et mathématicien anglais Russell pour traduire le mot allemand *Wissenschaftslehre* (théorie de la connaissance). Russell, en fait, traduit l'allemand par le grec *epistêmê* (science), adapté ensuite à l'anglais. Dès 1907, le mot *épistémologie* est présenté comme l'équivalent de l'expression française *philosophie des sciences,* qui désignait jusqu'alors ce genre d'études. Ce n'est que dans la seconde moitié du XXe siècle que le mot s'impose, de façon de plus en plus nette. L'influence exercée par le monde anglo-américain dans les études consacrées à la science en est une première raison. Mais c'est surtout la diversification des recherches épistémologiques et leur séparation progressive d'avec leur affiliation philosophique originaire qu'il faut ici considérer.

■ Une conception rationaliste de la science

Pour Gilles-Gaston Granger, philosophe et professeur au Collège de France, on peut résumer le projet de la science en trois points :

« 1. La science vise une “réalité”, quelle que soit l'interprétation que la philosophie veuille donner à ce terme : il s'oppose seulement ici à toute production que l'imagination construirait sans obstacles.
2. La science cherche une “explication”, c'est-à-dire l'insertion de la réalité qu'elle décrit dans un système abstrait de concepts, débordant les faits singuliers que l'expérience nous propose. Une explication ainsi entendue suppose que les faits à expliquer soient transposés d'abord sous la forme d'un “modèle” abstrait, dont les éléments puissent être définis par leurs relations mutuelles et, pour certains d'entre eux, par un protocole de rapports avec l'expérience.
3. La science se soumet à des critères de “validité” qui sont explicitement formulables et qui font l'objet d'un consensus. »

G.-G. Granger, « Épistémologie », in *Encyclopedia Universalis*, 1993

■ Un concept fondamental : le concept d'« obstacle épistémologique »

Gaston Bachelard (1884-1962), cherchant à définir les conditions d'apparition de l'esprit scientifique, présente la science comme un travail de rupture vis-à-vis des représentations, des habitudes de pensée, des connaissances non critiquées, qu'il nomme *obstacles épistémologiques* :

« […] *c'est en termes d'obstacles qu'il faut poser le problème de la connaissance scientifique.* Et il ne s'agit pas de considérer des obstacles externes, comme la complexité et la fugacité des phénomènes, ni d'incriminer la faiblesse des sens et de l'esprit humain : c'est dans l'acte même de connaître, intimement, qu'apparaissent, par une sorte de nécessité fonctionnelle, des lenteurs et des troubles. C'est là que nous montrerons des causes de stagnation et même de régression, c'est là que nous décélerons des causes d'inertie que nous appellerons des obstacles épistémologiques. […] En revenant sur un passé d'erreurs, on trouve la vérité en un véritable repentir intellectuel. En fait, on connaît contre une connaissance antérieure, en détruisant des connaissances mal faites, en surmontant ce qui, dans l'esprit même, fait obstacle à la spiritualisation. »

Bachelard, *La Formation de l'esprit scientifique,* Vrin, 1938, p. 16

L'esthétique

Le questionnement esthétique porte sur la beauté, celle-ci pouvant être incarnée dans les productions de l'art humain comme de la nature. L'objet beau, dans sa singularité, s'offre à la perception. L'esthétique s'interroge aussi sur les modalités et les conditions de cette expérience particulière.

La naissance de l'esthétique

□ « Esthétique » vient d'un mot grec qui signifie « sensation ». L'idée de l'esthétique comme discipline autonome apparaît au XVIIIe siècle avec Baumgarten (1714-1762), auteur de l'*Aesthetica* (1750-1758). Dans cet ouvrage, Baumgarten rattache l'appréciation de la beauté à l'existence d'une faculté esthétique propre au sujet humain, permettant une connaissance du sensible comme tel.

□ S'il faut historiquement attendre cette époque pour voir émerger l'idée d'une raison esthétique, cela ne signifie pas que le questionnement philosophique sur le beau date du XVIIIe siècle. Il remonte aux Grecs. Platon s'interroge sur l'Idée de la Beauté, à laquelle participent selon lui les objets que nous éprouvons et que nous qualifions comme étant « beaux » : de la beauté des corps à celle des âmes, l'ascension vers la « Beauté » doit pouvoir conduire au Vrai ou au Bien.

Les grandes esthétiques philosophiques : Kant et Hegel

□ L'esthétique n'est pas un discours normatif ou prescriptif, visant à énoncer les critères du beau auxquels l'artiste devrait se plier. Mais elle n'est pas non plus un discours simplement descriptif. Pour Kant et pour Hegel, l'esthétique doit trouver sa place dans la philosophie comprise comme savoir systématique.

□ Dans la *Critique de la faculté de juger* (1790), Kant réfléchit aux conditions de possibilité du jugement de goût s'exerçant sur les productions de la nature comme de l'art humain. Il introduit l'idée du « sublime » pour définir le sentiment que l'être humain, dans l'attrait et l'effroi mêlés, éprouve devant ce qui est incomparablement grand dans la nature.

□ Dans ses cours sur l'esthétique (1818-1829), Hegel adopte une perspective résolument objective, dans la mesure où le beau est selon lui une manifestation sensible de l'Idée : tous les produits de la nature sont en conséquence exclus, et seuls les produits de l'art humain, considérés comme spirituels, sont retenus afin d'être pensés dans une histoire qui est celle de l'Esprit Absolu. Hegel subordonne l'art à la vérité, l'art n'est que le premier moment d'une philosophie véritablement accomplie dans le Savoir Absolu.

L'expérience esthétique

□ Paul Valéry (1871-1946), dans son *Discours sur l'esthétique*, ironise sur les métaphysiciens qui auraient isolé le Beau des belles choses, se dispensant ainsi de l'expérience du Beau en tant qu'il se « rencontre dans le monde sensible ».

□ Tout discours universel sur le beau n'a-t-il pas pour limite la diversité essentielle des beautés offertes à la perception ? La phénoménologie tente de cerner au plus près cette expérience qui lie essentiellement l'objet perçu, dans sa matérialité, au sujet percevant.

QUELQUES TENDANCES DE L'ESTHÉTIQUE AU XXe SIÈCLE

■ Une esthétique de la modernité : Theodor W. Adorno

Philosophe de l'École de Francfort, T.W. Adorno a beaucoup écrit sur l'art. Dans sa *Théorie esthétique* (posthume), il vise le projet d'une esthétique qui puisse tenir compte des mutations de l'art au XXe siècle.

« Même lorsque l'art se révolte contre sa neutralisation en quelque chose de contemplatif et insiste sur son aspect extrême d'incohérence et de dissonance, ces aspects constituent tout de même une unité ; sinon ces moments ne pourraient même pas "dissoner". [...] Cette harmonie esthétique est, par rapport à ses éléments, quelque chose de négatif. [...]
Même les œuvres d'art affranchies des conceptions de l'harmonie et de la symétrie sont caractérisées dans leur forme par la ressemblance et le contraste, le statisme et le dynamisme, la position et les champs de transition, le développement, l'identité et le retour. La différence entre la première apparition d'un de ces éléments et sa répétition, aussi modifiée soit-elle, ne peut être complètement éliminée par les œuvres. La capacité de sentir et d'utiliser les rapports d'harmonie et de symétrie dans leur forme la plus abstraite devient toujours plus subtile. Là où jadis, par exemple en musique, une reprise plus ou moins rigoureuse veillait à la symétrie, il suffit parfois d'une vague ressemblance de timbres à des endroits différents pour rétablir la symétrie. »

Adorno, *Théorie esthétique*, Klincksieck, 2e éd. 1989, p. 203, 204, 206

■ Quand y a-t-il de l'art ? : Nelson Goodman

Le philosophe américain Nelson Goodman rompt avec la question traditionnelle : « Qu'est-ce que l'art ? », lui substituant une autre question : « Quand et où y a-t-il de l'art ? » Inscrivant sa recherche dans le prolongement de la philosophie analytique, il tente de définir l'art comme une manière, parmi d'autres, de manipuler et de construire des symboles.

« Un symptôme n'est une condition ni nécessaire ni suffisante pour l'expérience esthétique, mais il tend simplement à y être présent en conjonction avec d'autres symptômes du même genre.
Trois des symptômes de l'esthétique peuvent être : la densité syntaxique, la densité sémantique et la saturation syntaxique. Comme nous l'avons vu, la densité syntaxique est caractéristique des systèmes non linguistiques, et est un trait qui distingue les esquisses des partitions et des scripts ; la densité sémantique est caractéristique de la représentation, de la description et de l'expression dans les arts, et est un trait qui différencie les esquisses et les scripts des partitions ; et la saturation syntaxique relative distingue parmi les systèmes sémantiquement denses les plus représentationnels des plus diagrammatiques, les moins "schématiques" de ceux qui le sont davantage. [...] Le quatrième et dernier symptôme de l'esthétique est le trait qui distingue les systèmes exemplificationnels des systèmes dénotationnels et qui, en se combinant avec la densité, permet de distinguer entre montrer et dire. Une expérience est exemplificationnelle pour autant qu'elle concerne des propriétés exemplifiées ou exprimées – à savoir, des propriétés possédées et exhibées – par un symbole, et non uniquement des choses que le symbole dénote. »

N. Goodman, *Langages de l'art,* éd. J. Chambon, 1990, p. 295-296

La métaphysique

La métaphysique correspond à la volonté de fonder le discours et l'exercice de la pensée, en les articulant à une réflexion sur l'être. En tant que telle, elle est la science des principes, et la science de l'être en tant qu'être. Cependant, la philosophie moderne s'est définie dans un rapport critique avec la métaphysique.

La métaphysique aristotélicienne comme pensée de la substance

□ Tout comme Platon, Aristote articule la question des conditions de possibilité d'un discours vrai, ou simplement sensé, avec l'affirmation de l'existence d'une réalité au-delà du discours. Le discours présuppose un être dont il parle, et cette relation à un être au-delà est pour le discours la garantie de sa signification. La métaphysique reflète la volonté d'en « revenir au principe » : en cela, elle est *philosophie première.* Ce principe est l'être en tant qu'être : en cela, elle est *ontologie.*

□ L'être est défini par Aristote comme « substance » *(ousia).* La substance est, d'une part, l'essence de la chose, c'est-à-dire ce par quoi elle est ce qu'elle est. Elle est, d'autre part, ce qui demeure, ce qui subsiste de façon permanente, comme un substrat, sous les qualités changeantes de la chose. L'être est ce qui demeure identique à lui-même par-delà les changements dont les choses sont affectées dans le temps et dans l'espace. La métaphysique est la pensée de cette présence sous-jacente de l'être, qui subsiste sous les métamorphoses de l'apparence.

La critique empiriste de la métaphysique

La critique moderne de la métaphysique est l'expression d'une interrogation sur les pouvoirs et les limites de l'esprit humain. Hume développe une position radicale : la métaphysique pousse l'esprit à sortir du cadre de ce qui est par lui expérimentalement contrôlable. L'être entendu comme substance est au-delà de ce que l'être humain peut raisonnablement affirmer. « Si nous prenons en main un volume de théologie ou de métaphysique scolastique, par exemple demandons-nous : contient-il des raisonnements expérimentaux sur des questions de fait ou d'existence ? Non ? Alors, mettez-le au feu, car il ne contient que sophismes et illusions » (Hume).

Kant et la métaphysique

□ Kant associe la question de la possibilité de la métaphysique et celle des conditions d'une connaissance objective de la nature. Il n'y a de science qu'à l'intérieur des limites de l'expérience possible, dans la mise en relation des concepts de l'entendement et des données issues de l'intuition sensible. Le concept de *substance* désigne donc moins l'être en tant qu'être que le concept de l'entendement qui rend *a priori* possible l'expérience du changement. La métaphysique qui veut conduire la raison hors des limites de l'expérience ne fait que l'enfermer dans des contradictions dont elle ne peut sortir.

□ La métaphysique possède cependant, selon Kant, un caractère inévitable, car elle exprime le besoin fondamental de la raison de systématiser ses connaissances. Elle conserve dès lors chez Kant une fonction régulatrice : celle qui consiste à dégager un *sens* pour la tâche de la raison humaine, tâche qui est proprement infinie.

FORTUNES ET INFORTUNES D'UNE EXPRESSION

■ L'histoire du mot

Le mot « métaphysique » est d'abord un mot de bibliothécaire. Il est utilisé pour la première fois par Andronicos de Rhodes, au Ier siècle après J.-C., pour désigner quelques traités sans titre d'Aristote, qu'il avait classés après les leçons de physique. Métaphysique, c'est ce qui vient après la physique *(méta ta physica).*

Aristote lui-même désignait ce que l'on appelle aujourd'hui « métaphysique » par les expressions suivantes : philosophie première, science de l'être en tant qu'être, théologie.

C'est à partir du XIIIe siècle que se constitue véritablement la métaphysique comme discipline spécifique. À ce moment, en effet, l'Occident latin découvre la *Métaphysique* d'Aristote et ses commentateurs arabes (Avicenne, Averroès). Albert le Grand puis Thomas d'Aquin reprennent en grande partie l'interprétation d'Avicenne : la métaphysique a pour objet l'être en tant qu'être.

Au XVIIe siècle, on distinguera la métaphysique générale, dite ontologie, et la métaphysique spéciale, divisée en théologie, psychologie et cosmologie rationnelles.

■ Le dépassement de la métaphysique par l'analyse logique du langage

L'empirisme logique contemporain veut critiquer les énoncés de la métaphysique au moyen de l'analyse logique du langage. Seuls les énoncés qui peuvent être reliés à des faits ou qui sont traduisibles dans le langage de la science possèdent un sens, déclarent les membres du Cercle de Vienne. Du point de vue de ce critère, les propositions métaphysiques sont déclarées vides de sens et doivent être éliminées.

■ Métaphysique et onto-théologie

L'expression « onto-théologie » est utilisée par Heidegger pour désigner ce qui caractérise de façon essentielle la pensée métaphysique occidentale. Pourquoi cette expression ? La métaphysique occulte la différence de l'être et de l'étant : elle se développe comme une ontologie. Elle définit, en outre, un étant suprême, Dieu, comme fondement des étants : elle prend la forme d'une théologie. D'où : onto-théologie.

Quelques précisions :

1° la métaphysique est une pensée de l'être comme fond (ce sur quoi réside toute chose) ;

2° ce fond est pensé comme un fondement en raison *(logos)* ;

3° le *logos* des choses est défini comme substance qui demeure, par opposition au devenir ;

4° une telle pensée de l'être comme substance réduit l'être (au sens verbal) à ce qui est, l'étant (au sens substantif). La métaphysique est, dès lors, une pensée de l'identité, où la différence ontologique (être/étant) n'est plus perçue comme telle, où l'être est pensé en termes *ontiques* ;

5° parmi les étants, un étant suprême est posé comme fondement de tous les étants : Dieu. Dieu est présenté comme raison ultime, cause première et cause de soi. La pensée de l'être devient savoir de Dieu, et la métaphysique se fait onto-théologie.

Selon Heidegger, il faudrait pouvoir réentendre la différence ontologique, c'est-à-dire l'être au sens verbal, comme « événement ». Ce qui veut dire ne plus penser en termes de fondement ou de raison : c'est la fin de la philosophie, au sens que lui a donné la métaphysique occidentale.

La philosophie morale

La philosophie morale concerne l'action humaine. Elle soulève le problème de savoir sur quels principes ou quelles valeurs l'homme doit conduire sa vie et doit envisager ses relations avec les autres hommes. Les modalités de son questionnement sont inséparables de la fin que l'on attribue à l'existence humaine.

Les valeurs et la raison

La philosophie morale est à la fois réflexion sur les valeurs qui doivent guider la vie et mise en exercice de ces valeurs dans des actes quotidiens de vigilance et d'attention à soi et aux autres. Il y a philosophie morale, depuis Socrate, dès lors que les valeurs auxquelles un individu adhère sont par lui explicitées et argumentées.

Les sagesses antiques

La philosophie morale ne constitue pas, chez les Grecs, un savoir spécifique au sein de la philosophie. En son entier celle-ci est envisagée comme une sagesse dont le but est le souverain bien. La question morale porte sur la définition de ce souverain bien et sur les moyens pour y parvenir. La morale antique méconnaît les catégories de la loi, de l'interdit ou de la culpabilité qui sont les catégories chrétiennes. C'est une morale, fondée non pas sur le sujet, mais sur la nature.

L'éthique de Spinoza

Spinoza refuse toute valeur transcendante pour justifier le bien-fondé de la conduite humaine. Pour lui, les notions de bien et de mal sont des fictions que l'homme invente, faute de connaître la vraie nature des choses et la force affirmative de son désir. Cet état d'ignorance, qui conduit à imaginer des causes finales dans la nature, définit pour Spinoza la servitude de l'homme, en proie à la tristesse de ses passions. L'« éthique » propose la voie d'une libération par la connaissance. Celle-ci doit conduire à la « joie » de l'affirmation de soi, qui est pour Spinoza la joie « active » de la connaissance adéquate.

Kant : la morale de l'impératif catégorique

La morale de Kant est une morale de l'universalité du devoir. À la question : « Que dois-je faire ? », Kant répond par l'impératif catégorique : « Agis de telle sorte que la maxime de ton action puisse devenir une loi universelle. » Le devoir moral est inconditionné, c'est-à-dire que l'action morale ne tire pas sa valeur du but vers lequel elle tend ni de l'objet qu'elle réalise, mais du principe en vertu duquel la volonté s'accomplit ; elle est nécessité d'accomplir une action par respect pour la loi. Pour Kant, c'est la pure forme de la loi qui commande le devoir moral, contre toute inclination sensible.

Nietzsche : la généalogie de la morale

Nietzsche porte sur le bien et le mal le regard d'un généalogiste. C'est la genèse de ces valeurs et de leur opposition qui l'intéresse. Dans la morale traditionnelle inspirée de la religion chrétienne, il voit une « morale du ressentiment » basée sur la crainte et la lâcheté des plus faibles qui n'osent affronter la vie. À cela, Nietzsche oppose un renversement des valeurs, à partir de la volonté de puissance.

ACTUALITÉ DE L'ÉTHIQUE

■ Levinas : une éthique de l'altérité

Emmanuel Levinas (1906-1995) prend appui sur la tradition judaïque pour penser l'éthique comme expérience véritable de l'Autre. Dans l'ouverture à l'Autre, qui saisit le sujet plus que lui-même, s'effectue une relation à l'Infini.

« Je ne redoute pas le mot de Dieu, qui apparaît très souvent dans mes essais. L'Infini me vient à l'idée dans la signifiance du visage. Le visage signifie l'Infini. Celui-ci n'apparaît jamais comme thème, mais dans cette signifiance éthique elle-même : c'est-à-dire dans le fait que plus je suis juste, plus je suis responsable ; on n'est jamais quitte à l'égard d'autrui. [...] À aucun moment personne ne peut dire : j'ai fait tout mon devoir. Sauf l'hypocrite. [...] C'est en ce sens qu'il y a une ouverture au-delà de ce qui se délimite ; et telle est la manifestation de l'Infini. Ce n'est pas une "manifestation" au sens de "dévoilement", qui serait adéquation à une donnée. Le propre, au contraire, de la relation à l'Infini, c'est qu'elle n'est pas dévoilement. Quand, en présence d'autrui, je dis "Me voici", ce "Me voici" est le lieu par où l'Infini entre dans le langage, mais sans se donner à voir. »

Levinas, *Éthique et Infini*, Fayard, 1982, p. 101-105

■ Foucault : l'éthique, une esthétique de l'existence

S'inspirant des sagesses antiques, Foucault place au centre de son éthique, dans *L'Usage des plaisirs* et *Le Souci de soi*, le problème de l'organisation de la vie, envisagée comme rapport à soi.

« Le rapport à soi n'est pas simplement "conscience de soi", mais constitution de soi comme "sujet moral", dans laquelle l'individu circonscrit la part de lui-même qui constitue l'objet de cette pratique morale, définit sa position par rapport au précepte qu'il suit, se fixe un certain mode d'être qui vaudra comme accomplissement moral de lui-même ; et, pour ce faire, il agit sur lui-même, entreprend de se connaître, se contrôle, s'éprouve, se perfectionne, se transforme. [...]

Dans ce premier volume, je voudrais marquer quelques traits généraux qui caractérisent la manière dont le comportement sexuel a été réfléchi par la pensée grecque classique comme domaine d'appréciation et de choix moraux. Je partirai de la notion alors courante d'"usage des plaisirs" – *chrèsis aphrodisi ōn* – pour dégager les modes de subjectivation auxquels elle se réfère : substance éthique, types d'assujettissement, formes d'élaboration de soi et de téléologie morale. Puis en partant chaque fois d'une pratique qui avait dans la culture grecque son existence, son statut et ses règles (la pratique du régime de santé, celle de la gestion de la maisonnée, celle de la cour amoureuse), j'étudierai la façon dont la pensée médicale et philosophique a élaboré cet "usage des plaisirs" et a formulé quelques thèmes d'austérité qui allaient devenir récurrents sur quatre grands axes de l'expérience : le rapport au corps, le rapport à l'épouse, le rapport aux garçons, et le rapport à la vérité. »

Foucault, *L'Usage des plaisirs*, Gallimard, 1984, p. 35-39

La philosophie politique

En rapport avec les formes historiques dans lesquelles elle apparaît, la philosophie politique est inséparable d'un questionnement sur l'État, comme mode d'organisation collective de l'existence humaine. En posant le problème de l'exercice du pouvoir, Machiavel ouvre la voie d'une conception nouvelle du politique.

Aristote : l'homme est un « animal politique »

□ La pensée antique, qui naît dans une société de type esclavagiste, méconnaît l'individualité ou le principe moderne de la liberté subjective selon lequel tout homme, en tant qu'homme, est libre. « L'homme est un animal politique » : cela signifie, pour Aristote, que la cité est antérieure à chaque individu et que l'homme est « par nature un être destiné à vivre en cité ». Pour Aristote, la fin de la Cité est le « vivre bien » de l'homme, lequel consiste non seulement dans l'aisance matérielle mais dans le bonheur ou la vie heureuse. Selon lui, la moralité trouve son achèvement dans la politique.

□ Dans la *Politique*, Aristote s'interroge sur la Constitution, qui est le texte écrit définissant l'exercice du pouvoir suprême dans l'État. La Constitution doit viser le bonheur général et organiser le gouvernement en fonction de « l'intérêt commun ». La pensée du meilleur régime inclut la considération des conditions particulières du pays où il est en vigueur.

Le réalisme de Machiavel

□ Machiavel (1469-1527) soulève non pas le problème idéal du meilleur régime, mais celui de l'exercice réel et de la stabilité du pouvoir politique ; en ce sens, il rompt avec la pensée antique et médiévale chrétienne. Sa pensée, notamment dans *Le Prince* (1513), tente de conférer à la sphère politique son autonomie par rapport à la sphère morale : c'est la nécessité propre à l'action politique, c'est-à-dire son efficacité, qui veut être pensée.

□ Mais cela implique de renoncer au présupposé du caractère vertueux de l'homme. Il faut au contraire tenir compte de la méchanceté des hommes comme de la nature inconstante, fragile et imprévisible des événements humains. Ce réalisme conduit Machiavel à soutenir que la ruse, la force et le mensonge, pour ne pas être des vertus morales, n'en sont pas moins des vertus politiques. Le prince, qui agit en renard et en lion, n'en est d'ailleurs pas tyran pour autant.

La pensée politique moderne

□ À partir des XVIIe et XVIIIe siècles, la pensée politique tend à s'organiser autour de deux grandes tendances. À la question de savoir comment garantir et justifier l'unité et la stabilité de l'ordre social, la première tendance – celle de Spinoza, Rousseau, Hegel ou Marx – privilégie une réponse d'ordre politique. C'est le problème de l'établissement d'une société juste qui veut être pensé et le point de vue de la raison d'État prédomine.

□ La seconde tendance, initiée par l'économie politique de Adam Smith (1723-1790), privilégie une réponse de type économique. Selon la pensée utilitariste et libérale, la seule concurrence des intérêts égoïstes, suivant la loi du marché, contribue à l'émergence d'un ordre social harmonieux. L'intervention de l'État doit être minimale.

LA THÉORIE DE LA JUSTICE DE JOHN RAWLS

Une tendance actuelle de la philosophie politique

John Rawls occupe une place importante dans le domaine anglo-saxon de la philosophie politique. Dans *Théorie de la justice* (1971), il propose une analyse critique de l'utilitarisme, courant qui fonde la justice sur le principe de « l'utilité ». Refusant de réduire le juste à l'utile comme le font au contraire Bentham (1748-1832) ou John Stuart Mill (1806-1873), Rawls tente de construire sa propre théorie de la société en s'appuyant sur le courant contractualiste (Locke, Rousseau et Kant). C'est donc dans une perspective morale que Rawls veut envisager l'organisation des mécanismes sociaux et des échanges.

Qu'est-ce que la justice ?

« Mon but est de présenter une conception de la justice qui généralise et porte à un plus haut niveau d'abstraction la théorie bien connue du contrat social telle qu'on la trouve, entre autres, chez Locke, Rousseau, Kant. Pour cela, nous ne devons pas penser que le contrat originel soit conçu pour nous engager à entrer dans une société particulière ou pour établir une forme particulière de gouvernement.

L'idée qui nous guidera est plutôt que les principes de la justice valables pour la structure de base de la société sont l'objet de l'accord originel. Ce sont les principes mêmes que des personnes libres et rationnelles, désireuses de favoriser leurs propres intérêts, et placées dans une position initiale d'égalité, accepteraient et qui, selon elles, définiraient les termes fondamentaux de leur association. Ces principes doivent servir de règle pour tous les accords ultérieurs ; ils spécifient les formes de la coopération sociale dans lesquelles on peut s'engager et les formes de gouvernement qui peuvent être établies. C'est cette façon de considérer les principes de la justice que j'appellerai la théorie de la justice comme équité [...]

Aucune société humaine ne peut, bien sûr, être un système de coopération dans lequel les hommes s'engagent, au sens strict, volontairement ; chaque personne se trouve placée dès la naissance dans une position particulière, dans une société particulière, et la nature de cette position affecte matériellement ses perspectives de vie. Cependant, une société qui satisfait les principes de la justice comme équité se rapproche autant que possible d'un système de coopération basé sur la volonté, car elle satisfait les principes mêmes auxquels des personnes libres et égales donneraient leur accord dans des circonstances elles-mêmes équitables. En ce sens, ses membres sont des personnes autonomes et les obligations qu'elles reconnaissent leur sont imposées par elles-mêmes.

[...] je soutiendrai que les personnes placées dans la situation initiale choisiraient deux principes assez différents. Le premier exige l'égalité dans l'attribution des droits et des devoirs. Le second, lui, pose que des inégalités socio-économiques, prenons par exemple des inégalités de richesse et d'autorité, sont justes si et seulement si elles produisent, en compensation, des avantages pour chacun et, en particulier, pour les membres les plus désavantagés de la société. »

J. Rawls, *Théorie de la justice,* Seuil, 1971-1987, pp. 37, 39, 41

Lire un texte philosophique

Dégager l'intérêt philosophique d'un texte revient à cerner, par son étude ordonnée, le problème philosophique qu'il soulève et qu'éventuellement il résout. L'approche méthodique du texte impose que l'on appréhende la thèse de l'auteur ainsi que la logique du texte, dans sa nécessité.

Distinguer le thème et la thèse

☐ Par « thème », on désigne le sujet d'ordre général qui est traité, ce dont parle le texte. Le thème correspond en général à une notion, celle à laquelle renvoie le texte et qui peut être articulée à une ou plusieurs autres notions.

☐ La thèse est plus précisément l'idée, à propos du thème, qui est posée et développée par l'auteur au cours du texte. Une thèse est une affirmation que l'on pose comme vraie et qu'il faut argumenter : une thèse est défendue, le plus souvent contre une thèse contraire ou adverse qui est réfutée.

☐ Si le thème d'un texte peut être rapidement repéré, dès la première lecture, il convient en revanche d'effectuer un travail préliminaire sur le texte afin de pouvoir en dégager au plus près la thèse.

Dégager le problème philosophique

☐ Tout « problème » n'est pas philosophique. Dans la vie quotidienne, on désigne par ce terme un embarras ou une difficulté à laquelle on se heurte et qu'il faut résoudre. L'activité scientifique, pour progresser, construit des problèmes. En philosophie, toute question, c'est-à-dire toute formule interrogative, n'est pas un problème. Il y a problème lorsqu'il est possible, sur un sujet déterminé, d'énoncer une contradiction, c'est-à-dire l'affirmation et la négation opposées, et de donner une démonstration de chacune des propositions de la contradiction. La manière dont les problèmes sont posés et traités dépend souvent d'un contexte plus général, celui de la philosophie de l'auteur.

☐ La « thèse » est directement en relation avec le problème philosophique soulevé par le texte, elle en est en quelque sorte la réponse. Cerner la thèse d'un texte revient donc, concernant un problème déterminé, à comprendre l'originalité de la position philosophique de l'auteur.

Repérer la logique du texte philosophique

☐ À la différence de l'opinion qui pose des affirmations sans justification particulière, le discours philosophique poursuit une argumentation rigoureuse. Les jugements avancés ne sont pas immédiats, mais sont le résultat d'une médiation discursive que construit le texte lui-même. D'un point de vue formel, le texte obéit en conséquence à une organisation ou à une logique interne qu'il convient de repérer pour pouvoir appréhender le mouvement de la pensée de l'auteur.

☐ Il faut être attentif aux articulations nécessaires du texte et éviter en particulier tout arbitraire dans le découpage. L'important est moins le nombre, en lui-même, des parties que le rapport reliant les parties les unes aux autres. En analysant ou en décomposant le texte, c'est à la cohérence et à l'unité de ce dernier que l'on doit penser.

LE TROISIÈME SUJET DE L'ÉPREUVE AU BACCALAURÉAT

■ La spécificité du troisième sujet

Quelle que soit sa section, le candidat a le choix entre trois sujets qui portent toujours sur des notions différentes du programme, et il compose pendant quatre heures.

Alors que les deux premiers sujets sont des dissertations de philosophie, le troisième sujet porte sur un texte philosophique.

Dans les sections classiques, le candidat est expressément invité à rédiger un commentaire de texte philosophique. Dans les sections technologiques, il doit répondre successivement à quelques questions, afin de témoigner de sa juste compréhension philosophique du passage.

■ Le commentaire de texte philosophique

Le texte à commenter est un extrait d'une œuvre philosophique, possédant en lui-même son unité. À la différence de la citation qui se caractérise par sa brièveté, le texte développe, sur une quinzaine de lignes environ, une argumentation cohérente et originale sur un problème philosophique. C'est précisément ce dernier que le commentaire doit viser par une réflexion méthodique et critique.

Il faut éviter toute considération qui ne servirait pas cet objectif, qu'il s'agisse de développements d'ordre biographique sur l'auteur ou de références plus générales à sa doctrine, voire à l'histoire de la philosophie.

Surtout, la paraphrase, qui est l'écueil majeur, doit être évitée.

■ Comment définir l'homme, un être naturel ou culturel ?

Tel est le problème philosophique que soulève Merleau-Ponty dans ce texte. L'auteur y répond de façon originale, précisément dans son refus de l'alternative qui impose que l'on choisisse l'un des termes *à l'exclusion* de l'autre. Au problème de la définition ou de la « nature » de l'homme, le texte propose pour réponse « ce génie de l'équivoque » : l'homme est un être *à la fois* naturel et culturel. Ce rapport, pensé comme une interaction, interdit par ailleurs l'idée d'une « superposition » du naturel et du culturel. Cette approche induit une conception originale du corps, dont les comportements ne peuvent en conséquence être qualifiés de naturels.

« Il n'est pas plus naturel ou pas moins conventionnel de crier dans la colère ou d'embrasser dans l'amour que d'appeler table une table. Les sentiments et les conduites passionnelles sont inventés comme les mots. Même ceux qui, comme la paternité, paraissent inscrits dans le corps humain, sont en réalité des institutions.

Il est impossible de superposer chez l'homme une première couche de comportements que l'on appellerait "naturels" et un monde culturel ou spirituel fabriqué. Tout est fabriqué et tout est naturel chez l'homme, comme on voudra dire, en ce sens qu'il n'est pas un mot, pas une conduite qui ne doive quelque chose à l'être simplement biologique, et qui en même temps ne se dérobe à la simplicité de la vie animale, ne détourne de leur sens les conduites vitales, par une sorte d'*échappement* et par un génie de l'équivoque qui pourraient servir à définir l'homme. »

Merleau-Ponty, *Phénoménologie de la perception*, Gallimard, 1945

L'évaluation critique d'un texte philosophique

Le commentaire n'atteint sa portée philosophique qu'à condition de dégager et de formuler les présupposés de l'auteur. Ceux-ci constituent l'implicite du texte, que l'analyse doit expliciter.

Dégager les présupposés philosophiques

☐ Un travail d'analyse bien conduit doit permettre d'atteindre les présupposés du texte. Par « présupposés », on désigne l'ensemble des affirmations qui sous-tendent la thèse de l'auteur. Soulevant tel problème philosophique, l'auteur affirme ou nie telle ou telle proposition : la thèse, laquelle consiste en la position d'un jugement déterminé, présuppose elle-même un certain nombre d'autres jugements, ceux qu'on appelle les « présupposés ». Ceux-ci constituent l'ensemble des jugements que requiert l'argumentation, ils forment l'*implicite* du texte.

☐ L'explication ou le commentaire d'un texte philosophique impose que l'on dégage et que l'on explicite ce qui est précisément implicite. Ce moment est déterminant pour atteindre la portée et les enjeux philosophiques du texte étudié. Il sanctionne non seulement la pertinence de l'analyse poursuivie, mais également la compétence philosophique de celui qui s'y exerce. C'est par lui que prend sens l'idée d'une analyse précisément « philosophique ».

☐ Pour cela, il peut être utile de repérer la thèse à laquelle l'auteur s'oppose, parfois explicitement, au cours du texte. Il peut être également fécond de mobiliser les connaissances acquises en philosophie, voire de faire appel à sa culture générale. Les présupposés d'un texte relèvent souvent d'un contexte plus général qui est celui de la philosophie de l'auteur, mais qui est parfois aussi celui de la culture scientifique, artistique, culturelle d'une époque déterminée.

Évaluer et critiquer les présupposés

☐ L'examen critique du texte ne consiste pas à opposer, de manière extérieure et arbitraire, une opinion à une autre. C'est en partant des présupposés du texte dégagés par l'analyse que le commentaire critique doit se développer. Ce dernier consiste à interroger voire à remettre en cause les présupposés du texte, de manière à réduire ou à invalider la thèse qui repose implicitement sur eux. Le mouvement critique consiste donc à mettre en évidence les limites internes de la thèse, en lui opposant d'autres présupposés dont il convient alors de développer les conséquences pour ce qui est du problème philosophique soulevé.

☐ On peut montrer, en s'appuyant sur d'autres auteurs de la tradition philosophique, que le problème peut être abordé et développé de façon différente. Mais on peut aussi, à cette occasion, être conduit à valoriser la richesse voire l'actualité de tel ou tel aspect de la thèse de l'auteur. L'évaluation critique n'est pas nécessairement négative ou destructrice. Elle doit, en tous les cas, être le résultat d'une activité réflexive méthodique.

LES PRÉSUPPOSÉS PHILOSOPHIQUES D'UN TEXTE DE DESCARTES

Le texte de Descartes : L'homme est-il le seul être doué de langage ?

« Or, par ces deux mêmes moyens, on peut aussi connaître la différence qui est entre les hommes et les bêtes. Car c'est une chose bien remarquable, qu'il n'y a point d'hommes si hébétés et stupides, sans en excepter même les insensés, qui ne soient capables d'arranger ensemble diverses paroles, et d'en composer un discours par lequel ils fassent entendre leurs pensées, et qu'au contraire, il n'y a point d'autre animal tant parfait et tant heureusement né qu'il puisse être, qui fasse le semblable. Ce qui n'arrive pas de ce qu'ils ont faute d'organes, car on voit que les pies et les perroquets peuvent proférer des paroles ainsi que nous, et toutefois ne peuvent parler ainsi que nous, c'est-à-dire, en témoignant ce qu'ils disent ; au lieu que les hommes qui, étant nés sourds et muets, sont privés des organes qui servent aux autres pour parler, autant ou plus que les bêtes, ont coutume d'inventer d'eux-mêmes quelques signes, par lesquels ils se font entendre à ceux qui, étant ordinairement avec eux, ont loisir d'apprendre leur langue. Et ceci ne témoigne pas seulement que les bêtes ont moins de raison que les hommes, mais qu'elles n'en ont point du tout. [...] Et on ne doit pas confondre les paroles avec les mouvements naturels, qui témoignent des passions, et peuvent être imités par des machines aussi bien que par les animaux ; ni penser, comme quelques anciens, que les bêtes parlent, bien que nous n'entendions pas leur langage ; car s'il était vrai, puisqu'elles ont plusieurs organes qui se rapportent aux nôtres, elles pourraient aussi bien se faire entendre à nous qu'à leurs semblables. »

Descartes, *Discours de la méthode*

La thèse de Descartes

Dans ce texte, deux thèses s'affrontent. *Thèse 1 (Descartes) :* seul l'homme est doué de langage, plus exactement : *tout* homme, quelle que soit sa condition empirique d'être humain, parle. Le langage définit l'essence ou la nature de l'homme. *Thèse 2 :* l'animal est doué de langage. *Thèse 1 contre thèse 2 :* le détour par les pies et les perroquets vise à ruiner l'objection possible. Pour Descartes, ces animaux sont capables, sous l'effet du dressage, de répéter des paroles. Mais, précisément en ce sens, ils ne parlent pas.

Les présupposés

a. Concernant le langage : l'argumentation de Descartes repose sur une conception déterminée du langage, qui est selon lui capacité d'*invention* ou de création, naturelle à l'homme ; en comparaison de quoi l'animal reste enfermé dans la *répétition* : les mots proférés ne sont chez lui qu'une réponse conditionnée à un stimulus.

b. Concernant la raison : cette opposition, qui se manifeste à l'occasion du langage, définit une différence *qualitative* ou de nature, entre l'homme et l'animal. L'homme, par définition, est doué de raison, les bêtes n'en ont « point du tout ». Le langage, qui se manifeste extérieurement par sa créativité, est le signe de la raison, et la raison est précisément ce par quoi l'homme peut échapper au mécanisme naturel auquel les animaux sont au contraire soumis.

c. Concernant la nature : ce texte présuppose une conception mécaniste. Tous les phénomènes dans l'univers peuvent s'expliquer par les lois des mouvements matériels, les êtres vivants y compris.

Analyser les concepts, les images et les expressions

Un texte philosophique doit faire l'objet d'un examen de détail. Il faut repérer et expliquer les concepts importants, dégager le statut des exemples et des images.

Hiérarchiser et expliquer les concepts

☐ Dans un texte, tous les termes, toutes les expressions, voire toutes les phrases, n'ont pas une importance égale du point de vue du contenu. Il faut pouvoir mettre en relief ce qui est important par rapport à ce qui l'est moins.

☐ Il s'agit de comprendre, dans un premier temps, comment le texte s'organise de façon interne. Pour cela, on doit repérer les oppositions pertinentes, la fréquence et les retours de certaines occurrences, enfin les correspondances entre les termes. Il faut constituer les réseaux sémantiques du texte afin de dégager progressivement les concepts importants. Par ce travail, le texte gagne en intelligibilité. La mise en évidence d'un certain nombre de rapports internes permet souvent d'éclairer des aspects du texte qui pouvaient, à première vue, paraître obscurs.

☐ Ce travail effectué, il convient dans un deuxième temps de procéder à une explication des concepts déterminants. À la différence de l'image qui est particulière et donc perceptible, un concept est un être abstrait, intellectuel, et il ne s'appréhende que de façon discursive, par le langage. Un concept du texte ne se réduit pas à une définition univoque, telle qu'on la trouverait par exemple dans le dictionnaire. Il ne se comprend que saisi dans son rapport avec les autres concepts du texte, voire d'autres concepts de la philosophie de l'auteur.

Analyser les exemples et images

☐ Un exemple est toujours un cas particulier auquel on peut, en droit, opposer un contre-exemple. Il n'a donc pas en lui-même une valeur démonstrative. Il peut néanmoins, parce qu'il est concret, avoir une valeur illustrative et pédagogique. Il se présente comme un auxiliaire de la compréhension.

☐ Lorsqu'un texte philosophique contient un ou plusieurs exemples, il ne faut pas hésiter à s'appuyer sur ces exemples pour pénétrer le texte, à condition toutefois d'atteindre plus avant la thèse de l'auteur dans sa dimension plus générale.

☐ Mais le rôle pédagogique de l'exemple doit pouvoir, dans un deuxième temps, laisser place à un commentaire critique. Car l'exemple n'est jamais choisi au hasard par l'auteur et il peut, en conséquence, jouer un rôle dans l'argumentation. On doit donc se poser la question du choix de l'exemple et s'interroger sur son statut dans l'économie générale de l'argumentation.

☐ Il peut y avoir un usage philosophique de l'exemple ou de l'image. Car celle-ci, précisément en raison de sa valeur concrète, peut atteindre ce que le concept dans sa généralité ne peut exprimer. Dans la pensée de Bergson en particulier, la multiplication des images, loin d'être fortuite, a une raison d'être philosophique. Elle se présente comme le moyen par lequel le discours surmonte l'abstraction et la généralité du langage signifiant, en indiquant la voie de l'intuition. Elle a donc ici une valeur critique.

LES ÉTAPES DE L'ANALYSE D'UN TEXTE

Les différentes étapes de l'analyse

1. Observer la construction interne du texte.
2. Construire les oppositions et les réseaux sémantiques.
3. Rechercher les images et les exemples, et définir leur statut dans l'économie de l'argumentation.

Exemple : texte d'Aristote

« **L'universel**, ce qui s'applique à tous les cas, est impossible à percevoir, car ce n'est ni une chose déterminée, ni un moment déterminé, sinon ce ne serait pas un universel, puisque nous appelons universel **ce qui est toujours et partout**. Donc, puisque les **démonstrations** sont universelles, et que les notions universelles ne peuvent être perçues, il est clair qu'il n'y a pas de **science** par la sensation. Mais il est évident encore que, même s'il était possible de percevoir que le triangle a ses angles égaux à deux droits, nous en chercherions encore une démonstration, et que nous n'en aurions pas une connaissance scientifique : car la sensation porte nécessairement sur l'individuel, tandis que la science consiste dans la connaissance universelle. Aussi, si nous étions sur la Lune, et que nous voyions la Terre s'interposer sur le trajet de la lumière solaire, nous ne saurions pas la **cause** de l'éclipse : nous percevrions qu'en ce moment il y a éclipse mais nullement le **pourquoi**, puisque la sensation ne porte pas sur l'universel. Ce qui ne veut pas dire que par l'observation répétée de cet événement, nous ne puissions, en poursuivant l'universel, arriver à une démonstration, car c'est d'une pluralité de cas particuliers que se dégage **l'universel**. »

Aristote, *Seconds analytiques,* Vrin, 1987, p. 147-148

1. Le texte se construit autour de l'opposition entre « la science » et « la sensation ».
2. Il convient de repérer les termes en correspondance les uns avec les autres, afin de comprendre comment l'opposition « **science** »/« sensation » se développe à travers l'ensemble du texte.
3. Après avoir formulé d'un point de vue général sa thèse (« il n'y a pas de science par la sensation »), Aristote retient successivement deux exemples : le triangle et l'éclipse.

a. Pourquoi deux exemples ?

Ces deux exemples ne sont pas redondants : ils relèvent de deux domaines différents, d'un côté de la géométrie ou des mathématiques, de l'autre de la physique comme connaissance de la nature.

b. Quel statut ces exemples ont-ils dans l'économie de l'argumentation ?

En prenant ces exemples, Aristote ne veut pas seulement rendre sa thèse plus concrète, c'est-à-dire plus accessible à son lecteur, il contribue à la développer. Le premier exemple se présente comme la réponse à une objection possible : ne perçoit-on pas que la somme d'un triangle est égale à deux angles droits, à supposer que l'on mesure effectivement les angles d'une telle figure ? En ruinant l'objection, Aristote réitère sa thèse et confirme son jugement initial.

Le deuxième exemple est l'occasion d'une argumentation spécifique qui introduit une nouvelle idée : « C'est d'une pluralité de cas particuliers que se dégage l'universel. » Aristote s'en remet ici au raisonnement inductif. Une telle idée ne va pourtant pas de soi et mérite un examen particulier. On se posera notamment la question de savoir dans quelle mesure cette affirmation est compatible avec la thèse selon laquelle « il n'y a pas de science par la sensation ».

L'analyse du sujet de dissertation

La première exigence de la dissertation de philosophie est la pertinence du questionnement. Pour cela, il est essentiel de comprendre correctement le sujet proposé.

Le sujet de la dissertation

Un sujet de dissertation se présente sous la forme d'une question. Cette question est destinée à approfondir la compréhension d'une notion présente dans l'intitulé de la question. Approfondir la compréhension, c'est faire apparaître les propriétés qui caractérisent cette notion.

Dégager l'objet de la question

La première exigence consiste à repérer correctement l'objet de la question : c'est ce qu'on appelle « faire preuve de pertinence ». Si l'on manque de cette vertu intellectuelle, on s'expose à la pire des mésaventures : le « hors-sujet ». Première consigne donc : il faut savoir *de quoi* l'on doit parler dans cette dissertation. Pour le savoir, un peu de méthode et beaucoup d'attention sont nécessaires.

Repérer le jugement contenu dans le sujet

☐ La question peut se présenter sous des formes diverses, qu'il faut apprendre à repérer, mais le point essentiel est le suivant : quelle que soit la forme de présentation adoptée, le rédacteur du sujet propose à la réflexion une affirmation dont il s'agit d'apprécier la portée, pour la bonne compréhension de la notion que vise le sujet. La deuxième consigne fondamentale est donc : déterminer l'affirmation (ou la thèse) qui est exprimée à propos de la notion dans le sujet.

☐ Par exemple, si l'on demande « Faut-il obéir à la loi ? », la notion mise en jeu est la loi, l'affirmation est « il faut obéir à la loi », et la question véritable consiste à savoir si l'on doit *toujours* considérer comme vraie cette affirmation d'obéissance à la loi.

Énoncer le problème contenu dans le sujet

☐ En d'autres termes, un sujet de dissertation traite d'une notion et, sous la forme d'une interrogation, contient un jugement à propos de cette notion. Le rapport entre la notion et le jugement renferme le problème contenu dans le sujet (c'est le caractère problématique du sujet) : jusqu'à quel point ce jugement concernant cette notion peut-il être maintenu ? Quelles en sont les limites ? Quelles sont les conditions de vérité ou de légitimité de ce jugement ? Quels sont les autres jugements possibles, dans des contextes différents, à propos de cette notion ? En quoi complètent-ils le premier jugement ? Qu'apprend-on finalement sur le contenu de la notion qui fait l'objet de l'interrogation ?

☐ Posséder ce qu'on appelle « le sens du problème », c'est donc : 1. repérer dans le sujet la notion dont on cherche à approfondir la compréhension ; 2. isoler le jugement qui est affirmé à propos de cette notion ; 3. montrer que ce jugement est insuffisant, et qu'une bonne compréhension de la notion implique, dans d'autres contextes, d'autres propositions.

CHRONOLOGIE POUR L'ANALYSE D'UN SUJET

Quatre étapes

1. Réponse à la question : De quoi parle-t-on ?

– Repérer la notion qui fait l'objet de l'interrogation.
– Définir cette notion.

(Remarque : le sujet peut proposer plusieurs notions, qu'il s'agit de comparer, ou de distinguer, ou d'ordonner. Mais on procède de la même manière : il faut toujours repérer un ou plusieurs objets dont on parle.)

2. Réponse à la question : Quelle est l'affirmation présente dans la question ?

Pour dégager la thèse implicite contenue dans l'intitulé du sujet :
– faire passer le sujet de la forme interrogative à la forme affirmative ;
– puis isoler le jugement qui porte sur la notion mise en jeu, sous la forme d'un énoncé.

(Remarque : le sujet peut proposer plusieurs affirmations, qu'il s'agit de confronter à propos de la notion. Il est important de les distinguer et de les hiérarchiser.)

3. Le scrupule de la lecture

Il est nécessaire d'être attentif à un certain nombre d'éléments constitutifs de l'intitulé du sujet, dans la mesure où ils permettent d'en préciser le sens.
– Analyser le type de la question : est-ce une demande de précision sur le sens de la notion, ou de comparaison entre différentes notions, une demande de prise de position sur une citation, etc. ?
– Analyser le mot qui introduit la question.
– Analyser les articles, mots de liaison, etc.

4. La rencontre du problème

Le jugement (ou la thèse implicite) contenu dans la question est insuffisant. Cette insuffisance est justement la raison d'être de la dissertation. C'est ce qu'on appelle le problème. Pour le faire apparaître, il faut relier ce jugement à différents contextes dans lesquels la notion apparaît, et établir la valeur de ce jugement dans ces contextes. C'est la variation des contextes dans lesquels le jugement est utilisé qui en révèle le caractère limité.

Exemple

Analyse du sujet : « Doit-on toujours dire la vérité ? »

Première étape : le thème

– la vérité = discours qui représente de façon adéquate la réalité.

Deuxième étape : la thèse

– on doit toujours dire la vérité.

Troisième étape : les termes significatifs

– « on » : valeur d'universalité, liée à l'anonymat du pronom.
– « devoir » : formulation d'une obligation.
– « toujours » : dimension de radicalité de l'affirmation. Pas d'exception.
– « dire » : dimension publique. Dire, c'est s'adresser à un public, et cela provoque des effets dans le public.

Quatrième étape : le problème

La thèse à discuter est la suivante : la vérité doit être rendue publique, tout le temps et quelle qu'elle soit. La réalité doit être dévoilée. Cependant, cette affirmation est-elle valable :
– pour toutes les réalités ?
– pour tous les publics ?

Trouver et classer ses idées

La dissertation de philosophie révèle la capacité du candidat à mobiliser sa culture personnelle pour la mettre au service de la réflexion sur un problème. Un des aspects importants de la préparation de la dissertation consiste à trouver, à classer, à ordonner et à approfondir ses idées.

Mobiliser sa culture personnelle

La dissertation de philosophie ne doit pas seulement faire preuve de pertinence, elle doit aussi refléter une certaine richesse d'analyse. Dans cette perspective, le candidat n'est pas sans recours. Sa culture personnelle, philosophique mais aussi littéraire, artistique, historique, etc., constitue une ressource dans laquelle il peut puiser des pensées, des exemples, des citations, des œuvres. Philosopher, c'est aussi apprendre des pensées qui d'abord ne sont pas les nôtres, mais qui parfois viennent secourir notre intelligence du problème.

Trouver des idées

☐ Le problème étant circonscrit grâce à l'analyse du sujet, le second temps de la préparation de la dissertation consiste donc à trouver les « idées », plus généralement les informations qui vont nourrir l'analyse. C'est le moment proprement dit de l'invention et, en tant que tel, il doit être abordé dans un esprit aussi libre que possible : la recherche doit s'engager dans toutes les directions qui semblent pertinentes.

☐ Cependant, on peut formuler quelques règles, permettant à la liberté d'investigation d'éviter la dispersion et la confusion :

- faire une liste de toutes les données qui se rapportent au problème ;
- ne pas hésiter à consulter les « banques de données » que constituent manuels, recueils de textes, dictionnaires, encyclopédies, etc. Consulter les tables des matières et les index. Ce sont des outils précieux pour le travail intellectuel ;
- formuler et développer les thèses ressemblantes et les thèses opposées à celle que contient le sujet, et ceci de façon aussi claire que possible ;
- chercher les divers contextes dans lesquels la thèse contenue dans le sujet peut être énoncée, ainsi que les situations dans lesquelles elle ne peut être appliquée ;
- recopier et analyser les citations et les exemples adaptés au sujet.

Ordonner et clarifier ses idées

☐ Le travail exploratoire achevé, il est nécessaire, dans l'étape suivante, de procéder à la critique des matériaux obtenus. Tout n'est pas également utile dans ce qu'on a trouvé. Il est nécessaire de comparer ces matériaux au problème posé, en se demandant à chaque fois si cela convient.

☐ Par ailleurs, il est important d'ordonner ces matériaux, en procédant à deux opérations : relier tous les éléments qui vont dans le même sens, puis ordonner les ensembles ainsi réalisés de façon hiérarchique, de façon à obtenir une progression.

☐ Enfin, il faut avoir comme souci constant de rendre autant que possible ses idées claires et distinctes, c'est-à-dire qu'il faut tenter de les formuler expressément et les séparer des autres idées.

L'INVENTION MÉTHODIQUE

Développer une thèse

On peut développer une thèse de plusieurs façons, qui ne sont d'ailleurs pas exclusives les unes des autres :
- en définissant les expressions qui y sont contenues ;
- en déduisant les conséquences qu'elle entraîne ;
- en proposant des exemples illustrant cette thèse ;
- en signalant les affirmations auxquelles elle s'oppose et en donnant des exemples relevant de ces affirmations contraires ;
- en indiquant les situations dans lesquelles cette thèse est énoncée et celles où elle ne peut être appliquée ;
- en évoquant des auteurs de référence ayant énoncé cette thèse.

Ne pas oublier que développer une thèse, ce n'est pas autre chose qu'écrire la dissertation.

Un exemple de thèse à développer

« Toute pensée est le reflet de la langue dans laquelle elle est formulée. »

Pistes de développements possibles :

– *Définitions :*
« pensée » et « langue ».

– *Conséquences :*
Penser, c'est toujours penser à l'intérieur des catégories d'une langue, c'est-à-dire en fonction des découpages et des relations que cette langue établit dans le réel, et ceci sans exception.
Pas de pensée mystique.
Les émotions ne sont pas des pensées.
Pas de pensée informulée.
Il y a inévitablement des problèmes de compréhension entre les cultures appartenant à des aires linguistiques éloignées.

– *Exemples :*
Penser « neige », ce n'est pas la même chose pour un Français et pour un Inuit : celui-ci possède 25 mots pour désigner la neige tandis que le Français n'en possède qu'un.
Là où les Occidentaux disent « paysage », les Chinois disent « ciel et eau » : disent-ils la même chose ?

– *Thèse opposée :*
Il y a des formes de pensées sans langage, par exemple la pensée intuitive. C'est le cas en mathématiques, selon Poincaré. Exemple de mise en œuvre de ce type de pensée : l'invention.

– *Situations :*
La thèse se justifie dans le contexte de l'espace public de la communication, car, effectivement, du point de vue du public, une pensée non prononcée n'existe pas. Elle se justifie encore dans le cas de la pensée consciente d'elle-même. Mais il y a bien des moments, pourtant, où je n'arrive pas à dire ce que je veux dire, où les mots me manquent. Mon vouloir-dire dépasse mon dire effectif. Mais encore, dans le cas de l'œuvre littéraire ou philosophique, il y a des événements de pensée qui excèdent les catégories de la langue, et tout le problème va consister à ajuster la langue à cette nouveauté de la pensée.

– *Auteurs de référence :*
Hegel, Whorf, pour la thèse soutenue.
Bergson, pour la thèse opposée.

Construire l'argumentation

La dissertation de philosophie n'est pas le simple énoncé d'une opinion. C'est un exercice de la pensée poursuivant avec rigueur l'analyse d'une situation problématique. Il est nécessaire de développer une argumentation susceptible d'entraîner la conviction du lecteur. Il faut donner les raisons de ses opinions.

Élaborer une argumentation rigoureuse

☐ L'essentiel de la dissertation ne consiste pas à prononcer des jugements, mais à proposer des argumentations. Un argument, ce n'est pas seulement une idée qu'on a, ou un exemple, ou une citation empruntée à un auteur, ou une croyance même largement partagée. Tous ces éléments peuvent *servir* dans l'argumentation, mais argumenter en philosophie, c'est donner les raisons de ce qu'on dit. C'est donc faire de l'affirmation que l'on présente la conclusion d'un raisonnement.

☐ Il s'agit, pour le candidat, une affirmation étant donnée, de chercher et de présenter les raisons antécédentes qui, selon lui, conduisent à cette affirmation. C'est ce qu'on appelle « justifier ses idées ». Cet exposé des raisons peut se faire de deux manières :

– soit on cherche « en positif » les énoncés qui sont présupposés par l'affirmation (l'argument) que l'on présente ;

– soit on se donne l'argument contraire, et on tente d'en faire apparaître les conséquences insoutenables (raisonnement par opposition).

Rédiger une partie d'une dissertation

Une argumentation, pour être complète, exige, en outre, d'autres dimensions que celle du raisonnement, qui vient d'être évoquée. Pour rédiger complètement une partie d'une dissertation, on doit, outre les raisons de l'argument, présenter deux autres éléments :

– il faut illustrer l'affirmation par un exemple, une citation ou une référence. Il faut montrer que l'argument défendu possède une valeur concrète ;

– il faut faire apparaître la portée de cette affirmation pour la compréhension de la notion, en en développant les conséquences pour le problème : « Si l'on dit cela (l'argument), alors on obtiendra telle et telle conséquence pour le problème. » Cette recherche des conséquences permet généralement de faire apparaître les limites de l'argument et donc la nécessité d'une transition vers un nouveau plan de la réflexion.

Utiliser citations et exemples

☐ Les citations doivent être utilisées avec discernement et doivent être toujours justifiées. En d'autres termes, on doit s'assurer que le sens de la formule citée correspond à l'argument qu'elle est censée soutenir, et on doit s'efforcer de la commenter pour mettre en valeur ce qu'elle apporte à l'appui de l'argument.

☐ Ce conseil vaut aussi pour l'utilisation des exemples : les choisir judicieusement, et toujours les commenter. Ajoutons que l'exemple ne doit pas être trop particulier, sinon sa valeur de vérité n'est plus contrôlable. Il doit présenter une certaine situation typique, qui vient illustrer l'argument exposé.

L'ÉPREUVE DE LA RIGUEUR

L'argumentation implique le raisonnement. Raisonner, c'est, à partir de propositions déjà établies, produire une proposition nouvelle, uniquement par la voie de la pensée. Le raisonnement est donc une démarche intellectuelle destinée à la progression de la pensée.

Le raisonnement déductif

La fonction de la déduction est de montrer que la proposition rencontrée est une conséquence d'une proposition générale déjà établie. Si l'on a accepté la vérité générale, alors on doit accepter la vérité de la conséquence. Le danger de cette démarche : laisser la loi générale dans l'implicite. On ne sait plus alors de quoi la proposition est la conséquence.

Exemple

Soit la proposition : « Nous devons obéir aux lois même lorsqu'elles nuisent à notre intérêt personnel. »
Exemple de déduction de la proposition : L'établissement des lois suppose l'existence d'une organisation sociale. Or, la loi, par essence, vise le tout de la société et son équilibre et non chacun des particuliers qui la composent. Si donc nous reconnaissons la valeur de cette organisation, lorsque nous obéissons aux lois nous dépassons notre point de vue particulier : nous agissons en fonction du tout. Faire intervenir un intérêt personnel, c'est ne pas obéir à la loi et surtout, ne pas comprendre la loi. Donc, ...

Le raisonnement inductif

L'induction est le mouvement de pensée qui consiste à conclure une vérité générale à partir d'un ensemble de situations particulières présentant des ressemblances. La fonction du raisonnement inductif dans la dissertation est de permettre la généralisation d'une affirmation ou d'un exemple, et l'on peut difficilement s'en passer. Mais cette démarche présente des faiblesses évidentes, car on peut toujours trouver un contre-exemple à la proposition générale qu'on vient d'obtenir.

Exemple

Soit la proposition : « La paix est pour l'espèce humaine un idéal inaccessible. »
Exemple de démarche inductive : L'histoire humaine n'offre que le spectacle désolant des guerres et des violences que l'homme fait subir à l'homme, de telle sorte que cela semble faire partie de la nature même de l'espèce humaine. Il faut donc en conclure que la paix n'est qu'une idée utopique.

Le raisonnement analogique

Le raisonnement par analogie s'appuie sur la comparaison. Il conclut à l'identité de fonctionnement entre une réalité inconnue et une réalité connue, à partir de la ressemblance d'une de leurs parties. Ce genre de démarche a une valeur nettement prospective. Il s'agit moins d'affirmer une vérité que d'ouvrir des domaines nouveaux à l'investigation. Le danger est de poser des analogies de façon incontrôlée et ainsi d'égarer la pensée.

Exemple

Soit la proposition : « L'œuvre d'art est un être vivant. »
Exemple de démarche analogique : L'œuvre d'art et l'être vivant présentent des ressemblances : ce sont des totalités dotées d'un sens immanent, qui se présentent comme des réalités autonomes. On peut alors en conclure que l'œuvre d'art vit de sa vie propre, tout comme l'être vivant. Et cela nous permet de comprendre mieux la nature de l'œuvre d'art.

Rédiger la dissertation

La dissertation de philosophie est aussi un acte d'écriture. La qualité de la réflexion est mieux perçue si elle est exprimée avec clarté et précision. Il faut donc porter une attention toute particulière non seulement à l'élaboration du plan de la dissertation, mais aussi à la rédaction de l'introduction et à celle de la conclusion.

Construire le plan de la dissertation

☐ Le plan est l'expression de la logique globale de la dissertation. Il présente les différents moments de l'analyse.
☐ Le premier temps de la dissertation est généralement constitué par l'analyse critique de la première thèse, celle qui est contenue dans le sujet, afin d'en signaler le caractère insuffisant.
☐ Cette première analyse conduit à la proposition d'un second argument, alternatif au précédent mais plus riche, à propos duquel on procède au même exercice d'argumentation. Une « partie » de la dissertation correspond à un argument.
☐ Le plan de la dissertation se présente donc comme un enchaînement d'argumentations, chacune venant à la fois dépasser la précédente et approfondir la compréhension de la notion mise en jeu.

Rédiger l'introduction

☐ L'introduction de la dissertation est, pour le lecteur, un moment décisif. Dans l'introduction, en effet, le sujet va être analysé, la notion mise en jeu va être présentée et le problème va être posé.
☐ Une introduction doit comporter les informations suivantes :
– énoncé du sujet et explication des termes principaux du sujet ;
– formulation de la notion qui fait l'objet de la question ;
– formulation de la thèse implicite soutenue dans le sujet ;
– mise en relation de la notion et de la thèse, et formulation du problème ;
– présentation du plan.

Rédiger la conclusion

☐ La conclusion met un terme à l'analyse et à l'enchaînement des argumentations. Elle contient la réponse à la question : « Que peut-on dire à propos du problème posé au début de la dissertation ? » En aucun cas elle ne doit comporter une idée nouvelle, qui aurait dû être abordée dans le développement de la dissertation.
☐ Par conséquent, elle doit fournir les moyens de répondre à la question :
1° en indiquant les conditions dans lesquelles la thèse contenue dans le sujet trouve sa validité ;
2° en montrant que cette thèse est invalidée dans d'autres contextes, qui appellent d'autres propositions.
☐ La conclusion doit donc comprendre les éléments suivants :
rappel de la question posée ; présentation des différentes étapes de l'analyse ; formulation des résultats obtenus dans l'analyse pour ce qui concerne la question de départ (conditions de validité de la thèse contenue dans le sujet et nouvelles propositions).

L'EXERCICE DE L'ÉCRITURE

■ Progresser par objection

L'approfondissement de l'analyse s'effectue souvent négativement. En effet, pour progresser, on montre que la thèse qui vient d'être présentée contient des limites pour la résolution du problème, qu'elle ne suffit pas à elle seule à épuiser la réflexion, bref, qu'elle n'est pas assez riche.

Pour montrer cette insuffisance, il est utile de présenter des objections à cette thèse :

– Dans quel contexte est-elle énoncée ?
– Est-elle vérifiée dans tous les contextes ?
– Ne conduit-elle pas à des conséquences insoutenables ?
– Ne propose-t-elle pas une représentation unilatérale de la réalité ?

La fonction de l'objection est de révéler ces insuffisances de la thèse et ainsi d'appeler à une nouvelle argumentation.

■ Exemple

Soit l'affirmation : « On ne peut rien fonder sur l'opinion : il faut d'abord la détruire » (G. Bachelard).

– Cette affirmation est avancée par Bachelard dans le contexte d'une réflexion sur l'esprit scientifique. Elle signifie que la pensée scientifique s'oppose à l'opinion, que la science débute par une rupture avec l'opinion.
– Peut-on maintenir une telle affirmation dans des domaines qui ne relèvent pas de la science, par exemple dans la sphère de l'art et du jugement esthétique ? Le domaine des appréciations esthétiques n'est-il pas justement celui où s'exprime la diversité des goûts, des sensibilités, des opinions ? Ne se fonde-t-il pas sur l'opinion ?
– Si l'on soutient cette thèse dans le domaine de l'art, ne risque-t-on pas d'en arriver à affirmer l'existence de normes absolues du jugement esthétique, à revendiquer l'existence d'un modèle du goût ? Mais qu'en est-il alors de la liberté de la sensibilité et de son expression dans une opinion ?
– Tout doit-il se régler sur le modèle de la pensée scientifique ?

■ S'exprimer avec clarté et précision

Le candidat doit s'assurer du fait que son intention est expressément formulée dans ce qu'il écrit, et qu'il dit bien ce qu'il veut dire. Pour cela, le candidat doit s'efforcer d'expliquer les termes qu'il utilise. Cette opération d'explicitation n'est jamais inutile. Elle permet, outre le contrôle du sens de ce qu'on écrit, d'enrichir et de développer la réflexion.

Expliciter une expression, c'est :

– la distinguer des expressions opposées ;
– fournir un certain nombre de termes voisins ou synonymes, permettant d'en enrichir la compréhension par rapport au problème (c'est ce qu'on appelle un « réseau de concepts ») ;
– la définir, c'est-à-dire en indiquer les caractéristiques essentielles.

■ Exemple

Clarification de l'expression « être libre » dans l'énoncé « L'être humain est libre par nature ».

– terme opposé : être contraint par une force extérieure ;
– termes voisins : « spontanéité », « indépendance », « autonomie » ;
– définition possible : être libre, c'est pouvoir agir spontanément, sans être sous la dépendance ou la contrainte d'une force extérieure, et se donner à soi-même sa règle d'action.

INDEX

A

absolu, 28
absurde, 32
absurdité, 55
Adorno (Theodor), 56, 57, 135
agressivité, 49, 90
Alain, 86, 91, 93
aliénation, 34, 84, 108
amour, 99
analogie, 81, 153
angoisse, 32, 54, 103
anthropologie, 63, 128, 129,
apparence, 6, 36,
Arendt (Hannah), 85, 114, 115, 116,
argumentation, 152
Aristote, 8, 9, 15, 76, 77, 84, 95, 104, 136, 137, 140, 147,
art, 29, 86, 87, 120
ataraxie, 10
atome, 4, 10
Augé (Marc), 127
Austin (John), 46, 73
autre, 51, 89, 139
autrui, 51,88

B

Bachelard (Gaston), 58, 107, 133
Baudelaire (Charles), 107
Baumgarten (Alexander), 134
beau, 86
beauté, 110, 134
Bergson (Henri), 5, 38, 39, 61, 78, 87, 108
Bernard (Claude), 83
bioéthique, 118
biologie, 105, 118
bonheur, 9, 10, 140

C

capital, 34
Carnap (Rudolf), 45
causalité, 22
cause, 8, 18
Cercle de Vienne, 44, 45, 137
certitude, 16, 74
christianisme, 109, 130
cogito, 16
Comte (Auguste), 30, 31, 101
conatus, 18, 98
concept, 28, 81
connaissance, 26
conscience, 25, 28, 34, 38, 40, 48, 68, 69,88
contradiction, 28, 74, 81
contrainte, 18, 90, 96, 102
contrat social, 24
Copernic (Nicolas), 110
cosmologie, 110
critique, 26, 56, 59, 60
culture, 63, 72, 116, 117, 128

D

Darwin (Charles), 105
Dasein, 43
déconstruction, 66
déduction, 153
Deleuze (Gilles), 89
démocratie, 97
Démocrite, 4, 10
démonstration, 147
Derrida (Jacques), 66, 67
Descartes (René), 16, 17, 68, 71, 98, 99, 102, 104, 145
désir, 10, 48, 91, 98
destin, 102
déterminisme, 102
devoir, 69, 75, 102, 138
Dewey (John), 60, 61
dialectique, 6, 28
dialogue, 6, 117
Dieu, 12, 13, 14, 17, 18, 20, 32, 37, 51, 108, 109, 131
Dilthey (Wilhelm), 52
dispute, 14
doute, 10, 16
droit, 94, 95, 125
durée, 38
Durkheim (Émile), 81, 113

E

échange, 84
École de Francfort, 56
écologie, 124, 125
écriture, 66
éducation, 24
Einstein (Albert), 110
élan vital, 38
Empédocle, 4
empirisme logique, 44, 137
Engels (Friedrich), 35
entendement, 26
environnement, 124
Épictète, 11
Épicure, 10, 11, 101
épicurisme, 10
epistémologie, 58, 132, 133
équité, 95
erreur, 75
espace, 38, 79, 110
espace-temps, 110
esprit, 28, 122, 123
essence, 6, 8, 54
esthétique, 134, 135
État, 96, 140
étendue, 16, 76
éthique, 8, 51, 61, 118, 119, 124, 138, 139
ethnocentrisme, 63
ethnologie, 128
être, 4, 42, 76, 136
évidence, 16, 74
évolution, 105
existe, 42
existence, 32, 53, 54, 55, 100
existentialisme, 54
expérience, 26, 44, 60, 74, 82

F

femme, 89
Ferry (Luc), 125
Feuerbach (Ludwig), 34, 108
finitude, 100
Finkielkraut (Alain), 117
foi, 12, 14, 32, 33, 109, 130, 131
folie, 64
forme, 8
Foucault (Michel), 64, 65, 139
Frege (Gottlob), 46
Freud (Sigmund), 49, 67, 75
futur, 126, 127

G

Gadamer (Hans Georg), 52
Galilée, 76, 82
généalogie, 36
générosité, 17, 98
génie, 86
Goodman (Nelson), 135
Granger (Gilles-Gaston), 133
Grimaldi (N.), 73

H

Habermas (Jürgen), 57, 127
habitude, 22
hasard, 104
Hegel (Georg Wilhelm Friedrich), 28, 29, 88, 92, 134
Heidegger (Martin), 42, 43, 53, 78
Héraclite, 4
herméneutique, 42, 50, 52, 53, 130
histoire, 59, 92, 93, 115, 127
Hobbes (Thomas), 24, 96
homme, 36, 64, 112, 128
Horkheimer (Max), 56
humanité, 26, 30, 31
Hume (David), 22, 23, 82, 136
Husserl (Edmund), 40, 41

I

idée, 6, 22, 60
identité, 81
idéologie, 114
idéologique, 56, 96
illusion, 18, 75, 102, 108
imaginaire, 107
imagination, 26, 106
inconscient, 48, 62, 68
induction, 58, 82, 153
infini, 18, 20, 21, 139
intelligence, 38, 39
intelligible, 6
intentionnalité, 40, 68
intuition, 16, 39
Irigaray (Luce), 89

J

James (William), 60
Jankélévitch (Vladimir), 100
Jaspers (Karl), 54
Jonas (Hans), 124
jugement, 70, 71, 80, 86
justice, 94, 141

K

Kant (Emmanuel), 26, 27, 69, 75, 79, 82, 86, 103, 106, 128, 129, 131, 134, 136, 138
Kierkegaard (Søren), 32, 33, 100
Koyré (Alexandre), 111

L

Lacan (Jacques), 49, 62
Lacroix (J.), 95
Ladrière (Jean), 113
Lamarck (Jean-Baptiste), 105
langage, 36, 46, 62, 72, 145
Leibniz (Gottfried Wilhelm), 20, 21
Lévi-Strauss (Claude), 63, 129
Levinas (Emmanuel), 51, 139
liberté, 18, 19, 24, 26, 50, 77, 88, 94, 102, 103
libre, 155
linguistique, 62
logique, 44, 46, 46, 74, 81
loi, 24, 30, 76, 94, 95, 138, 153
loi morale, 26
Lucrèce, 11
Lyotard (Jean-François), 126

M

machine, 85, 104, 122
Maïmonide (Moïse), 131
mal, 24
Marcel (Gabriel), 54
marchandise, 34
Marcuse (Herbert), 56
Marx (Karl), 34, 35, 92
marxisme, 56, 59
matérialisme, 34, 35, 92
matérialiste, 10
matière, 8, 16, 76
mécanique, 16
mémoire, 12, 38
Merleau-Ponty (Maurice), 50, 54, 71, 77, 143
métaphysique, 26, 30, 36, 44, 60, 66, 136, 137
méthode, 16
moderne, 107, 120
modernité, 57, 127, 135
monade, 20
monde, 20, 21, 110
Monod (Jacques), 104, 105
Montesquieu, 97
moral, 69
morale, 26, 36, 95, 103
mort, 10, 42, 100, 101
musique, 87, 121
mythe, 63

N

nature, 4, 10, 16, 18, 22, 24, 26, 76, 77, 112, 124, 125
nécessité, 18
Newton (Isaac), 76, 110
Nietzsche (Friedrich), 36, 37, 69, 75, 91
Novalis (C.P.), 101

O

objectivité, 58, 70, 92, 132
obligation, 102
obstacle épistémologique, 133
œuvre, 85
onto-théologie, 137
ontologie, 136
ontologique, 42
opinion, 155
ordre, 20, 110

P

paix, 91
Parménide, 4
Pascal (Blaise), 106, 109
passion, 18, 23, 98, 99
Peirce (Charles Sanders), 60
perception, 40, 50, 70, 71, 79
perfectibilité, 24
peuple, 24
phénoménologie, 40, 50, 51, 134
philosophie de l'histoire, 27, 30, 92
philosophie morale, 138
philosophie politique, 140
pitié, 24
plaisir, 10
Platon, 6, 7, 8, 9, 91, 99, 106, 134
Plotin, 7
politique, 8, 24, 140
Popper (Karl), 58, 59
positif, 30, 31
positivisme logique, 44
postmodernité, 126
pouvoir, 64, 65, 90, 96, 97, 114, 140
pragmatisme, 46, 60, 61
présocratiques, 4
Prigogine (Ilya), 79
production, 34
progrès, 93, 126

propriété, 24
psychanalyse, 48, 68, 119
Ptolémée, 110
pulsion, 98
Pyrrhon, 10
Pythagore, 4

R

raison, 10, 14, 20, 23, 26, 57, 64, 72, 80, 81, 102, 109
raison suffisante, 81
raisonnement, 80, 82, 153
Rawls (John), 141
réalité, 74
référence, 46
refoulement, 48
religion, 37, 101, 108
république, 18, 24, 97
respect, 88
responsabilité, 51, 103, 124
responsable, 94
ressentiment, 36, 138
rêve, 48, 68
révolutionnaire, 34
Ricœur (Paul), 50, 113
Rorty (Richard), 60, 61
Rousseau (Jean-Jacques), 24, 25, 77, 97, 99
Russell (Bertrand), 46, 133

S

sacré, 108
sage, 9, 11
sagesse, 6, 10, 111, 138
saint Augustin, 12, 13, 78
Sartre, 54, 55, 88, 103, 106
Saussure, 62, 72
scepticisme, 10
schématisme, 106
Schleiermacher (Friedrich), 52
science cognitive, 122, 123
science, 30, 38, 40, 44, 50, 58, 79, 111, 118, 132, 133, 147
sciences de l'homme, 112
sciences humaines, 52, 62, 64
sens, 22, 40, 44, 46, 52, 71, 72, 92, 100
sensation, 10, 134, 147
sensibilité, 26
sensible, 6
Serres (Michel), 125
signification, 44, 46
société, 24, 96, 128
sociologie, 30
Socrate, 6, 7
Spinoza (Baruch), 18, 19, 102, 138
Stengers (I.), 79
stoïcisme, 10
structuralisme, 62, 64
structure, 62
sublime, 134
substance, 8, 20, 22, 76, 136
système, 28, 32, 62

T

Taylor (Charles), 117
technique, 16, 42, 76, 84
temps, 12, 13, 38, 42, 78, 79, 110
Testart (Jacques), 119
Thalès, 4
théologie, 15, 30, 130, 131
théologique, 14
théorie, 56, 58, 82
Thomas d'Aquin, 14, 15, 131
tiers exclu, 81
totalitarisme, 114, 115
travail, 34, 84, 85

V

Valéry (Paul), 86, 134
valeur, 36, 40, 94, 118, 138
vérité, 10, 12, 36, 46, 60, 61, 74, 75, 149
vertu, 8, 10, 18, 140
vie, 36 100, 101
violence, 24, 90, 96
visage, 139
vivant, 16
volonté de puissance, 36
volonté, 18, 50, 102, 138

W

Wittgenstein (Ludwig), 45, 47
Wolff (Christian), 111

Z

Zarathoustra, 36
Zénon d'Élée, 4, 5

INDEX DES EXTRAITS D'ŒUVRES CITÉS

A

Adorno, *Théorie esthétique,* 135 – Alain, *Propos I* – Arendt, *La Condition de l'homme moderne,* 85 ; *Compréhension et politique,* 115 – Aristote, *Éthique à Nicomaque, Livre X,* 9 ; *Éthique à Nicomaque, Livre V, 14,* 95 ; *Les Parties des animaux,* 77 ; *Seconds analytiques,* 147 – Augé, *Non-lieux. Introduction à une anthropologie de la surmodernité,* 127 – Austin, *Quand dire, c'est faire,* 73

B

Bachelard, *L'Air et les Songes,* 107 ; *La Formation de l'esprit scientifique,* 133 – Baudelaire, *Le Peintre de la vie moderne,* 107 – Bergson, *La Pensée et le Mouvant,* 5, 39, 61, 87 – Bernard, *Introduction à l'étude de la médecine expérimentale,* 83 – Brelet, *Article « Bruit », in Dictionnaire de la musique,* 121

C

Carnap, *Le Dépassement de la métaphysique par l'analyse logique du langage,* 45 – Comte, *Système de politique positive, Appendice général, quatrième partie,* 31 ; *Catéchisme positiviste, deuxième entretien,* 101

D

Deleuze, *Logique du sens,* 89 – Derrida, *Mal d'archive,* 67 – Descartes, *Les Passions de l'âme,* 17, 99 ; *Méditations métaphysiques, II,* 71 ; *Discours de la méthode,* 145 – Durkheim, *Représentations individuelles et représentations collectives,* 81

E

Épictète, *Manuel, chap. 1,* 11 – Épicure, *Lettre à Ménécée,* 101

F

Finkielkraut, *La Défaite de la pensée,* 117 – Foucault, *Surveiller et Punir,* 65 ; *L'Usage des plaisirs,* 139 – Freud, *Malaise dans la civilisation,* 49 ; *L'Avenir d'une illusion,* 75

G

Ganascia, *Les Sciences cognitives,* 123 – Goodman, *Langages de l'art,* 135 – Granger, *Épistémologie,* 133 – Grimaldi, *Le Désir et le Temps,* 73

H

Habermas, *Dialectique de la rationalisation,* 57 ; *Le Moderne et le Postmoderne,* 127 – Hegel, *Esthétique,* 29 – Hume, *Traité de la nature humaine, Livre II, 2e partie,* 23 – Husserl, *La Crise de l'humanité européenne et la Philosophie,* 41

I

Irigaray, *J'aime à toi,* 89

K

Kant, *Idée d'une histoire universelle au point de vue cosmopolitique,* 27 ; *Sur l'expression courante...,* 69 ; *Sur un prétendu droit de mentir par humanité,* 75 ; *Critique de la raison pure,* 79, 103 ; *Anthropologie du point de vue pragmatique,* 129 – Kierkegaard, *Riens philosophiques,* 33 – Koyré, *Du monde clos à l'univers infini,* 111

L

Leibniz, *La Monadologie,* 21 – Levinas, *Éthique et Infini,* 139 – Lévi-Strauss, *L'origine des manières de table,* 63 ; *Jean-Jacques Rousseau fondateur des sciences de l'homme,* 129

M

Merleau-Ponty, *Phénoménologie de la perception,* 71, 143 ; *La Nature. Notes. Cours du Collège de France,* 77 – Monod, *Le Hasard et la Nécessité,* 105 – Montesquieu, *De l'esprit des lois,* 97

N

Nietzsche, *Le Gai Savoir,* 37, 75 ; *Généalogie de la morale, Deuxième dissertation, § 6,* 91 – Novalis, *Hymnes à la nuit,* 101

P

Pascal, *Pensées,* 109 – Platon, *La République,* 91 ; *Le Banquet,* 99 – Popper, *La Société ouverte et ses ennemis,* 59 – Prigogine et Stengers, *La Nouvelle Alliance,* 79

R

Rawls, *Théorie de la justice,* 141 – Ricœur, *Du texte à l'action,* 113 – Rorty, *Science et Solidarité,* 61 ; *Solidarité ou Objectivité,* 61 – Rousseau, *Profession de foi du vicaire savoyard,* 25 ; *Discours sur l'origine et les fondements de l'inégalité parmi les hommes,* 77, 99 ; *Du contrat social,* 97

S

Saint Augustin, *Confessions, livre XI,* 13 – Sartre, *La Nausée,* 55 ; *L'Être et le Néant,* 103 – Serres, *Le Contrat naturel,* 125 – Spinoza, *Traité théologico-politique,* 19 – Stravinsky, *Chroniques de ma vie,* 87

T

Taylor, *Multiculturalisme. Différence et démocratie,* 117 – Testart, *L'Œuf transparent,* 119 – Thomas d'Aquin, *Somme théologique,* 131 – Tort, *Le Désir froid. Procréation artificielle et crise des repères symboliques,* 119

Crédit photographique

Couverture : © Archives Nathan.
p. 11, 13, 19, 25, 33, 37, 41, 79, 83, 109 : © Archives Nathan
p. 45, 55, 105 : © Archives Nathan/D.R.
p. 129 : © Archives Nathan/Keystone
p. 93 : © Archives Nathan/photo Flammarion
p. 5, 51, 97 : © Archives Nathan/Roger-Viollet
p. 85 : D.R.
p. 119 : © Gamma/F. Lochon
p. 121 : © Roger-Viollet

Édition : Cécile Geiger
Secrétariat d'édition : Sylvie Claval
Maquette intérieure : Jean-Pierre Delarue
Maquette de couverture : Favre-Lhaik
Illustration de couverture : Guillaume de Montrond – Arthur Vuarnesson
Iconographie : Laure Penchenat
Fabrication : Jacques Lannoy

N° d'Éditeur : 10073861 - (VI) - (17,5) – OSBB 80° - C2000 - Mars 2000
Imprimerie Jean-Lamour, 54320 Maxéville – N° 00-02-0055
Imprimé en France